우리는 박해자를 위해서도 책임질 수 있는가?
레비나스가 답하다

김영걸 지음

어문학사

일러두기

본문에서 레비나스 프랑스어 저서 및 프랑스어 원서 번역은
필자가 한 것으로 번역서와 일치하지 않을 수 있음.

머리말

코로나 바이러스(COVID-19)의 팬데믹 선언 이래로 전 세계는 '총성 없는 전쟁'을 치르고 있다 해도 과언이 아니다. 모든 국가는 바이러스 극복을 위해 자국 중심의 정책을 취하고 있고 개인들은 타인을 배려할 여지를 두지 않고서 이기적인 행동을 서슴지 않고 있다. 적을 죽이지 않으면 내가 죽는다는 물리적 전쟁 상황에서의 논리가 동일하게 적용되는 현 상황에서 '적'은 '나' 아닌 모든 '타인', '자국'이 아닌 모든 '타국'이다. 나의 행위는 전적으로 타당하다. 그러나 타인의 행위는 그릇되어 비난받아 마땅하고 비난받도록 여겨져야만 한다. 나를 지키고 보호하기 위해서는 남에게 화살을 돌려야 하고 누구보다 강한 자기중심적 생각으로 나를 방어해야 한다. 이와 같은 상황이 전쟁과 다를 바가 무엇인가? 오늘날 우리의 일상을 살아가는 방식은 생존을 위해 각 개인이 치열하게 치르는 전쟁의 방식 그 자체이다. 개인과 집단의 상대를 향한 비논리적인 증오, 혐오, 분노, 보복은 나 자신은 선(善)이고 상대는 악(惡)이라는 이분법적 타자화 전략에서 기인한다. 또한, 나의 한없는 '나'를 위한 사랑과 보호는 타인을 이해하고 존중하려는 마음을 원천적으로 차단한다.

인류의 물질적 진보와 정신적 향상, 거듭된 반성에도 불구하고 오늘날 삶이 전쟁이고 일상이 전쟁터가 된 이유는 무엇인가? 자신이 선택하지 않은 임의적인 탄생 이후, 개인들은 자신의 생존권을 획득하기 위해 타인의 생존권을 침해한다. 마치 처음부터 하늘 아래 나의 자리가 마련되어 있기나 했던 것처럼, 나의 자리를 위해 타인을 밀어낸다. 풍요와 안전, 편리(便利)를 위한 이면(裏面)에는 '내 것', '내 자리'에 대한 집착과 함께 자기중심적이 된 존재의 특징이 강화되고 있는 셈이다. 하지만, 누가 내게 존재할 권리를 주었던가? 나의 탄생이 나의 존재 권리를 보장해주는가?

현대 사회는 나의 실수와 사고, 죽음에 누구 한 사람 책임져주지 않을 것이라는 불안을 증폭시킨다. 사회나 국가는 나의 가난과 소외, 우울과 곤란 그리고 죽음을 책임지기엔 한계를 가지고 있다. 따라서, 타인의 눈살을 찌푸리게 하고 타인의 가슴을 멍들게 하는 나를 위한 이기적인 행동이 계속될 수 있어야 나를 살릴 수 있다. 하지만, 이와 같은 행위를 통한 나의 살아냄은 오히려 깊은 상실감과 비극을 초래하는 자기-소멸이 아니겠는가? 인간이 사회적 동물로서 홀로 살 수 없는 존재라면, 인간이 불완전성 때문에 반드시 타인을 필요로 하는 결핍의 존재라면, 나는 직·간접적으로, 유·무형적으로 타인을 죽이는 행위에 연루되어서는 안 될 것이다. 오히려, 타인의 죽음을 염려하고 타인의 죽음에 대해 책임을 져야 할 것이다.

레비나스는 그가 겪은 전쟁(2차 세계대전)의 경험을 통해 길고 깊은 터널 속 어둠 안에 도사린 인류 멸망의 두려움을 벗어날 하나의 길을 제시하고 있다. 그것은 자아와 타자 사이의 관계를 새로이 사유하는 것이다. 동일자에 의한 타자의 흡수, 타인은 나 자신에 의해 나에게 주어져 나타나는 것처럼 동일화를 통해서만 보여진다. 동일자의 우위, 앎의 우선권, 이것은 지금까지 서양의 존재론이 가르쳐 온 바였다. 타자를 인정하지 않는, 타자와 나 사이의 불평등과 불공정을 무시하는 동일자의 전횡으로부터 전쟁은 시작되었다. 그런데, 우리는 지금까지도 이와 같은 방식으로 타자를 사유하며 타자에 대한 올바른 사유를 하려 하지 않는다. 레비나스는 존재의 우위에 기초한 존재론적 전통의 합법성을 의심한다. 더 나아가 그는 타자를 동일자로 환원시키는 존재론의 논리마저 파기하고자 한다. 존재론 이전의 관계, 타자를 통해 자기-자신을 의문에 부치고 타자의 우위를 인정하는 것, 레비나스가 말하는 윤리는 여기서 출발한다.

레비나스는 나와 마주한 타자를 위해 책임을 져야만 한다고 말한다. 나는 항상 타자를 그의 고독 속에 홀로 내버려 두었고, 타자는 나의 무관심 때문에 오래전부터 내가 책임져야 하는 모든 결여를 혼자서 견디어 냈다. 나와 마주한 타자의 벌거벗은 얼굴에서 나는 그의 불안, 궁핍, 가난, 비참의 음영(陰影)을 볼 수 있는데, 이 것만으로 나의 책임이 타자를 향해 전개되어야 하는 충분한 이유가 될 수 있다. 타자가 나보다 더 많이 가졌을 권력과 부는 내 앞의 타자를 위해 펼칠 나의 책임이 주저될 이유가 될 수 없다. 심지어 타자가 나를 괴롭히는 박해자이더라도 말이다. 폭력적인 박해에도 불구하고 박해자를 위해 갖는 나의 책임은 그가 누구이고 무엇을 하건 그가 얼굴을 가지는 한에서 그가 내게 하는 윤리적 호소·요청에 응답을 해야 한다. 이것은 타자가 나를 부르고 내가 응답할 때 비로소 고유한 내가 되는 나의 진정한 주체의 형성이 개시되는 것이다.

레비나스는 이처럼 나와 타자의 관계를 상호주체적이 아닌 비대칭적 관계로 규정하고 있다. 진정한 삶은 타자를 위해 있고, 모든 타자를 지탱하기 위해 있다. 책임은 절대적으로 내게만 부과되며, 주체는 따라서 상호성을 기다림 없이 타자를 위해 책임을 진다. 현실적으로 다소 황당하고 비실제적으로 성(聖)스러워 보이기까지 한 레비나스의 가르침은 우리에게 그의 말을 귀 기울이고 따를 동력을 잃게 할 수도 있다. 그러나 우리가 레비나스가 부르짖는 윤리적 주체로의 전향을 해어(解語)한다면, 윤리적 주체는 존재해야 함 이전 존재의 권리에 대한 물음 속 인간적 관계의 삶의 의미를 추구하는 데에 있음을 우리는 이해할 수 있다. 그리고 이것이 결국 참된 삶을 넘어 평화의 삶을 위한 것임을 해득(解得)한다면, 우리는 그의 외침을 공감할 수 있다.

본서는 필자가 현재 전 세계적으로 만연한 개인의 극심한 이기심의 발현을 목도하면서, 이 시점에서 우리가 다시금 레비나스의 목소리를 환기할 필요가 있다고 여겨 구성해 보았다. 우리는 종종 한 사람의 선한 영향력이 세상을 바꾸고 기적 같은 일을 낳는 것을 볼 수 있다. 타인을 나의 방식대로 재단해서 보지 않고 그 자체로 보는 것, 타인의 잘못도 나의 책임으로 여기는 것, 레비나스가 강조하고자 하는 이 핵심적인 두 가지는 어쩌면 지금을 사는 우리의 가슴에 새길 중요한 가치일 것이다. 인류는 그 어느 때보다 심각한 위기의 시대를 건너려 애쓰는 중이다. 이 와중에 우리는 무엇보다 먼저 나보다 타자를 위하는 마음과 행동으로 '무릅쓸 아름다운 위험'을, '타인을 위한 휴머니즘'을 바이러스 위에 분사해야 하지 않을까? 레비나스의 철학은 '지혜에 대한 사랑'보다 '사랑에 대한 지혜'를 설파하고 있다. 적어도 우리가 레비나스 철학에 귀를 기울인다면 사랑에 따른 타자에 대한 주체의 진실한 관계를 이해할 수 있을 것이다. 그리고 이 이해가 슬며시 몸에 배어 나온다면 현재의 위기, 위험, 불안은 사르르 사라질 것이다. 그렇다면, '나'는 '우리'는 '인류'는 미래를 위한 썩 좋은·괜찮은 참조의 발자취를 남기게 되지 않을까?

차례

3부

윤리적 소통과 책임의 길(道)

1부

전쟁에 대한 성찰

1장

레비나스: 홉스와 다른
윤리적 평화의 설립[1]

1. 인간 존재의 본질 : 코나투스(Conatus)

"인간을 죽이는 건 바로 인간이다. 부당한 행동을 하는 것도, 부당함을 당하는 것도 인간이다."[2] 근대의 산업화 이후 역사적으로 가장 끔찍한 사건으로 일컬어지는 두 번의 세계대전은 살아남은 자들의 증언과 역사적 기록에 의해서 인간의 인간성을 다시금 돌이켜 보게 하는 중요한 계기가 되었다. 물론 인류 역사상 전쟁은 끊임없이 이어져 왔지만, 특히 2차 세계대전 동안 첨단 무기를 통

---

1   이 글은 필자가 『동서철학연구』 제93호(2019.09)에 실은 「레비나스와 평화 : 홉스와 다른 윤리적 평화의 설립」을 수정·보완한 것임.

2   프리모 레비, 『이것이 인간인가』, 이현경 옮김, 돌베개, 2011, p. 263.

한 대량 살상과 대륙 간(間)을 넘나드는 공중전과 해상전은 단순한 전쟁이 아니라 새로운 살상 기법을 갖추면서 기계화 전쟁의 서막을 연 학살이었다. 마치 아무것도 남기지 않는 인류 최후를 예고하는 듯, "전쟁의 바깥에는 아무것도 존재하지 않는 것"[3]처럼 말이다.

하지만, 인류의 역사는 단지 이야기의 일부를 끝마쳤을 뿐이다. 폭우처럼 쏟아지는 포탄 속에 사지가 절단된 이에게도, 부모의 주검 앞에 울부짖는 젖먹이에게도, 영문도 모른 채 끌려와 매일 밤 무서움에 떨며 자존감을 무너뜨리는 성적 학대를 겪으며 울어야 했던 꽃다운 처녀에게도, 수용소의 고된 노동과 채워지지 않는 허기와 고문을 견뎌야 했던 전쟁 포로에게도, 약물과 수술, 가스 등을 통해 자신이 실험체로 쓰일 것이라고 직감하며 무력한 죽음을 자각한 이에게도 살아낼 동기가 있었다. 바로 자기-보존[4]을 위한 코나투스(conatus)가 있기에 '살아냄'이 가능했던 것이다. "온갖 수단을 다해 죽음에 맞서 싸우며 자신의 존재를 유지하고자 하는 노

---

3 Emmanuel Levinas, *Totalité et Infini : Essai sur l'extériorité*, Le Livre de Poche, coll. 《Biblio》, 2009, p. 6. (이하 *TI*) / 『전체성과 무한 : 외재성에 대한 에세이』, 김도형·문성원·손영창 옮김, 그린비, 2018, p. 8. (이하 『전체성과 무한』)

4 지그문트 바우만, 『현대성과 홀로코스트』, 정일준 옮김, 새물결, 2013, pp. 242~253 참조. 바우만은 자기보존이 최고의 행동 기준으로 선택되고 나면 그에 따른 비용은 증가하여 도덕적 양심의 가책과 인간의 존엄성은 제쳐두게 되며 자기보존의 합리성이 도덕적 의무의 적(敵)으로 모습을 나타낸다고 말한다. 자기보존은 삶의 동력으로서 이롭게 작용할 수 있는 동시에 스스로를 파괴할 수 있는 양면성을 지닌다.

력"[5]에 의해 살아남은 인류는 세계질서의 재건과 통합의 희망, 인류애의 회복을 다지며 반성과 회한을 통해 다시금 일어섰다. 그러나 다른 한편으로, 인류는 제3차 세계대전 도래의 예견을 완전히 떨쳐내 버리지 못한 채 부실시공으로 인한 제방 붕괴의 위험성에 늘 노출되어 있는 듯한 사상누각(沙上樓閣)의 상황에 처해 있음을 인지하고 있다.

사실, 자신의 존재를 보존하고자 하는 코나투스는 인간뿐만 아니라 모든 존재에게 내재된 성향이다. 죽음과 고통, 외부의 힘으로부터 저항하고자 하는 자발적 의지는 생명을 가진 생물뿐만 아니라 탄성(彈性)과 같은 속성을 가진 물체로서의 무생물에게도 마찬가지로 생성된다고 볼 수 있다. "각각의 사물이 자신의 존재를 끈질기게 지속하려는 노력(conatus)은 그 사물의 현실적인 본질 이외의 아무것도 아니다."[6] 따라서, "존재의 본질은 존재에 전속되어 있는 데에 있다(L'essence est intéressement)."[7] 다시 말해, 존재의 본질은 모든 것을 존재의 내부에 존재하게 하는 것이다.

---

5   강영안, 『타인의 얼굴 레비나스의 철학』, 문학과 지성사, 2005, p. 167.

6   B. 스피노자, 『에티카』, 황태연 옮김, 비홍출판사, 2014, p. 168.

7   Emmanuel Levinas, *Autrement qu'être ou au-delà de l'essence*, Le Livre de Poche, coll. 《Biblio》, 2013, 15. (이하 *AE*) / 『존재와 달리 또는 존재성을 넘어』, 문성원 옮김, 2021, p. 18. (이하 『존재와 달리』) intéressement이 "존재에 전속(專屬)되어 있음"이라는 의미는 레비나스와의 대담 "L'intention, l'événement et l'Autre Entretien avec C. von Wolzogen", *Philosophie*, Minuit, n° 93, 1er mars 2007, p. 23 참조.

존재하기를 계속하려는 인간 존재의 본질은 지금껏 결코 물음의 대상이 되어 본 적이 없다. 하지만 레비나스는 '인간은 존재한다'는 이 사실을 문제 삼는다. "존재한다는 것은 과연 옳은가?"[8] "코나투스가 인간의 인간성인지, 인간의 인간성이 그가 존재해야-함인지를 물어보아야 하는 것이다."[9] 자신의 존재 안에 머무르며 끊임없이 자기 자신을 스스로의 존재로 가득 채우려는 집착, 마침내는 자아 속에 함몰되어 '존재해야만 함(l'avoir-à-être)'의 당위적 권리만을 내세우는 자기중심적 태도는 자기와의 간격을 조금도 남겨 두지 않은 채 고정되어 있다. 다른 어떤 것도 요구할 필요가 없는 존재는 "절대적으로 충만하고 다른 어떤 것도 참조하지 않는다."[10] 이러한 존재의 충만성에도 불구하고 존재를 담지한 인간은 유한하기 때문에 존재 유지를 위한 각 개인의 생존 방식은 전쟁의 방식을 따르지 않을 수 없다.

전쟁의 목적이 평화라면 삶의 목적은 행복일 것이다. 모든 개인은 더욱이 자신의 행복만이 최고의 '선'이라고 여기며 달려가기에 다른 사람의 행복은 나의 행복과 필연적으로 충돌하기 마련이

8   "Entretien avec Emmanuel Lévinas", *Entretiens avec le Monde 1. Philosophies*, La Découverte et Journal Le Monde, 1984, p. 146.

9   Emmanuel Levinas, *Dieu, la mort et le temps*, Le Livre de Poche, coll. 《Biblio》, 2006, p. 27. / 『신, 죽음 그리고 시간』, 김도형·문성원·손영창 옮김, 그린비, 2013, p. 33.

10   Emmanuel Levinas, *De l'évasion*, Le Livre de Poche, coll. 《Biblio》, 1998, p. 93. / 『탈출에 관해서』, 김동규 옮김, 지식을만드는지식, 2009, p. 24.

1장 레비나스: 홉스와 다른 윤리적 평화의 설립

다. 또한, '지금'보다는 '미래'를 위한 이 행복은 내 것이 아닌 타자에게서 떼어낸 것일 수 있다. '나'는, 나의 행복만을 신봉하는 탐욕에 눈이 멀어, '내'가 타자의 햇볕을 막아서고 있다는 사실을 짐짓 모른 체 한다. 내가 점유한 햇볕 좋은 이 자리가 자리 잃은 타자 앞에서 과연 정당한가?

2. 코나투스와 전쟁

레비나스는 "존재는 항상 존재해야만 한다. 존재는 코나투스 에상디(contus essendi)이다 - 삶 속에서 존재함은 즉시 전쟁을 의미한다."[11]고 말한다. 그렇다면, 전쟁은 우리 삶의 방식의 표명인가? 전쟁은 이미 자신의 존재를 강화하는 - 자기-자신에게 몰두하면서, 자기의 존재 안에 머무르기만 하면서 - 자아 안에서 시작된 것이 아닌가? 개인들은 각자 그들의 운명, 그들의 행복에 대해서 생각한다. 그리고 이 개인들이 함께 존재한다. "자기의 만족감 안에서, 타자들의 반감(allergie) 안에서 지속하려는 우리 사이의 각자는 각자의 이기주의를 있는 그대로 받아들이는 타자들과 함께 더불어

있는 방식을 취한다."[12] 자아는 오히려 자신의 행복을 위해 그의 존재를 위태롭게 한다. 나의 존재 영역을 차지하는 데에 몰두하는 자아는 이기적이다. 그리고 자아는 동일한 방식으로 나타나는 다른 이기주의자들과 함께 어지러이 존재한다. 이러한 상황에서 전쟁은 불가피하다. "현실, 모든 존재, 일반적인 존재의 진리, 이것은 전쟁이다. 이것은 가장 본래적으로 그리고 가장 명백히 주어진 것이다. 우리는 전쟁 안에서 그리고 전쟁에 의해서 모든 것을 시작한다."[13] 레비나스는 종종 파스칼의 경탄할 만한 표현을 인용한다. "태양 아래 내 자리, 이것은 모든 땅의 침탈의 이미지이자 시작이다!" 나는 태양 아래의 자리를 당당하게 요구할 수 있는가? '태양 아래 내 자리'는 정당한 것인가? 나는 내가 타자들에게서 그들의 자리를 빼앗을 수 있다는 사실을 염두에 두어야 한다. 나의 땅, 나의 장소, 나의 현-존재를 위한 무례함과 폭력을 포함한 나의 요구는 '타자를-위함'에 대한 사유 없이 존재들과의 전쟁을 선포할 것이다. "마치 자아가 그의 자리 자체에 의해 타인의 충만한 실존을 방해하였던 것처럼, 어떤 것을 자기 것으로 삼으면서 누군가에게 그것을 빼앗을 우려가 있었던 것처럼."[14]

---

12   Félix Perez, *Apprendre à philosopher avec Levinas*, Paris, Ellipses, 2016, p. 193.

13   François-David Sebbah, *Levinas : Ambiguïtés de l'altérité*, Paris, Les Belles Lettres, 2003, 2e tirage, p. 36.

14   Emmanuel Levinas, *Altérité et transcendance*, Le Livre de Poche, coll. 《biblio》, 2010,

　　우리는 남이 보기에 마치 자아가 태양 아래 자기 자리에서 자신의 존재를 보존하고 그 자신의 행복을 증대시키는 권리를 가진 것처럼 행동한다. 하지만 거기에 존재한다는 단순한 그 사실에 의해 자아가 이미 타자의 생명의 공간을 침탈했다면, 우리는 이제부터 레비나스처럼 물음을 바꿔 물어야 할 것이다. "나는 존재할 권리를 갖는가?"[15] 나는 존재를 지속할 권리를 갖는가? 이 질문은 무엇보다 타인을 위한 걱정 안에서 인간적인 것을 나타낸다. 인간적인 것은 오불관(吾不關)의 태도에서 벗어나는 가능성을 드러낸다. 레비나스는 우선 인간적인 것의 의미를 이해하기 위해서 "인간들은 존재를-위해-존재하기를 바라는 장소들을 차지하는 관심에 대해 생각하는 것으로 시작하지 않는다."[16]고 한다. 왜냐하면, 인간적인 것은 타인의 비명에 그리고 울음에, 타인의 고통에 그리고 죽음에 귀를 닫아서는 안 되기 때문이다. 타자의 죽음 또는 고통 속에 내게 돌아올 책임이 간과되어서는 안 된다. 우리는 존재하면서 나의 자리를 위해 누군가를 억압하지 않는지 자문해야만 한다. "이것이 이제 주된 주제이다 : 존재 안의 나의 자리, 나의 현존재의

---

p. 167. (이하 *AT*) / 『타자성과 초월』, 김도형·문성원 옮김, 그린비, 2020, pp. 187~188. (이하 『타자성과 초월』)

15　Emmanuel Levinas, *De Dieu qui vient à l'idée*, Paris, Vrins, 1982, p. 257.

16　Emmanuel Levinas, *Entre nous : Essai sur le penser-à-l'autre*, Paris, Grasset, 1991, p. 261. / 『우리 사이 : 타자 사유에 관한 에세이』, 김성호 옮김, 그린비, 2019, p. 341.

거기는 이미 타인에 대한 침탈, 폭력이 아닌가?"[17] 타인의 현전은 나의 존재 유지 노력(conatus essendi)을 문제 삼는다. 주체를 중심으로 놓는 자발성을 타자 위주의 재중심화로 옮기길 노력하면서, 레비나스는 그가 윤리라고 규정하는 것의 영역 안에 자아와 타자 사이의 관계를 새로이 사유하기에 이른다. 자아는 더 이상 첫 번째가 아니다. 타자가 나보다 앞서 지나간다. 이러한 타자의 우위성에 대한 사고는 철학적 전통의 기존 존재론을 뒤집는 동시에 존재의 우위에 기초한 존재론적 전통의 합법성에 대해 근본적인 질문을 던진다. 레비나스에 따르면, 주체는 그의 존재 권리, 즉 타자 앞에서 자기-자신의 존재 권리를 내세울 수 없다. 왜냐하면, 주체성의 진정한 의미는 실체가 되기보다, 타자에게 헌신하는 데에 있기 때문이다. 따라서 나의 존재 유지 노력은 타자보다 앞서서는 안 된다.

---

17 *AT*, p. 180. / 『타자성과 초월』, p. 203.

3. 홉스와 평화

자기를 보존하고자 하는 코나투스는 무엇보다 존재의 긍정성으로 봐야 하지 않을까? 자기 자신의 삶의 보존이 가장 중요한 그리고 가장 근본적인 의무가 아니겠는가? 하지만 홉스는 자연으로부터 부여받은 평등한 능력을 지닌 인간에게 자기 보존을 위한 파괴와 정복은 불가피하며 허용될 수밖에 없다고 말한다. 왜냐하면, "인간은 경쟁 때문에 이익확보를 위한 약탈자가 되고, 자기 확신의 결여 때문에 안전보장을 위한 침략자가 되고, 공명심 때문에 명예 수호를 위한 공격자가 되기"[18] 때문이다. 따라서 인간은 그들 모두의 투쟁을 조정하는 권력을 가진 절대적 주권자를 세우고 계약과 가능한 한에서의 협동을 만드는 이기적 협정을 맺지 않는다면, 전쟁 상태에 들어가게 된다. 여기서, 전쟁 상태란 무력에 의한 물리적·폭력적 전투행위의 유무만으로 판단할 수는 없다. "전쟁이란 '시간(time)'에 관한 개념으로서 일정한 기간에 걸쳐 전투의 의지가 존재하는 것이 확실하다면, 그 기간 동안은 전쟁 상태에 놓여 있는 것이다."[19] 다시 말해, 실제적이 아닌, 전투의 발발 가능성과 전투의 미(未)발발 보장의 불확실성만으로도 우리는 평화가 아닌 전쟁 상태에 놓이게 되는 것이다. "평화는 한쪽의 패배와 다른 쪽의 승

---

18 토마스 홉스, 『리바이어던』, 진석용 옮김, 나남, 2013, p. 171. (이하 『리바이어던』)

19 『리바이어던』, p. 171.

리에 의한 전투원들의 부족으로 그치는 전투의 종말 즉, 폐허 또는
미래의 세계 제패와 동일시될 수 없다."[20] 따라서 인간의 자연상태
는, 모든 사람이 자신의 생명을 보존하기 위한 투쟁이 필연적으로
발생하는, 평화의 상태이기보다는 전쟁 상태에 가깝다.

　　타자가 나를 파괴하려는, 나의 생명과 자유를 박탈하려는 잠
재적인 '적'으로서만 여겨지는 불신의 상황에서 나는 나 자신의 안
전을 우선적으로 보장하기 위한 모든 필요한 수단과 방법을 강구
해야 한다. 이때의 수단과 방법에는 도덕적 판단의 개입이 불필요
하다. 왜냐하면, 나에게 일차적으로 요구되는 것은 위협이 되는 대
상들을 무력화시켜 폭력적 죽음의 두려움을 떨쳐버리는 것이기 때
문이다. 더 나아가, "자신의 안전에 필요한 범위를 넘어서서 정복
행위 그 자체를 통하여 자신의 권력을 과시하고 쾌감을 느끼려는
자들이 있기 때문에, 안전만 보장된다면 일정한 범위 내에서 만족
하려는 사람들조차도 자위(自衛) 수준에 머무를 경우 생존이 보장
되지 않는다."[21] "잘 살기 위한 더 많은 힘과 수단을 획득하지 않
으면, 현재 소유하고 있는 힘이나 수단조차 확보할 수 없기 때문이
다."[22] 따라서, 자연상태[23]에서의 인간은 '만인의 만인에 대한 전

20　*TI*, p. 342. / 『전체성과 무한』, p. 461.

21　『리바이어던』, p. 170.

22　『리바이어던』, p. 138.

23　"이 자연상태는 부단한 위험과 협박의 상태이며, 그 행동 주체는 바로 그 때문에 충동

쟁'이라는 경구(警句)를 따르지 않을 수 없다.

"각 존재는 전쟁이다."[24] 어떠한 존재자도 자기 차례의 고정된 자리를 가지려고 하지 않는다. "갈등 속에서 항들이 속할 수 있는 영역들의 차이에도 불구하고 모두는 모두에 맞서 대립한다. 존재의 본질은 이렇게 전쟁에 대해 극단적인 일치(extrême synchronisme)를 이룬다."[25] 생명을 위협하는 투쟁과 경쟁의 문맥 속에서 인생은 규칙 없는 경기와도 같다. 눈가리개를 한 경주마처럼, "우리는 경쟁자들을 앞서는 것 외에 다른 목적이나 보상을 원하지 않는다."[26] 따라서 "끊임없이 추월당하는 것은 불행이다. 앞서가는 자를 계속적으로 앞지르는 것은 행복이다. 경기를 포기하는 것은 죽음이다."[27] 죽음에 맞선 자기 보존의 노력은 결국 "서로 간에, 만인이 만인에 대해 대립하는 이기주의 안에서, 서로가 함께 전쟁 중에 있는 견딜 수 없는(allergique) 이기주의의 다양성 안에서의"[28] 극화(劇化)이다.

(기아·탐욕·불안·대항심)에 의해 움직이는 동물과 마찬가지로 '악'이다.", 카를 슈미트, 『정치적인 것에 대하여』, 김효전·정태호 옮김, 살림, 2012, p. 79.

24 François-David Sebbah, "C'est la guerre", *Cités*, PUF, 2006/1 n°25, p. 43.

25 *AE*, p. 15. / 『존재와 달리』, p. 19.

26 Thomas Hobbes, *De la nature humaine*, baron d'Holbach(tr), Vrin, 1991, p. 99.

27 Ibid., p. 100.

28 *AE*, p. 15. / 『존재와 달리』, p. 19.

선의의 경쟁이 아닌 생존의 경쟁을 위해 누구나 선두를 차지하려는 욕망은, 홉스에 따르면, 계속적인 성공과 영구적인 만족을 얻으려는 인간의 자발적 행위이자 자연적 성향이다. "삶을 위한 투쟁 : 어디에서든 싹을 틔우고자 하는 식물들은 다른 식물들을 말려 죽게 한다. 생존을 위해 투쟁하는 동물들. 타자들을 정복하려고 애쓰는 강력한 것들의 존재 안에 여전히 몰입하려는 인간들."[29] 그렇다면, 인간 세계는 적자생존과 약육강식의 경쟁 구도 속에서만 존재 가능한 곳인가? 현대 사회에서 인간의 탄생과 더불어 경쟁이 강요되는 모습을 보면 일견(一見) 동의할 수 있을 것 같다. 왜냐하면, 남들보다 더 열심히 경쟁해야지만 나를 살려낼 수 있기 때문이다. 그리고 이 '열심히'라는 말 속에서 수단과 방법의 불의(不義)는 능력으로 포장되어 간과되고 미화된다. '만인의 만인에 대한 투쟁' 속에서 대부분의 사람들은 패배할 것이다. 주도권을 빼앗긴 대다수의 패배자들의 삶은 가난하고 치욕스럽고 잔인할 것이다. 그러나 승리자라 하더라도 끊임없는 도전의 위협과 자리보전(保全)을 위한 경계와 조바심으로 인해 그의 삶 역시 고독하고 고통스럽고 짧다. 자국의 안보를 강화하기 위해 힘을 늘리는 군비경쟁 역시 분쟁을 막기보다는 오히려 초래시키는 역효과를 가져오며, 경쟁을 선동하며, 경쟁의 틀에서 헤어나지 못하며, 더 많은 경쟁국들을 양산

---

29 Emmanuel Levinas, "La vocation de l'autre", *racismes : L'autre et son visage*, Emmanuel Hirsch(ed), Cerf, 1988, p. 101.

한다. 불안정은 연장되며 불안은 깊고 넓다. 자기 보존을 위한 경쟁을 통해 일어나는 전쟁 혹은 전쟁 상태는 승자와 패자를 구별 짓기보다는 오히려 끝 간 데 모를 가혹한 상태로 양자(兩者)를 이끈다. "남에게 정복되지 않기 위해 스스로 강해지려는 사람들은 그들 대부분이 정복되도록 만드는 경주에 갇혀버린 것을 깨닫게 된다. '권력 추구에 대한 영속적이고 끊임없는 욕망'은 무력함(impotence)으로 이끌 뿐이다. 그리고 무력함은 곧 죽음이다."[30]

전쟁이 인류 또는 각 개인의 보존에 부합될 수는 없다. 승리하기 위한 전쟁은 무차별적 수단에 의해 상쟁공멸(相爭共滅)할 뿐이다. "모든 전쟁은 무기를 가진 자에게 해를 끼치는 무기를 이미 사용한다."[31] 그러므로, 우리는 기존의 전쟁과 같은 상황을 그냥 받아들일지, 아니면 더 나은 세상을 만들기 위해 노력할지를 선택해야 한다. 아마도 많은 사람은 희망이 있는 한 후자를 선택할 것이다. 즉, 평화를 얻기 위해 노력할 것이다. "인간은 평화와 그리고 자기 방어가 보장되는 한, 또한 다른 사람들도 다 같이 그렇게 할 경우, 만물에 대한 이러한 권리를 기꺼이 포기하고, 자신이 타인에게 허락한 만큼의 자유를 타인에 대해 갖는 것으로 만족해야 한다."[32]

---

30 데이비드 고티에, 『리바이어던의 논리 : 토머스 홉스의 도덕이론과 정치이론』, 박완규 옮김, 아카넷, 2013, p. 39. (이하 『리바이어던의 논리』)

31 *TI*, p. 6. / 『전체성과 무한』, p. 8.

32 『리바이어던』, pp. 177~178.

왜냐하면, 모든 사람이 동일하게 모든 것에 대한 권리를 주장하는 한, 모든 사람이 서로 공격할 수 있는 합법적인 권리를 갖는 한, 모든 사람은 전쟁 상태를 벗어날 수 없기 때문이다. 따라서 인간은 권리의 포기에 따른 평화와 의무, 계약, 약속과 같은 가르침 또는 일반적 원칙을 이성에 의해 이끌려 깨닫게 된다.

　　이성에 의한 명령, 홉스는 이를 자연법이라고 한다. "자연법을 올바른 이성의 명령이라고 정의해도 좋을 것이다. 우리가 생명과 신체를 지니고 있는 한, 이 이성의 명령은 생명과 신체를 한결같이 보존하기 위해 우리가 실행하거나 실행하지 말아야 할 일과 직결되어 있다."[33] 자연법은 '내면의 법정'에서(양심 안에서) 항상 의무를 지운다. 하지만, '외부의 법정'에서는 안전의 보증이 약속된 경우에만 구속력을 갖는다.[34] 예를 들어, 성실하고 정직하며 올곧은 사람이 조직의 지속적이고 관행적인 부정, 부패, 비리를 고발한다면 그는 내부고발자라는 누명과 함께 조직 내에서의 불이익과 보복적인 대응 없이 공익을 위해 정의를 실현한 자로서만 추앙받을 수 있겠는가? 아무도 그렇게 하지 않는 상황에서, 엄청난 용기를 필요로 하는 이 같은 양심선언은 배신자라는 낙인과 함께 다른 사람들의 모진 지탄까지도 감내해야 하면서 자기 파멸을 초래할

33　토마스 홉스, 『시민론 : 정부와 사회에 관한 철학적 기초』, 이준호 옮김, 서광사, 2013, pp. 50~51. (이하 『시민론』)

34　『리바이어던』, pp. 212~213 참조.

수 있다. 이것은 자기 보존을 지향하는 모든 자연법의 원칙에 역행하는 것이다. 따라서 '외부의 법정'에서도 자연법이 구속력을 갖도록 해야 한다. 그렇지 않으면, 자연법을 있는 그대로 성실히 실행하는 사람은 다른 사람의 먹이가 되고 만다.

   "'정의', '공평', '겸손', '자비' 등, 요컨대 '대접받고자 하는 대로 대접하라'는 자연법 그 자체는 어떤 힘에 대한 공포 없이는 지켜지지 않는다. 왜냐하면, 우리의 자연적 정념은 그 반대의 방향, 즉 불공평·자부심·복수심으로 우리를 이끌기 때문이다."[35] 인간의 본래적인 정념으로부터 전쟁은 발생되었다 해도 과언이 아니다. 그래서 인간은 자신의 생명을 보존하기 위해 적합하다고 여기는 조치를 이성에 따라 판단한다. 하지만 이성의 판단에 따른 행위는 '외부의 법정'에서는 항상 구속력을 갖지 않기 때문에, 안전을 보장받기에 충분하지 않다면, 사람들은 평화와 안전, 화합을 위해 인위적인 계약(covenant)을 맺는 데에 합의한다. 즉, 공동의 이익을 위해, 인간을 강력한 통제하에 행동하도록 지도할 수 있기 위해, 모든 사람의 의지를 하나의 의지로 결집한 공통의 권력(pouvoir commun)이 요청된다. 홉스는 인간의 평화로운 삶과 정의로운 질서를 위해 검(劍)에 의한 공포를 통해 유지되는 국가의 설립을 보여주고자 한다. 왜냐하면, 강력한 권력을 가진 국가만이 계약을 맺은 모든 당사자들에게 강제적인 이행을 촉구할 수 있고 가능적인

---

35 『리바이어던』, p. 227.

살해자로서 여겨지는 서로의 삶에 개입하여 동등하게 제한을 가할 수 있기 때문이다. 일치 혹은 화합 이상의 합의체는 계약에 의해 체결됨으로써 평화와 안전이라는 공통의 목적을 위해 모든 개인의 다양한 의지를 하나의 의지로 만들어 낸다. "이것은 마치 만인이 만인을 향해 다음과 같이 선언한 것과 같다. '나는 스스로를 다스리는 권리를 이 사람 혹은 이 합의체에 완전히 양도할 것을 승인한다. 단 그대도 그대의 권리를 양도하여 그의 활동을 승인한다는 조건 아래.' 이것이 달성되어 다수의 사람들이 하나의 인격으로 결합되어 통일되었을 때 그것을 코먼웰스(Commonwealth)라고 부른다."[36] 이것이 바로 인간의 전쟁 상태를 종식시키고 정치적 질서를 제공하기 위해 홉스가 고안한 장치이다.

36 『리바이어던』, p. 232.

4. 레비나스 : 홉스와 다른 윤리적 평화

레비나스에게 "사회가 일상적 의미에서 인간이 인간에 대해 늑대라는 원리의 한계의 결과인지, 혹은 반대로 인간이 인간에 대해 존재하는 원리의 한계의 결과인지를 아는 것은 매우 중요하다."[37] 인간이 인간에 대해 늑대라는 원리에서 비롯된, 인간의 원초적이고 적대적인 폭력성의 기질에 호소하는 만인의 만인에 대한 투쟁은 나의 생존 자체가 존재의 목적이 되어버린 동물적인 원리로써 윤리가 없다. 따라서, 여기에는 타자의 비탄 어린 절규를 들음이 없다. 홉스에 따르면, 오히려 자연상태에서의 자기-보존을 위한 욕망은 죽음의 두려움으로 인한 타인에 대한 지배의 증대를 도모할 뿐, 경쟁이 아닌 협동을 위한 근거는 없다. 왜냐하면, 타자는 나를 해치려는 공격자로서만 나에게 접근하기 때문이다. 하지만, 레비나스는 홉스와 정반대의 길을 걷는다. "사실을 말하자면, 그(레비나스)는 근본적으로 지평을 바꾼다. 그는 전쟁에 대항해 평화와 자연적인 사회성을, 이기주의에 대항해 이타주의를 내세우지 않는다. 출발점을 바꾸면서, … "[38] 대체로 우리는 자기 자신을 우선으

---

37 Emmanuel Levinas, *Ethique et Infini : Dialogue avec Philippe Nemo*, Le Livre de Poche, coll. 《biblio》, 2011, pp. 74~75. / 『윤리와 무한 : 필립 네모와의 대화』, 김동규 옮김, 도서출판 100, 2020, p. 89.

38 Miguel Abensour, "Le contre-Hobbes d'Emmanuel Lévinas", *Difficile Justice : Dans la trace d'Emmanuel Lévinas*, Albin Michel, 1998, p. 125.

로 돌보며, 나의 생존이 다른 누구의 생존보다 중요하고 소중하다. 이것은 일견 합리적이고 당위적인 명제로 받아들여지지만, 레비나스의 사유 안에서, 이 당위적 명제는 타자와의 만남, 누군가 내 가까이에 있다는 사실을 간과한 것이다. 레비나스는 타자의 타자성을 흡수하는 또는 사라지게 하는 방식의 평화가 아닌, 근접성의 평화(la paix de la proximité), 즉 타자를 죽음에 내버려 두는 것의 불가능성을 얘기한다. "구체적으로, 타자를 위해 죽을 수 있는 것. 타자와 함께 하는 평화는 거기까지(jusque là) 간다."[39]

"타자의 죽음은, 죽음에 노출된 타자의 보이지 않는 죽음에 관해, 나의 우연한 무관심에 의해, 마치 내가 공범이 되어버린 것처럼, 그리고 마치 내가 타자의 죽음에 응답해야 했고, 견디기 힘든 고독에 타인을 홀로 두지 않아야 했던 것처럼 나를 문제 삼고 검토하게 한다."[40] 전쟁 기간 동안 대량 학살에 의해 많은 사람들은 연민도 예외도 없는 운명의 길을 걸어 나갔다. 레비나스는 "홀로코스트로부터 출발하면서, 타자의 죽음에 대해 사유한다."[41] 레비나스 그 자신은 전쟁의 참화 속에서 그 운명의 길을 벗어나긴 했지만, 주변의 소중한 사람들을 잃었다.[42] 따라서 살아남은 자로서

---

39 *AT*, p. 145. / 『타자성과 초월』, pp. 163~164.

40 *AT*, p. 45. / 『타자성과 초월』, p. 48.

41 *AT*, p. 165. / 『타자성과 초월』, p. 185.

42 레비나스의 아버지와 어머니, 두 명의 형제는 모두 나치에 의해 처형당했다. 나머지 친

의 채무감을 갖고서, 그는 '나'의 고유한 삶을 대신하기 위한 불가피한 살해의 대상으로서가 아닌 '내'가 죽일 수 있는 잠재적인 희생자로서 타자를 생각한다. 타자의 죽음이 나의 죽음이 아니라고 해서 나와 상관없는 일은 아니다. 타자의 죽음이 야기하는 애도와 숙연한 분위기에는 더 이상 숨을 쉬지 않는 생명에 대한 책임감 같은 것이 있으며, 더 나아가 자신만 살아남은 것에 대해 잘못을 저지른 것 같이 느껴지는 죄의식과 같은 감정이 있다.[43] 이것은, 달리 표현하면, 근접성의 이름 아래 가까이하는 것이고 이웃하는 것이다. "죽음의 의미는 인간-관계(dans l'inter-humain)에서 시작한다. 죽음은 원래 다른 사람의 근접성 그 자체에서 의미한다."[44]

"서로 분리되는 기하학적인 공간 속에서 측정되는 어떤 '짧은 거리'와는 다른 근접성"[45], "감성적인 것의 의미일 수 있는 근접성은 인식의 운동에 속하지 않는다."[46] 즉, "근접성은 한 존재

척들도 같은 운명을 맞이했다. 그때부터 그는 그저 한 명의 살아남은 자에 불과했다., 마리 안느 레스쿠레, 『레비나스 평전』, 변광배·김모세 옮김, 살림, 2006, pp. 183~187. 참조.

43 2015년 9월 전 세계는 한 장의 사진으로 인해 슬픔에 빠졌었다. 바로 시리아 난민인 세 살배기 꼬마 '아일란 쿠르디'가 빨간 티셔츠와 반바지를 입고 얼굴이 모래에 묻힌 채 익사한 모습의 사진 때문이다. 죽음을 통해 세상의 비극을 알린 아일란의 절규는 단지 한 국가의 내전 때문에 생긴 희생자의 것으로서 과연 나와는 상관없는 일로 치부할 수 있겠는가? 나에겐 책임이 전혀 없는가? 나는 그 아이가 홀로 자신의 죽음에 내맡겨지도록 둘 권리를 갖는가?

44 *AT*, p. 46. / 『타자성과 초월』, p. 49.

45 *AT*, p. 142. / 『타자성과 초월』, p. 161.

46 *AE*, p. 103. / 『존재와 달리』, p. 140.

가 다른 존재에 대해, 그의 눈앞에서 또는 그의 이해력의 범위 내에 처해 있는 것으로서 그리고 상호성 안에서 존재를 파악하고 존재를 장악하거나 또는 존재와 유지되는 것이 가능할 수 있는 것으로서 이해하는 의식으로 귀착되지 않는다.ᵃ[47] 타자의 상처를 살로 어루만지는 감성은 수동적인 것으로서 나의 존재 유지 노력을 방해하면서 '타자를 위하여' 의미부여를 할 수 있게 한다. 즉, 감성은 타자로의 노출이다. 그리고 기하학적 공간에서 측정되는 거리와는 다른 근접성에서 타자와의 접촉에 의해 나는 곧장 타자와 관계를 맺는다. 그때부터 타자는 나를 사로잡는다. 이것은 인식으로부터 오지 않는다. 그리고 의식이 침투할 여지는 없다.

　"홉스는 인간이 합리적이라고 특징지음으로써, 이상적인 인간이 어떻게 행동할지를 기술하면서도 현실의 인간이 어떻게 행동해야 하는지를 규정하는 판단을 도출해냈다. 그리고 이는 매우 올바른 절차인 것으로 보인다."[48] 이상적인 현실의 인간이 도출해 낸 판단과 행동이란 계약과 합의에 의한 권리의 양도, 평화의 추구이다. 이것은 이성이 명령하는 바로 합리적인 절차로 평가된다. 하지만 전쟁이 없는 그 밖의 시대를 평화의 시기라고 한다면, 그 평화는 "비가 많이 내리는 지역에서 일시적으로 날이 개는 것처럼 나

47　*AE*, p. 132. / 『존재와 달리』, p. 180.

48　『리바이어던의 논리』, p. 46.

타난"[49] 것이다. 왜냐하면, 신뢰를 바탕으로 한 계약 이행일지라도 상호 간의 권리 양도는 철저한 교환의 원리가 작용하는 것으로서, 손실로 인한 자기 이익의 침해가 발생한다면, 계약의 파기는 쉽게 일어나기 때문이다.[50] 따라서 자기 이익, 자기 보존에 방해가 되는 것이 있다면, 사소한 것일지라도 '평화를 추구하라'는 제1의 자연법은 언제든 위반되기 마련이다. 이성적인 추론에 의해, 이성을 가진 인간의 이성이 우리에게 명령하는 것, "이 이성적인 평화, 인내와 시간의 지속은 계산, 중재, 정치이다."[51] 만인의 만인에 대한 전쟁이 종식된 평화는 단지 교환과 거래로 변형될 뿐이다. 저울의 반대편으로 내가 옮겨가도 여전히 균형 잡힌 방식으로 말이다. 나는 상호 계약, 상호 신뢰, 상호 수용, 상호 제약 내부에 대칭적으로 존재한다. 그렇더라도, 이것은 늘 나를 먼저 두고 나 자신을 우선으로 최선의 것을 생각하는 이성에 기초한다.

---

49   Jean-François Rey, *La mesure de l'homme : l'idée d'humanité dans la philosophie d'E. Levinas*, Michalon, 2001, p. 203.

50   "불안한 평화. 이익에 저항하지 않는다.", *AE*, p. 16. /『존재와 달리』, p. 20.

51   *AE*, p. 15. /『존재와 달리』, p. 19.

인간은 합리적 동물인가? "인간은 비합리적 동물이다!"[52] 모든 사람은 자기 자신을 위해 살고 또 죽는다. 그 누구도 진정 다른 누군가를 위해 살거나 죽길 원하지는 않을 것이다. 그러나 분명 예외적인 경우를 우리는 본다. 예를 들어, "수영하는 법을 모르면서 누군가를 구하기 위해 물속에 뛰어드는 것, 이것은 전적으로 타자를 향해 가는 것이다. 자기 자신에 대해 아무것도 고려함 없이."[53] 생면부지의 사람의 목숨을 위한 자기희생. 홉스에 따르면, 인간은 타자를 위해 자신의 삶을 위험에 처하게 할 수 없다. 그럼에도 불구하고, 이와 같은 행동은 어디에서 나오는가? 레비나스에게는 나의 생존보다도 중요하고 유일한 것이 있는데, 그것은 타자의 생존이다. 왜냐하면, 나의 존재는 그 자체로 타자에게 행해진 잘못이기 때문이다. 다시 말해, 갑자기 나타난 나의 존재의 출현, 그리고 이 존재를 유지하기 위한 삶의 전개 안에서 나의 일련의 행위들 ; 먹기, 마시기, 싸기, 씻기, 입기, 이동하기, 운동하기, 거주하기 등등은 타자에게 본의 아닌 커다란 생존의 위협과 비극을 가져다줄 수 있다. 이를테면, 매일 아침 마시는 커피 한잔에도, 축구를 하기 위한 축구공에도, 외출을 위해 치장하는 장신구에도, 무심코 흘려보낸 물 한 방울에도 그것을 누리지 못하며 그것 때문에 고통받는 사

---

52 Emmanuel Levinas et al., "Le paradoxe de la moralité : Un entretien avec Emmanuel Levinas", *Philosophie*, 2011, n°112, p. 16.

53 *AT*, p. 167. / 『타자성과 초월』, p. 187.

람들이 있다. 이것은 비록 내가 총·칼을 곁에 두지 않더라도, 다른 방식으로 누군가를 죽일 수 있음을 의미한다. 따라서, 타자의 모든 물질적 불행은 나와 연관된다. 나는 타자의 불행에 대한 책임을 짊어져야 한다. 그의 죽음마저도. 나는 죽음의 불확실성과 마주하여 타자를 혼자 내버려 둘 수 없다. 물론, 이역만리 이름도 얼굴도 모르는 이의 불행이 나의 잘못, 나의 책임이라는 것이 과연 '정당한가'라는 반문이 가능하다. 인정할 수 없는 일에 대해 책임을 지는 사람은 아무도 없을 것이다. 특히, 자신의 신체적 위해나 물질적 손해를 감수할 정도로 그런 일을 기꺼이 감당할 책임은 더구나 없다. 그러나 책임과 더불어, 레비나스가 말하는 윤리, 이것은 "나에게 낯설고 무관심한, 나의 이익과 애정의 순위에도 들지 않는 타자가 그럼에도 나와 연관이 있는 태도이다."[54] 내가 한 것을 넘어서서 나는 이미 연루되었다. 나와 함께한 타자의 현재로부터 시작되지 않는 불행조차도 내게 책임이 있다.

---

54 François Poirié, *Emmanuel Levinas : Essai et Entretiens*, Actes Sud, 2006(2ème édition), p. 106.

5. 레비나스적 평화의 인간학을 꿈꾸며

홉스는 내전의 시기를 경험했다.[55] 레비나스 역시 세계대전의 절망적인 상황을 체험했다. 하지만 이 두 철학자는 평화를 위해 각자 다른 길을 제시한다. 홉스는 평등한 인간들이 벌이는 폭력적 경쟁을, 모든 사람이 가지고 있는 자기방어의 원초적 권리와 전쟁의 권리에 의한 상호 침탈을 올바른 이성의 명령인 자연법의 실행을 통해 안전한 상태, 즉 평화의 유지로 돌려놓으려 했다. 하지만 평화의 합의는 나중에 "목적과 전략의 다양성, 또는 질투와 경쟁 때문에 사람들은 자연히 서로 다투게 되는데, 사람들이 공동의 공포 때문에 제약받지 않는 한, 서로 협력할 수도 없고 평화를 바랄 수 없을 정도로 분열되어 흩어질 것이다."[56] 따라서 자기 개인의 이익이 앞서는 평화와 상호협력은 결국 공포를 통한 강력한 제약에 의해서만 가능하게 된다. 모든 개인들의 의지들을 하나의 의지로 합일하고 조화시킬 수 있는 최고 통치권, 최고 명령권, 주권을 가진 절대 권력의 힘, 이것이 홉스가 말하는 코먼웰스, 즉 국가이다.

자기 보호를 목적으로 다수의 사람들의 자발적인 계약 체결을

---

55 1640년 홉스는 정국불안을 이유로 영국을 떠난다. 이 당시 영국은 샤를 1세 왕과 의회 사이에 격렬한 대립이 있었다. 이에, 홉스는 자신이 왕정주의의 지지자로서 위협을 느끼고 어쩔 수 없이 망명을 떠나게 된다. 이후 그는 샤를 2세의 복권 1651년까지 프랑스에 머문다.

56 『시민론』, p. 107.

통해 설립된 코먼웰스는 그러나, 이것이 강력한 공포정치를 휘두를 수 있다 할지라도, 일시적이고 인위적이며 결함들을 가지고 있다. 예를 들어, 평생의 안전을 원하는 인간이 모든 권리와 권능을 주권자인 국가에 양도할 때, 국가는 미래에 관한 약속, 미래에 대한 보상을 보증한다. 그러나 덕을 보상하고 악을 벌하겠다는 약속의 보증에도 불구하고 이행되지 않는다면, 외부의 폭력에 의해서든, 내부의 혼란에 의해서든, 코먼웰스는 해체될 수 있다. 해체의 원인은 궁극적으로 그것을 제작하는·조직하는 자로서의 인간에게 있으며, 오래 지속되길 바라는 이 합의체는 사실 나의 머리 혹은 후손의 머리 위에서 언제든 무너져 내릴 수 있다.

레비나스 또한 홉스처럼, 인간 존재의 생존 동력이 자기 보존임을 인정한다. 왜냐하면, 인간은 본질 안에서 자기를 보존하려는 욕구에 의해 움직이기 때문이다. 따라서 서로가 서로를 해하려는 가능성은 필연적으로 도사린다. 그리고 다른 사람의 죽음은 나의 죽음이 아닌 이상 대수롭지 않게 된다. 그렇더라도, 죽임을 당할 수 있는 나의 죽음의 가능성은 죽는 순간까지 나를 떠나지 않는다. 홉스와 다르게, 레비나스는 전쟁 혹은 존재사건(intéressement)이라는 비극적 드라마 안에서의 살해를 멈추게 할 수 있는 것으로서 국가를 상정하지 않는다. 레비나스에게 국가는 도리어 폭력의 담지자일 수 있고 평등주의적 동질화에 의해 개인의 특성을 무화시킬 수 있고 구성원 간의 어떠한 유대도 만들지 못하고 개인을 수단적 가치로만 여길 수 있다. "인간이 자기실현을 위한 평등하고 공정한 국가가(설립과 특히, 유지와 관련되는) 만인의 만인에 대한 전쟁에서 또는 모두를 위한 일자의 환원 불가능한 책임에서 유래하는 지를"[57] 아는 것은 그러므로 여기서 중요하다. 왜냐하면, 나의 죽음에 대한 두려움은 살해에 대한 두려움·염려로 도치되어야 하기 때문이다.

　　타자의 죽음에 대한 나의 상관 있음은, 이것이 꼭 나에게 소중한 사람들의 죽음만은 아닐지라도, 근접성 안에서 비로소 나의 존재 노력을 파열시킨다. '인류애'를 전제하는 근접성은 타자에게 사로잡히기까지 나를 타자에게 다가서게 한다. 계약적 관계 이전의, 계약적 관계를 벗어난 타자와의 관계 안에서 타자가 호소하면 나는 책임 속에서 응답을 주어야 한다. 판단과 결정, 조정을 통해 평화를 기만하며 인간 대중을 지배하는 국가는 더이상 소용이 없다. "국가는 내가 알지도 못하는 인간들의 가까움에 책임을 져야 한다."[58] 타자는 내가 경쟁해야 하는 대상이 아니라 나보다 늘 앞서 지나가는 자이다. 우리는 이 사실을 깨달아야 한다. 레비나스는 적대적 관계가 종식되는 '영구 평화'[59]에 대해 말하지 않는다. 레비

57　*AE*, pp. 248~249. /『존재와 달리』, p. 345.

58　Miguel Abensour, *Emmanuel Levinas, l'intrigue de l'humain : Entre métapolitique et politique*, Hermann, 2012, p. 113.

59　"우리는 칸트의 논증을 안다 : 만약 내가 적대를 재개하고, 전쟁을 다시 일으키거나 또는 휴전에만 동의할 속셈으로 평화를 행한다면, 좋든 싫든 간에, 나는 다른 전쟁의 가정을 통해 승리를 거두어야 한다고 생각하기조차 한다면, 이것은 평화가 아닐 것이다. 그러므로 평화는 아마 절대 없을 것이다. 그러나 만일 있다면, 이것은, 설립된 평화, 자연적이 아닌, 법률적-정치적 평화로서, 영원해야만 할 것이다.", Jacques Derrida, *Adieu à Emmanuel*

나스는 타자의 죽음을 통해 타자의 죽음뿐만 아니라 타자의 삶에도 내가 책임이 있음을 말한다. 그는 타자와의 관계가 conatus에서 출발한다고 보지 않는다. 그는 타자를 나의 책임의 관계로 보는 새로운 인간학을 상상하기를 시도한다.

Lévinas, Galilée, 1997, 154~155. / 『아듀 레비나스』, 문성원 옮김, 문학과 지성사, 2016, pp. 165~166., 레비나스는 이 설립된 평화, 정치와 법률을 통한 제도의 평화에 반대한다. 이러한 평화를 위한 영원한 약속은 다른 수단을 통한 전쟁의 위협을 배제시키지 못한다.

2장

로젠쯔바이크(Rosenzweig)로부터
: 전체성 비판과 외재성[1]

1. 전체성 이념에 대한 저항 : 헤겔 철학을 중심으로

"이 책(『전체성과 무한』)에서 인용되기 위해 매우 자주 제시하는 프란츠 로젠쯔바이크의 『구원의 별(*Stern der Erlösung*)』에서 나타나는 전체성의 이념에 대한 저항은 우리에게 강한 인상을 주었다."[2] 로젠쯔바이크에게, 1차 세계대전의 개인적인 경험 중 죽어가는 자의 목격과 그 자신의 임박한 죽음의 지속적인 위협은 "맹목적이고

---

1 이 글은 필자가 『대동철학』 제93집(2020. 12)에 실은 「전체성 비판에 의한 외재성에 대한 연구 : 로젠쯔바이크에서 레비나스로」를 수정·보완한 것임.

2 Emmanuel Levinas, *Totalité et Infini. Essai sur l'extériorité*, Le Livre de Poche, coll. 《Biblio》, 2009, p. 14. (이하 *TI*) / 『전체성과 무한 : 외재성에 대한 에세이』, 김도형·문성원·손영창 옮김, 그린비, 2018, pp. 18~19. (이하 『전체성과 무한』)

무정한 죽음의 휘파람 소리가 나는 촉수들"[3]에 맞서, "가혹한 죽음의 폭력 안에서 평소에 그가 느끼지 못하는 것"[4]을 느낄 수 있게 해주었다. 로젠쯔바이크처럼 레비나스에게서도 "2차 세계 대전의 경험과 유럽 유대인 학살의 발견은 그의 사유와 감성을 아주 급작스럽게 변화시킨다."[5] 따라서 레비나스 사상과 로젠쯔바이크 사상의 '전체성 이념에 대한 저항'이라는 공통적인 태도는 역사적 폭력의 경험, 즉, 전쟁의 경험 - 1914~1918년 로젠쯔바이크의 전쟁 경험, 1939~1945년 레비나스의 전쟁 경험 - 을 바탕으로 한다. 전쟁은 이 두 철학자에게 사유할 수 있는 전체의 바깥을 허락하지 않는 닫힌 체계, 즉 전체성에 대한 의식을 갖게 했고 이에 저항하도록 했다.

   '전체성의 이념에 대한 저항', 이것은 이오니아에서 예나까지, 그리스적 세계로부터 독일 관념론 체계까지 서양 철학 전통의 전체에 대한 근본적인 물음을 제기하는 것이다. 탈레스의 '만물은 물이다'로부터 아낙시메네스의 공기, 헤라클레이토스의 로고스(logos), 아낙사고라스의 누스(nous), 그리고 파르메니데스의 '전체는

3   Franz Rosenzweig, *L'Étoile de la Rédemption*, trad. Alexandre Derczanski et Jean-Louis Schlegel, rééd, Paris, Seuil, 2003, p. 19. (이하 *ER*)

4   *ER*, p. 19.

5   Stéphane Mosès, *Au-delà de la guerre : Trois études sur Levinas*, Paris-Tel Aviv, Édition de l'éclat, 2004, p. 9.

존재이다'는 세계를 사유할 수 있는 자연으로써 파악하는 방식으로부터 시작해서 종국에는 사유와 존재의 동일성이 확증된다. 그리스 철학자들은 객관적 세계를 탐구하려 했다. 그러나 그들은 그들 자신의 동일성의 지평 속에서만 세계를 이해하려 했다. "모든 것은, 실제로, (…) 세계로 환원된다."[6] 그리고 "세계는 사유할 수 있다."[7] 그러므로 '모든 것은 사유할 수 있다'의 사유는 존재와 다르지 않다. 즉, 사유할 수 없는 것은 존재하지 않는다. "철학은, 모든 것은 사유할 수 있는, 그래서 논리적으로 이해될 수 없는 것은 존재를 갖지 않는다는 결론에 도달하기 위해 모든 것을 사유할 수 있다는 원리로부터 출발한다."[8] 세계의 모든 것을 사유하려는 의도, 사유할 수 있는 전체의 바깥을 허락하지 않는 닫힌 체계, 이것은 전체성의 사유이다.

전체성의 사유는 예나에서 완성된다. "진리는 전체이다(Das Wahre ist das Ganze)."[9] 달리 말하면, '전체는 진리이다.' 진리가 어떻게 전체이고, 전체가 어떻게 진리인가? "진리란 스스로 운동하

---

6 Emmanuel Levinas, *Difficile Liberté*, Le Livre de Poche, coll. 《Biblio》, 2012, p. 282. (이하 *DL*)

7 *ER*, p. 31.

8 Sophie Nordmann, "De Rosenzweig à Lévinas : une 'révolte victorieuse contre la totalité du monde'", *Cahiers d'Études Lévinassiennes, n°8 : Lévinas-Rosenzweig*, Arcueil ; Jérusalem, Verdier, 2009, p. 84.

9 G.W.F. 헤겔, 『정신현상학 1』, 임석진 옮김, 한길사, 2013, p. 55. (이하 『정신현상학 1』)

는 것"[10]으로서 존재하는 것, 의미를 갖는 것은 우선 자기 동일적이다. 그러나 이 자기-동일성은 자기-동일성의 확증으로부터 곧장 그 자체로 상반되는 부정성을 갖는다. 하지만 이는 매개 작용에 의한 자기 자신의 반성을 통해 다시 자기에게로 돌아가고 복구된다. 그리고 이와 같은 원형적 자기 운동은 내용의 확장과 유기적인 전체를 형성한다.[11] "존재하는 모든 것이 절대적으로 매개되고 실체의 내용이 동시에 그대로 자아의 소유물이 되면서 내용은 곧 자기 운동하는 개념이 되는 것이다."[12] 실체가 본질적으로 주체라는 일반적인 의미에서, 주체는 주어진 대상을 깊이 파고들고 그 모든 내용은 자기 자신으로의 복귀를 통해 요소들을 뒤섞으면서 보다 높은 진리를 향해 나아간다. 즉, 단일한 진리, 단일한 전체를 향해 나아간다. 동일성과 차이, 보편적인 것과 개별적인 것이 원형적 자기 운동의 체계적 사유에 의해 차이의 구분됨이 없는 하나인 전체, 하나인 진리로 산출된다. 그리고 만약 자기-동일성의 운동이 결여된다면, 주체는 개별적 내용들을 하나의 전체로서 파악할 수 없으며

---

10 『정신현상학 1』, p. 85.

11 "철학의 각 부분들은 하나의 철학적인 전체, 즉 자기 자신 속에서 완결된 하나의 원환(圓環)이다. (…) 개별 원환은 내적으로 총체성이기에, 또한 자신의 요소가 지닌 한계를 뚫고 더 넓은 영역의 기초를 세운다. 그리하여 전체는 원환들로 된 하나의 원환으로 드러나며, 이러한 원환 각각은 필연적인 계기라 할 수 있다. 따라서 이 원환 고유의 요소들의 체계가 전체 이념을 형성하며, 이 이념은 각각의 개별적인 원환에서도 나타난다.", G.W.F. 헤겔, 『논리학 서론·철학백과 서론』, 김소영 옮김, 책세상, 2015, p. 77.

12 Ibid., p. 75.

주체의 형성을 해체하기까지 이른다. 주체는 따라서 자기 구성을 위해 전체성 안에 빠져들지 않을 수 없다.

　전체화하는 과정의 결과로써 헤겔 철학은 통합할 수 없는 것 조차 통합하려고 한다. "이것은 실제로, 매우 당연히, 철학 자체의 정점으로써 나타나는 헤겔 철학에 이르는 서양 철학의 모든 과정이다. 정신적인 것과 이치적인 것이 항상 앎 속에 거주하는 서양 철학 어디에서든 우리는 이러한 전체성의 향수를 볼 수 있다. 전체성이 상실되었다면, 이 상실이 마치 전체성의 죄인 것처럼. 따라서, 이것[전체성]은 진리인 현실의 그리고 정신을 지극히 만족시키는 현실의 개괄적인 봄(vision)이다."[13] 따라서 로젠쯔바이크와 레비나스에게, '전체성에 대한 저항'은 헤겔과의 단절[14]을 요구한다. 특히, 『헤겔과 국가』의 저자인 로젠쯔바이크는, 그에게 헤겔의 텍스트가 내면화되어 있음에도 불구하고, 헤겔식(式) 추론을 거부한다. "이미 내가 헤겔에 관한 책을 쓰기 시작했던 시기에, 나는 헤겔 철학을 유해한 것으로서 간주했었다."[15]

13　Emmanuel Levinas, *Ethique et Infini : Dialogue avec Philippe Nemo*, Le Livre de Poche, coll. 《biblio》, 2011, p. 70. (이하 *EI*) / 『윤리와 무한 : 필립 네모와의 대화』, 김동규 옮김, 도서출판 100, 2020, p. 85. (이하 『윤리와 무한』)

14　"『구원의 별』에서의 전체성의 이념에 대한 비판 (…). 이것은 헤겔과의 단절이다.", Salomon Malka, *Lire Lévinas*, Paris, Cerf, 1984, p. 105.

15　Franz Rosenzweig, *Briefe*, Edith Rosenzweig et Ernst Simon (éd.), Berlin, 1935, p. 476. Stéphane Mosès, *Système et Révélation*, Verdier, 《poche》, 2016, p. 41. 재인용. (이하 *SR*)

　　데카르트의 코기토 원리 이래로, 의식은 나의 의식의 범주 내에 있는 것들만 개념적 파악이 가능해진다. 다시 말해, 객관적 진리를 포함한 모든 것은 나의 생각 안에서만 존재할 수 있다. 주체의 사유를 벗어나는 진리는 진리가 아니다. 주체의 사유 내부에 가두어진 것만이 주제화될 수 있다. 주체는 스스로를 정립하는 동시에 보편적 입법자로서 전체를 규정하고 절대적 보편者로서 존재를 근거 짓는다. 이 보편적 주체는 자기 자신의 정립과 생성뿐만 아니라 객체적 타자마저 자기 안에 내재화한다. 이처럼 주체는 존재하는 다른 모든 것을 단지 주체의 속성으로 두는 유일한 실체가 된다. 그렇더라도, 헤겔은 동일화 가운데에 차이를 받아들인다. 헤겔에게서 주체는 자기 자신에게 타자의 생성이 매개가 되는 한 생동적이고 실제적이다. "자기의식은 또 하나의 (다른) 자기의식과 대치해 있다. 이것이야말로 자기의식의 실태라고 하겠으니, 이제야 비로소 자기의식은 스스로가 타자화되는 가운데서의 자기통일이 성립되는 것을 알아차릴 수 있게 된다."[16] 사실, 헤겔에게서 타자성의 이론이 완전히 결여된 것은 아니다. 비록 다른 개별적인 의식들과의 필연적인 관계가 개별적 의식 가운데에서 발견될지라도, "'나는 생각한다'는 나의 사유 안에서, 동시에 내가 다른 사유들과 연결되는 경우에만 가능하다. 각각의 개별적 의식은 자기를 위해, 타인을 위해 동시에 존재한다. 의식은 타인을 위하는 한에서만 자

---

16 『정신현상학 1』, p. 219.

기를 위해 존재할 수 있다. 각각의 의식은 그 자체로 존재하기 위해 타자에 의한 인정을 요구한다. 그러나 이 의식은 또한 타자를 인정해야만 한다. 왜냐하면, 타자에 의한 인정은 타자 자신이 인정될 경우에만 유효하기 때문이다."[17] 이와 같은 상호인정은 만남을 전제한 경우에 가능하다. 즉, 만남, 이것은, 헤겔적 의미에서 "'나'가 '우리'이고 '우리'가 '나'라고 하는 경험이다."[18] 하지만 '우리'라는 경험 안에서 과연 나와 타자의 관계를 인격적 관계로 이해할 수 있겠는가? 이것은 레비나스적 의미에서 주체에 의한 타자의 중성화일 뿐이다.[19] 이것은 타자 경험을 모독하는 것이다. 왜냐하면, 타자의 타자성이 자기의식 안으로 흡수되고 사물화되기 때문이다.

　헤겔에 따르면, 자기의식은 오직 인정된 것으로서만 존재한다. "즉 자기의식이란 스스로 무한한 운동을 펴나가는 가운데 일단 정립되고 난 성질과 정반대의 것으로 즉각 전화(轉化)한다. 이렇듯 이중화한 자기의식의 정신적 통일이란 어떤 것인가를 나타내 주는 것이 '인정'의 운동이다."[20] 자기의식은 자기의식의 확신

17　Emmanuel Levinas, *Dieu, la mort et le temps*, Le Livre de Poche, coll. 《Biblio》, 2006, p. 93. (이하 *DMT*) /『신, 죽음 그리고 시간』, 김도형·문성원·손영창 옮김, 그린비, 2013, p. 121. (이하『신, 죽음, 시간』)

18　『정신현상학 1』, p. 220.

19　레비나스는『전체성과 무한』의 결론 안에 '중성의 철학에 맞서'라는 장(章)에서 하이데거와 함께 헤겔을 비판한다.

20　『정신현상학 1』, p. 221.

을 위해 부정의 특징을 나타내는 대상이 필요하다. 그리고 이 대상은 자체 내로 복귀해 있으며 이 복귀를 통해 대상은 '생명'이 된다. 그리고 '생명이 있는 것'은 직접적인 욕망의 대상이 된다. 그러나 욕망으로서의 자기의식은 자기통일에 의한 확신을 위해 대상 또는 자립적인 생명으로 나타나는 타자를 다시 지양하지 않으면 안 된다. 즉, 처음부터 타자를 욕망할 수밖에 없는 자아는 타자와의 부정적 관계와 동시에 긍정적 관계(혹은 인정의 관계) 안에 존재한다. 헤겔은 자기의식의 세 가지 요소 안에서 자기의식들 사이의 관계와 함께 자기의식의 개념을 밝힌다.[21]

반성은 이중적이다. 왜냐하면, 어떤 의미에서 자기의식은 다른 자기의식과 항상 매개되어 있기 때문이다. 자기 안에 자기의 타자 존재를 놓는 대상, 다른 자기의식, 이것은 타자가 의식의 대상에 다름 아님을 뜻한다. 이러한 경우에, 나와 타자의 관계는 주체와 객체의 인식적 관계일 뿐이다. 그리고 대상이 순수한 자기 확신으로 나타나야 할 때, 자기의식은 욕망의 모습을 띤다. 이 욕망은 다른 자기의식을 부정하고 지양하려는 욕망이다. 따라서, 욕망은

---

21 "① 자기의식의 최초의 직접적인 대상은 전혀 구별되지 않은 순수한 자아이다. ② 그러나 이 직접적인 존재는 절대적 매개를 거친 것으로서 자립적인 대상을 지양함으로써만 성립된다는 점에서 이 직접적인 존재는 욕망이다. 이 욕망의 충족을 통하여 자기의식은 자체 내로 복귀하는 가운데 자기확신은 진리로 고양된다. ③ 그러나 이 확신이 다다른 진리란 다름 아닌 이중의 반성, 즉 두 개의 자기의식이 각기 저마다 반성한다는 데 있다. 여기서 의식의 대상이 되는 것은 자기로 있으면서 자기의 타자존재를 떠안은 채 자타의 구별에 사로잡히는 일 없이 자립해 있는 그러한 존재이다.", 『정신현상학 1』, p. 219.

타자를 죽음으로까지 내몰면서 다른 자기의식을 자기의식에 동화시켜야만 만족할 것이다. 인정 개념이 타자가 자기에 대해 있는 것과 같이 자기도 타자에 대해 있다는 것을 염두에 둔다면, 자기의식과 다른 자기의식 사이의 투쟁은 필연적이다. "이때 각자는 자기의 생명을 내걸 뿐만 아니라 타인을 죽음으로 내몰아야만 한다. 타인은 추호도 자기 이상으로 가치 있는 것이 아니며 그의 본질을 자기 안에 지니지 않고 자기의 밖으로 벗어나 있으니, 밖으로 벗어나 있는 존재는 지양되어야만 하는 것이다. 타자는 다양한 일상사에 매여 있는 그런 의식이지만, 자기의식이 스스로의 타자로서 맞서려고 하는 것은 순수한 독자 존재 또는 절대적 부정성을 지닌 존재로서의 타자인 것이다."[22] 자기 밖의 타자 존재는 자기의식 안으로 되돌아와야만 한다. 이것은 타자 존재를 부정하고 그러고 나서 이 부정을 부정하면서 복구시키기 위해서이다. 서로 대립하는 두 개의 의식형태가 통합으로 향하는 과정 어디에도 인격적 만남의 가능성을 찾을 수는 없다. 헤겔은 주체와 타자 사이의 만남의 행위를 기술(記述)하지 않는다. 그는 주체가 사물로써 타자와 관계하는 기술의 범주 및 사물성의 형태에서 그들의 행위 방식 범주를 차용했다. 헤겔이 비록 다른 자기의식의 필연성에 대해 말했음에도 불구하고, 타자의 진정한 의미는 인격적 대상으로 파악되지 않는다.[23]

---

22 『정신현상학 1』, p. 226.

23 김상봉, 『서로주체성의 이념 : 철학의 혁신을 위한 서론』, 길, 2007, pp. 251~253. 참조.

레비나스는 이를 두고 "헤겔의 비인격적 이성"[24] 또는 "이성이 주체를 먹어 치우는 헤겔의 관념론"[25]이라고 지적한다.

"온갖 실재라는 이성의 확신이 진리로 고양되고 이성이 자기 자신을 세계로, 그리고 세계를 자기 자신으로 의식하기에 이르렀을 때, 이성은 곧 정신이다."[26] 실체로서의 정신은 전체성 안에서 현실적인 의식으로 존재한다. 따라서 정신은 자기를 현실적으로 실현하는 것을 최고의 목표로 둔다. 하지만 정신의 현실태로서 하나인 전체, 하나인 진리는 무엇인가? 헤겔의 체계 안에서, 이것은 절대정신과 같다. 절대정신이 현실 속에서 자기를 드러내는 방식은 여러 가지가 있다. 예를 들어, 국가, 종교 그리고 학문 등. 그중에서, 국가는 보편정신을 위시하여 개개인이 순수하게 자기를 위해 존재하려는 것을 못 하게 하는, 전체 안에서만 삶의 전망을 의식한다고 단언하는 경향을 내포하고 있다. "국가는 특수한 자기의식이 공동성으로까지 고양된 실체적 의지가 현실성을 갖춘 그러한 존재이며, 따라서 절대적으로 이성적이다. 이 실질적인 통일체는 자유를 최고도로 신장시켜놓은 절대부동의 자기 목적으로, 이 궁극목적이 개개인에게 안겨진 최고의 법이다. 개개인의 최고 의무

---

24   *TI*, p. 332. /『전체성과 무한』, p. 449.

25   *TI*, p. 333. /『전체성과 무한』, p. 449.

26   G.W.F. 헤겔,『정신현상학 2』, 임석진 옮김, 한길사, 2012, p. 17.

는 국가의 성원이 되는 데 있다."[27] 로젠쯔바이크는 그의 책 『헤겔
과 국가』에서 이를 비판하고 있다.

> 헤겔에게서, 국가의 개념은 개인과 공동체 사이 관계의 절대성
> 이 모든 면에서 국가에 내재한다는 사실에 의해 결정된다. 단
> 수의 개인과 대면할 수 있는 이런 류(類)의 유일한 공동체만이
> 있다. 그리고 윤리적 인간으로서, 그는 공동체와의 관계를 포
> 기할 수 없다 ; 헤겔에게서, 어떠한 다른 윤리적 관계도 실제로
> 그 이상을 사유할 수 없고 어떤 관계도 이것만큼 폐쇄적인 것
> 은 없다. 일반적으로 국가와의 관계 그리고 자기 위치에서 국
> 가를 위해 치러야 하는 특정한 의무들은 '애국심'이라는 정신
> 의 동일한 경향(disposition)으로 채워진다. 윤리적 인간은 그의
> 개별적인 입장의 '우연성'과 일반적으로 국가에 속하는 '필연
> 성' 사이에서 결단을 내릴 수 없다. 따라서 인간과 국가 사이
> 의 관계는 절대적 관계이다.[28]

국가는 개인들의 자유로운 의지로부터 구성된다. 그리고 국
가는 형식적으로 "법률적 법칙들 아래에서의 다수 인간들의 통일

---

27 G.W.F. 헤겔, 『법철학』, 임석진 옮김, 한길사, 2016, p. 442. (이하 『법철학』)

28 Franz Rosenzweig, *Hegel et l'Etat*, trad. Gérard Bensussan, Paris, PUF, 1991, pp.
364~365.

체(하나됨)이다."[29] 즉, 개별적 의지는 가장 구체적이고 가장 보편적인 수준의 최고의 법 아래로 결단을 통해 통합된다. "결단을 통해 의지는 특정한 일개인의 의지로 모습을 드러내면서 자기 밖으로 나아가 타자와 구별되는 것으로 자리잡는다."[30] 헤겔에 따르면, 비록 각각의 개인들이 그들의 개별성을 희생하면서까지 국가에 용해될지라도, 개인들은 이 보편적 실체가 그들의 본질일 뿐만 아니라 그들에 의해 탄생된 작품임을 안다. 달리 말해, 국가는 보편적 현실성을 띠기 때문에 국가는 개별적인 의지와 활동성 안에서 규정되어야 한다. 따라서 각자는 스스로가 자립적인 실재성과 그들 본질의 절대적인 정신적 통일 안에서 자기를-위한-존재자임을 의식한다. 하지만 자기를 위해 존재한다는 의식은, 공동체적 본질에 속해 있는 한에서, 살아있는 정신으로서의 국가에 의해 주어지는 것 아닌가? 예를 들어, 이러한 자기의식은 국가 안에서만 실체적 자유를 갖는다. 국가는 구체적인 자유의 현실태로서, "여기서 구체적인 자유란 인격적인 개별성과 그의 특수한 이익이 완전히 발양되어 그들의 권리가 그 자체로 (…) 인정되는 동시에 그들 개인이 한편으로는 자발적으로 공동의 이익을 향해가면서 다른 한편으로는 지와 의지를 가지고 공동의 이익이야말로 그들 자신의 실체적인 정신임을 인정하는 가운데 공동의 이익을 궁극목적으로 하여 활동

---

29   임마누엘 칸트,『윤리형이상학』, 백종현 옮김, 아카넷, 2012, p. 266.

30 『법철학』, p. 89.

한다는 데 있다."[31] 특정한 작용 활동 안에서 분화되고 조직된 하나인 전체로서 존재하는 국가는 보편적인 궁극목적과 개인들의 특정 이익의 일치를 통해 보편적인 것과 특정 이익을 유지시킨다. 그러므로 개인들의 특정한 이익은 보편적인 공동의 이익과 합치되어야 한다. 이것을 위해서, 개인들이 국가의 일부를 이루는 것은 필연적이다. "국가는 객관적 정신이므로 개인은 그가 오직 국가의 일원일 때만 객관성과 진리와 인륜성을 지닌다. 여기서는 합일을 이루는 것 그 자체가 개인의 진실한 내용과 목적이며 개인의 사명은 공동의 생활을 영위하는 데 있다."[32]

국가는 인간의 의지와 자유 안에서 외재화된 정신적 이념이다. 예를 들어, "아테네인에게 아테네는 이중의 의미를 지녔었다. 첫째, 그것은 국가기구 전체를 의미하고, 둘째로는 민족정신의 통일을 나타내는 여신 아테나를 의미했던 것이다."[33] 국가는 그의 민족에게 그들의 특정한 자질을 실현할 수 있는 제도들을 부여한다. 그리고, 민족정신은 그들의 특정한 원리 안에 머문다. "하나의 민족에 하나의 원리가 귀속된다. - 이렇게 해서 한 민족의 지리적·인종적인 존재가 성립되는 것이다."[34] 이것은 개체성이다. 배타적이

---

31 『법철학』, p. 452.

32 『법철학』, p. 442.

33 G. W. F. 헤겔, 『역사철학강의』, 권기철 옮김, 동서문화사, 2015, p. 61.

34 『법철학』, p. 582.

고 독자적인 국가의 개체성은 다른 국가들과 관계하는 데에 부정
적인 관계를 내포한다. 하나의 국가가 다른 국가들에 대하여 존재
하는 상황에서, 지상권을 가진 개체로서의 국가는 자기의 특정한
의지를 가지고 자신의 권리를 행사한다. 그런데, 국가들이 서로 관
련되어 있으므로 이러한 권리 행사는 불가피하게 국가 간의 분쟁
을 야기할 수밖에 없다. "그러므로 국가 간의 분쟁은 쌍방의 특수
한 의지가 합의에 이르지 못하는 한, 오직 전쟁에 의해 결정될 수
밖에 없다."[35] 전쟁은 "특수한 것에 깃들인 이념의 요소가 그의 권
리를 획득하여 현실로 화하는 요소"[36]이고 외적이고 우연적인 이
념이 '전체의 유기적 요소'로서 내적인 국가의 이념과 만나는 계기
이다. 헤겔에게서 국가는 절대 악도 우연적인 것도 아니다. 헤겔은
오히려 지속적인 평화 또는 영구적인 평화가 국민의 윤리적 건전
성을 해친다고 주장한다. 따라서, 전쟁이야말로 국민의 윤리적 건
전성을 보존하면서 고립된 체계 안에 정착하고 굳어진 공동체 정
신을 해체시킬 수 있는 것이다. 헤겔이 말하는 이러한 전쟁의 필연
성은 국가가 자유의 보호와 대·내외적 안녕을 위한 개인들의 삶의
자발적인 희생과 죽음을 요구하는 것을 정당화시킨다.

　　"헤겔의 국가는 (…) 그 자체로 목적이다. 국민이 국가적 형태
에서만 실제로 실현되는 것과 마찬가지로, 개인은 국가 안에 흡수

35　『법철학』, p. 575.

36　『법철학』, p. 564.

되기 위해서만 존재한다. 어떤 의미에서, '국가는 개인과 국민이 국가에 희생되기를 요구하는 우상이 되었다.'라고 로젠쯔바이크는 쓴다. 그러나 이 국가의 절대-권력은 국가가 구현한 이성의 절대-권력의 발현 자체일 뿐이다."[37] 헤겔 저작에서의 국가 이론이 현대의 국가주의와 전체주의에 끼친 영향에 대해서는 이견(異見)이 없지만 그 평가는 분분하다. 예를 들어, "헤겔은 국가는 전체이고 개인은 무가치하고 도덕은 정신의 삶에 종속된 형태라고 한 사람이다. 한마디로, 그는 프로이센 국가의 옹호자이다."[38] "헤겔은 국가를 찬양하고 찬미할 수 있었으며, 심지어 신성화할 수조차 있었다. 그러나 그의 국가 권력의 이상화와 현대의 전체주의 체계의 특징인 우상화 사이에는 분명하고 틀림없는 차이가 있다."[39] 하지만, 헤겔의 전체성의 철학이 인간을 익명의 법칙의 체계 안에 가두고 인간 개인의 운명에 무관심했다는 점은 명백하다. 왜냐하면, 헤겔에게서 죽음은 존재 사유의 한 계기로써, 자기를 통한 자기 파악의 한 계기로써, 전체의 사유를 위한 개념적 도정에 필수적인 계기로써 여겨지기 때문이다. 그러나 죽음은 이치(理致)적이지도 않고 이해할 수도 없고 사물화하지도 않는다. 죽음은 궁극적인 개별화와 궁

---

37 *SR*, p. 42.

38 Eric Weil, *Hegel et l'Etat : Cinq conférences suivies de Marx et la philosophie du droit*, Paris, Vrin, 1994, p. 11.

39 에른스트 캇시러, 『국가의 신화』, 최명관 옮김, 창, 2013, p. 377.

극적인 고독이 인간에게서 표출되는 장소이다. 또한, 타자성의 감정을 발견하는 곳이기도 하다. 따라서 죽음과의 대면은 오히려 헤겔적 이성 안에서의 전체주의 원리를 폭로할 수 있고 전체성의 바깥을 사유할 수 있게 한다. 죽음은 무(無)와의 관계가 아니다. "왜냐하면 무와 존재는 이해와 관련되기 때문이다."[40] 죽음은 절대적으로 다른 것과의 관계, 무한과의 관계이다.

2. 로젠쯔바이크의 철학적 기획
: 전체화할 수 없는 것으로부터

로젠쯔바이크의 1차 세계대전의 경험은 전체를 사유하는 철학적 전통을 거부하면서 차이를 사유하도록 그를 이끌었다. "철학이 다시 시작할 때, 철학이 백지화될 때, 우리가 발견한 첫 번째 실재성(réalité)은, 데카르트에게서처럼, 사유 자체는 아니다. 죽음 앞에서의 개인적 경험이다."[41] 전체는 진리 안에 근거하기 위해 죽음조차 거부한다. "실제로, 전체가 죽을 수 없고 전체 안에서는 아무것도 죽을 수 없다는 것은 매우 명백하다. 오직 단수적인 것만 죽을 수 있다. 그리고 죽는 모든 것은 홀로이다. 철학이 세계에서 단

---

40   *DMT*, p. 106. / 『신, 죽음, 시간』, p. 138.

41   *SR*, p. 77.

수적인 것을 제명해야만 하는 것, 어떤 것의 이러한 제-명은 또한
제명이 관념적일 수 있는 이유이다."[42] 가장 단수적인 단수성은 고
유한 죽음에 의해 실현된다. 따라서, 철학은 죽음을 단수적인 것
으로 치환해야 한다. 왜냐하면, 모든 단수성이 보편적인 것 안에
수용될 때, 아무것도 죽지 않는 전체를 사유할 수 있기 때문이다.
"보편적인 것은 모든 단수성을 선행하기 때문에 자기 밑에 모든
단수성을 떠맡는다. 왜냐하면, 보편적인 것은 일반적으로 인간을,
모든 인간을 고려하기 때문이다. 또는 일반적으로 세계, 모든 사물
들을 고려하기 때문이다."[43] 하지만, 주지하다시피 각각의 인간 존
재는 전체의 단순한 한 부분으로서, 시스템의 한 요소로서 규정될
수 없다.

철학은 죽음은 물론, "단독적인 인간의 단독적인 삶"[44]에 무
관심해서는 안 된다. 로젠쯔바이크는 『구원의 별』에서 죽음에 대
한 성찰로부터 그의 글쓰기를 시작한다.[45] 인간의 사멸성, 죽음에

---

[42] *ER*, pp. 20~21.

[43] Franz Rosenzweig, "Noyau originaire de l'Étoile de la Rédemption", trad. J.-L.
Schlegel, *Foi et Savoir : Autour de L'Étoile de la Rédemption*, intr. et trad. G. Bensussan, M.
Crépon et M. de Launay, Paris, Vrin, 2001, p. 137.

[44] *ER*, p. 31.

[45] "로젠쯔바이크는 루게릭병으로 인해 젊은 나이에 병사하고 말았다. 그의 대표적인 저술
인 『구원의 별』은 제1차 세계대전 중 우편엽서에 쓴 글들을 모아 출판한 것이다. 로젠쯔바이
크는 『구원의 별』을 읽는 독자들이 자신의 책을 유대교 의식을 다루는 것으로 오해하는 사실
에 대해 매우 당황하였다. 로젠쯔바이크는 이런 오해를 바로잡기 위해 『구원의 별』을 보다 잘

대한 불안은 생존하기 위한 몸부림이다. 이것은 또한 본래적인 현실성이다. 로젠쯔바이크가 관심을 가졌던 것은 삶으로서 존재, 관계의 삶으로서 존재이다. 인간은 그의 단수성을 포기하기 위해 사유의 체계 안으로 들어가지 않는다. 환원할 수 없는 죽음의 경험은 인간을 체계에 귀속시키는 것이 아닌, 자기에게 동일시되었던 사유를 해체시키면서 분리를 급진적이게 한다. "전체성 안에 포함된 개인이 죽음의 불안을 극복하지 못했고 개인의 특수한 운명을 단념하지 못했다는 점에서 개인은 전체성 안에서 쉽게 발견되지 않는다. 또는, 우리가 원한다면, 전체성은 '전체로 되지' 않았다. 따라서 로젠쯔바이크에게는 전체성의 파열이 있고, 분별 있는 것의 추구 속에 전적으로 다른 길의 열림이 있다."[46] "죽음은 생성 안에서 보편성을 탈전체화하는 것이다. 헤겔에게서, 죽음은 개념의 작업 - 장례의식 - 에 의해 문화적 세계 내부에서, 즉, 인간화된 실제의 보편성 내에서 재통합될 수 있는 추상적인 보편성이다. 로젠쯔바이크에게서는 이 보편성이 인간의 단수성을 파괴하는 것이 아닌, 반대로 생산하는 것이 된다."[47]

이해할 수 있도록 부록을 편찬하는데, 그 책이 1925년에 출간된『별 : 신사고(*The Star : The New Thinking*)』이다. ", 박원빈, 『레비나스와 기독교』, 북코리아, 2010, p. 54.

46   *EI*, p. 70. / 『윤리와 무한』, p. 84.

47   Grégoire Boulanger, "La guerre et la question du système dans L'Étoile de la Rédemption", *Les cahiers philosophiques de Strasbourg : Franz Rosenzweig : politique, histoire, religion*, 2011(n° 29), p. 102.

삶과의 관계의 본질적인 계기로써, 어떻게 보면, 오히려 삶의 열림[48]으로써 죽음의 경험은 모든 우리의 경험을 지니는 세 가지 커다란 현실성 - 인간, 신, 세계 - 을 보게 한다. 사실, 죽음은 아무 것도 아닌 혹은 아무것도 없는 무(無)가 아니겠는가? 우리는 여전히 신-세계-인간에 대해 아직 아무것도 모른다. 그러나 이것은 지(知)/ 앎을 위한 무(無)이다. 무의 과정은 '그 어떤 것'을 향한 항해이다. 따라서 신-세계-인간에 대한 무(無)-지(知)는 신-세계-인간에 대한 우리의 지/앎의 시초이다. 이 세 가지 현실성들은 "경험의 기본적 인 요소"[49]들로서, 우리의 모든 체험된 경험의 깊숙한 곳에 기입되 어 있다. 우리는 경험에 의해서 인간 실존의 다양한 사실들과 이념 들, 가치들을 이해할 수 있다. 물론, 우리는 경험에 의해 획득된 이 러한 것들에 대해 절대적인 확신을 가질 수는 없다. 하지만, 인간 이 실존하고 세계가 현실적이고 신이 존재한다는 것은 환원 불가 능한 사실이다. "우리는 가장 명확한 방식으로, 경험의 직관적 앎 덕분에, 고유한 것으로서 신, 인간, 세계가 존재한다는 것을 안다. 우리가 그것을 알지 못한다면, 어떻게 우리가 그것들에 대해 말할

---

48 "만약 죽음이 실존주의 안에서 실존의 의미에 어떤 빛을 발한다면, 죽음이 인간을 본질 적인 것과 전체로 이끌어야 한다면, 로젠쯔바이크에게 죽음은 시작이다. ", Jean-Louis Schle-gel, "L'Étoile de la Rédemption, ou la révélation du prochain", *Les Cahiers de La nuit Surveillée, n°1 : Franz Rosenzweig*, Paris, 1982, p. 87.

49 Franz Rosenzweig, "La Pensée nouvelle : Remarques additionnelle à L'Étoile de la Rédemption", *Foi et Savoir : Autour de L'Étoile de la Rédemption*, Paris, Vrin, 2001, p. 153.

수 있겠는가?"[50] 로젠쯔바이크는 '통합할 수 없는' 신, 인간, 세계를 그것들의 본래적 환원 불가능성 속에서 제시한다.

신, 인간, 세계, 이 세 현실성은 현실은 물론이려니와 과거, 미래 또한 갖는다. "신, 세계 그리고 인간을 아는 것은, 현실성의 이러한 계기들 가운데에 그것들의 행위를 아는 것을 의미하거나 또는 그것들에게 일어나는 것, 그것들의 서로가 서로에 대한 행위들, 타자 때문에 일자(l'un)에게 일어나는 것을 아는 것을 의미한다."[51] 따라서 신, 인간, 세계는 그들의 상호적인 관계 속에서 세 가지 시간성의 영역 : 창조, 계시, 구원 안에서 열린다. "창조는 우리에게 항상 이미-거기의 과거인 것을 지칭한다. 계시는 우리에게 모든 기한(délai)과 모든 계보를 배제하는 항상 오늘 그 자체와 관계하는 법칙으로서 항상 현재인 것을 나타낸다. 마지막으로, 구원은 도래할 왕국, 내가 희망할 수 있는 궁극적 평화의 출현으로써 예측된다. 그러나 '새로운 사유' 안에서 창조가 있었고 구원이 있을 것을 우리가 아는 것은 오직 계시에 의해서이다."[52] 신에 의한 창조는 세계와 인간에 관계했었다. 계시는 인간에 의해 세계에 나타나는 신의 계시이다. 그리고 구원, 이것은 인간과 다른 사람, 이웃을 포함

---

50   Ibid., p. 152.

51   Ibid., p. 157.

52   Jean-François Marquet, *Restitutions : Études d'Histoire de la Philosophie Allemande*, Paris, Vrin, 2001, p. 250.

한 세계를 구원하는 것이다.[53] 계시는 구원의 별 중심에 있다. 그리고 가장 복합적인 개념 가운데 하나이다. 창조와 구원이 계시와 함께 서로 얽혀 있음에도 불구하고, 로젠쯔바이크는 "더 엄밀한 의미에서 계시, 오히려 가장 엄밀한 의미에서 계시"[54]의 개념을 구상하고자 했다. 중간에 위치한 계시의 장(章)은 『구원의 별』 2부 전체를 이룬다. 계시는 중심 중의 중심이라 할 수 있는데, "계시는 '사물들의 항구적인 근거'로써 창조를, '영원한 미래'로써 구원을 다시 흡수한다."[55] 즉, 계시는 만남의 사건인 셈이다. 그리고 이 사건은 바로 '사랑'이다.

신과 인간의 관계로서의 계시 안에서, "신의 존재는 인간 의식의 하나의 사건으로써 인간에 의해 체험된다. 다른 표현으로, 계

---

53 "로젠쯔바이크에게 세계는 인간에게 자연으로서가 아닌 이웃으로서 주어진다. 이것은 각각의 인간이 살아가는 타자와의 관계를 통한, 세계에 대한 태도이다. 따라서 시간에 대한 인간의 경험, 그리고 특별히 미래의 경험은 실제로 체험된 시간의 직접성 안에서만 유효하다. 로젠쯔바이크의 분석은 예리하다. 왜냐하면, 과거는 또한 시간에 대한 인간 경험의 의식 안에서 생겨나기(relève) 때문이다. 이러한 경험은, '이미-거기'의 지속적인(permanente) 현재의 양상 아래서, 미래가 '아직-아님'을 향한 추구로써 느껴지게 한다. 따라서 하나의 겨냥(une visée), 인간적인 시간의 계열로써, 미래의 겨냥이 있다. 그러나 이것은, 레비나스가 타자성이라고 부르는 것, 절대적인 비-현재로써 체험된 것과 그 밖의 것(le reste)에 대조되는 한에서만 겨냥된다.", Danielle Cohen-Levinas, "La caresse et la guerre : Critique de la Totalité chez Rosenzweig et Levinas", *Lire Totalité et Infini d'Emmanuel Levinas : études et interprétations*, Paris, Hermann, 2011, pp. 79~80.

54 *ER*, p. 230.

55 Gérard Bensussan, *Franz Rosenzweig : Existence et philosophie*, Paris, PUF, 2000, pp. 53~54.

62

시는 인간이 신에 대해서 갖는 경험에 자신의 존재를 위임하는 신에 의한 운동이다. 신에 의한 이러한 운동은 인간을 향한다. 로젠쯔바이크는 이것을 사랑이라고 부른다."[56] 사랑, 이것은 로젠쯔바이크가 취(取)한 성가 중의 성가(아가)편에 따르면 '죽음만큼 강하다'. 왜냐하면, 비록 죽음이 인간의 유한성을 의미할지라도, 인간의 사멸성의 경험은 인간을 그의 유한성으로부터 초월하도록 이끌기 때문이다. 따라서 초월의 운동으로서 인간 실존은 자기-충족에 대한 저항으로서 본질적으로 다른 사람을 '위해' 있다. 다른 사람을 향한 사랑, 이것은 혼자서는 불가능하다. 물론, 혼자 하는 사랑이 가능할 수 있다. 하지만 이것은 충족되지 않는 욕망일 뿐이다. 따라서 사랑은, 사랑하는 주체와 사랑받는 대상이 필요하다. "확실히, 이것은 사랑하는 자와 사랑받는 자 이 둘을 함께 그러잡는다."[57] 계시 안에서, 사랑이 그러잡는 이 둘은 사랑하는 신과 사랑받는 인간을 지칭한다. 인간 없이, 인간의 현전 없이, 우리는 신을 상상할 수 없다. 신은 인간에 의해 계시되기 때문에 신은 필연적으로 인간을 필요로 한다. 따라서 사랑을 통해 신은 인간을 향해 한걸음 내딛는다. 궁극적으로, 사랑은 인간을 위한 신의 사랑이다. "신은 인간을 자기성(ipséité)으로서 사랑한다. 인간과의 관계 안에 있는 모든 것은 이러한 사랑이다. 그리고 신은 단독성(singularité)으

---

56 *SR*, p. 170.

57 *ER*, p. 224.

로서만 인간을 사랑할 수 있다. 신으로부터 단독적인 인간에게 가는 사랑의 관계를, 로젠쯔바이크는 계시라고 부른다. 우선 사랑이 있고 그다음 계시가 있거나 또는 우선 계시가 있고 그다음 사랑이 있는 것이 아니다. 계시가 사랑이다."[58] 계시인 사랑, 사랑의 계시, 이것은 "특정한 것에서 특정한 것으로의 사랑하는 관계이다. 그러나 동일한 활동 속, 계시는 사랑하라는 명령이다. 드러나는 신은 명령하는 신이다. 신은 그의 고유한 법칙을 강제하는 사실로서 불시에 나타난다. 그리고 이 법칙, 이것은 '너는 사랑하라'이다. 타율성이 있다. 갑자기 나타난 타자는 명령한다. 그러나 이것은 진실한 타자성의 관계가 비대칭적임을 의미한다. 이것은 계시를 밝히는 사유이다. 사랑하는 자와 사랑받는 자의 비대칭성이 있다. (…) 계시의 경우에, 신은 높은 곳에, 결정적으로 높은 곳에 있다. 그리고 이 비대칭은 모든 관계에 계열적(paradigmatique)이다."[59]

"너는 어디에 있는가?" 신이 인간을 부를 때, 신이 인간에게 말을 걸 때, 인간을 향한 신의 호명으로서 울리는 이 질문은, 신이 창조했던 세계 안에서, 인간을 위해 그리고 다른 모든 피조물들을 위해 책임지기를 인간에게 촉구한다. 또한, 이 질문은 사랑하는 자인 신의 부름이 사랑받는 자인 인간을 개체화하는 것이다. '내'가

---

58   *DL*, p. 286.

59   Jean-Louis Schlegel, "L'étoile de la Rédemption, ou La révélation du Prochain", *Les Cahiers de La nuit Surveillée, n°1 : Franz Rosenzweig*, Paris, 1982, p. 90.

'나'인 것은 누군가를 위한 '너'이기 때문이다. 이것은 대화적 발화 형태의 기초를 이룬다. 화자인 '나'와 대화 상대자인 '너'는 대화의 형태를 구성한다. 일반적으로, 모든 문장에서 항상 주체로서만 나타나는 일인극의 형태에서 '나'는 아직 진정한 '나'가 아니다. 왜냐하면, 진정한 '나'는 전적으로 외부의 '너'를 향해 있기 때문이다. '너'에 대한 탐구 안에서 '너'를 위한 자리를 내어줄 때 진정한 '내'가 실현된다. "엄밀한 의미에서 '나', 분명치 않은 나(le Je qui ne va pas de soi), 지목되고 강조된 '나'는 '너'의 발견과 함께하는 경우에만 처음으로 소리가(sonore) 될 수 있다."[60] 소리가 되는 것, 이것은 내가 '너'의 질문에 대한 응답 안에서 말하는 경우에만 가능하다. '나'는 부름에 응답하는 자이다. 요컨대, 인간은 자신의 이름이 불리는데도 들리지 않은 척 있을 수 없다. 질문에, 부름에, 인간은 끝끝내 회피할 수 없다. 더욱이, 고유 명사로 불리는 '나'는, 단수성으로서, 유일성으로서, 나의 고유한 '내'가 된다. 이러한 경우에, 응답은 절대적으로 요청되고 '나'는 응답하지 않을 수 없다. "고유 명사의 부름과 함께, 계시의 말은 진정한 대화 안으로, 고유 명사 속으로 들어간다. 이것은 사물성(choséité)의 딱딱한 벽 안에 열린 하나의 틈이다. 고유 명사를 가지는 것은 더 이상 사물, 모든 사람의 것일 수 없다. 고유 명사는 종(genre) 안에서 해체될 수 없다. 왜냐하면, 속할 수 있는 고유한 종이 없기 때문이다. 그것은 고

60 ER, 248.

유한 종이다. 그리고 세계 안에 장소를 또는 생성 안에 계기를 더 이상 갖지 않는다. 반대로, 여기 그리고 지금(ici et mantenant), 이것 은 장소와 계기를 고유 명사와 함께 옮긴다. 고유 명사가 처한 곳 에 중심이 있고 입을 여는 곳에 시작이 있다."[61] '너는 어디에 있 는가?' 질문이 고유 명사 안에서 단수적인 것과 유일한 것의 부름 으로 변형됨은 '아담'의 응답 : '나는…'을 환기시킨다. "'나'는 사 물들이 구별 없이 나란히 놓이지 않는 세계를, 사물들이 무차별하 게 잇따르지 않는 세계를, 방향을 열망한다. 그러나 경험을 수반하 는 내적 질서에 외적 질서의 확고한 지주(支柱)를 보장할 세계를 열 망한다."[62] 공간의 중심, 시간의 시작. 이러한 시-공간적 사고 안에 서 "인간 정신은 절대적 중심과 절대적 시작을 참조할 필요를 느 낀다. 이 둘이 서로 현실의 연계된 '진실들'로서 나타날 것과 관련 하여서. 절대자에 대한 이러한 요구는 따라서 각각의 인간이 발화 (parole)의 행사(行事) 안에서 주체로서 놓이는 순간에 자기와 대화 자에게 절대적 의미를 갖는 공간과 시간을 세우는 개인적인 경험 의 전환일 것이다."[63] 고유 명사와 관련하여 개별적으로 체험된 계 시의 경험은 '내'가 중심인 세계를 구성한다. 또한, 내가 '나'를 말 하는 세계에서 시작은 나를 위해서만 존재한다. "계시의 토대, 동

---

61   *ER*, pp. 264~265.

62   *ER*, p. 265.

63   *SR*, p. 210.

시에 중심과 시작, 이것이 신적인 이름의 계시인 것이다. 신의 계시된 이름으로부터 구성된 공동체와 구성된 말(parole)은 지금까지, 현재까지 그리고 고유한 경험에까지 그것들의 생활 방식을 실천한다. (…) 이름은 소음도 연기도 아닌, 말씀(verbe)이고 등불(feu)이다. 명명하는 것이 필요한 것은 이름이다. 이것은 고백해야 하는 이름이다. 나는 그 이름을 믿는다."[64]

　　신적인 이름의 계시로부터, 신의 계시된 이름으로부터 구원의 활동은 시작될 것이다. 사랑하라는 명령의 신의 계시는 구원을 야기할 것이다. 따라서 계시에 뒤이어 구원이 있다. 구원은 인간과 세계의 상호적 관계이면서 동시에 인간과 세계의 화해이다. 다른 사람, 이웃을 포함한 세계 안에서 "사랑은 개별적인 기획의 상태에 머물러서는 안 되고, 공동체의 활동이 되어야만 한다."[65] 즉, 사랑은 '우리'라고 부르는 공동체 안에서의 이웃 사랑이어야 한다. 왜냐하면, 신의 사랑은 이웃 사랑을 통해서만 표출될 수 있기 때문이다. 이웃 사랑, 이것은 세계를 대신하는 다른 사람을 향한 인간 활동의 전향이다. 따라서 이웃 사랑은 "인간이 자신을 잊고 일시적으로 자기를 제외하여 생각하고 자기 바깥에 있는 것에 대해 주의를 기울일 수 있다는 것을 보여준다."[66] 비록 구원이 신을 기원

64　*ER*, p. 266.

65　*DL*, p. 250.

66　Maurice-Ruben Hayoun, *Franz Rosenzweig, une introduction*, Paris, POCKET, 2016,

으로 할지라도, 구원은 인간적인 활동의 형태로만 드러날 수 있다. 그러므로, "인간은 세계 구원의 필요한 중재자이다. 또한, 이것을 위해 사랑은 공동체적 존재에 의해 밝혀져야 한다."[67]

　"세계는 아직 완성되지 않았다."[68] 하지만 세계는 생성 중에 있고 인간의 연루에 의해 세계는 완성될 것이다. "이러한 세계의 특별한 상황은 세계가 생성 중인 것으로서 자발적으로 체험된 것에서 유래한다. 우리가 세계에 대해 갖는 경험은 미완성의 경험이고, 미완성의 불안(appréhension)에 어울리는 시간은 우리가 아직 존재하지 않는 것을 예측하는 것 덕분에 미래이다. 우리는 세계를 기다림의 방식으로 경험한다."[69] 완성된 세계를 보려는 인간의 욕망, 미래를 위한 기다림, 이것은 구원의 열망이다. '아직은 아닌', 하지만 '도래할'. 구원은 처음부터 '신의 왕국'의 도래로서 정의될 수 있다. "왕국은 (⋯) 처음부터 나타난다. 그것은 항상 도래하는 중이다. 또한, 왕국의 발전은 필연적이다. 왕국은 항상 도래할 때와 마찬가지의 현재이다. 결정적으로, 왕국이 아직 거기에 있는 것은 아니다. 왕국은 언제나(éternellement) 도래한다."[70] 왕국은 우연히 나

---

p. 290.

67　*DL*, p. 249.

68　*ER*, p. 309.

69　*SR*, p. 226.

70　*ER*, p. 316.

타나지 않는다. 이웃 사랑의 실천을 통해, 왕국은 "아주 오랜 시간 이 아닌"[71] 영원성 안에서 오히려 현재로서 '오늘부터' 확인된다.

　　모든 행위는 미래에 기대를 걸고서 기획된다. 그리고 '모든 행위의 얽힘'은 인간과 세계가 밀접하게 연관되어 있음을 나타낸 다. "행위(또는 행동 또는 행동하기)는 구원의 가장 중심적인 범주와 구 원을 실제로 이해하도록 하는 범주를 구성한다. (…) 이러한 행동 은 언어 안에서 주어지고 하나의 문법을 따른다. 동사성(verbalité)은 언어 안에서 가장 정확하게 통사론적 현실성을 표현한다. 불확정 한 쌍, 동사는 명제를 함께 연결한다. 술부에 주어를 주고 형용사 적 보편성에 한정을 주는 것, 이것은 '그리고(Et)'이다. 행위의 동 사, 이것은 한정된 내용을 갖는다."[72] '그리고'는 단순히 두 용어 를 결합하는 접속의 의미가 아니다. '그리고'는 인간과 세계의 결 합된 행위가 체계의 전체에서 보증하는 사실성을 가리킨다. 인간 과 세계의 상호적 행위를 통해 우리가 '그리고'에 관하여 관찰할 수 있는 것과 마찬가지로, 우리가 구원을 위해 확인할 수 있는 것, "이것은 완성이 일어나는 것이 오직 구원 안에서라는 것이다."[73] "왜냐하면, 세계는 발전의 긍정성 안에서 창조의 긍정성을 연장한 다. 그리고 인간은 그의 행위의 부정성 안에서 계시의 부정성을 연

71　*ER*, p. 316.

72　Gérard Bensussan, *Franz Rosenzweig : Existence et philosophie*, op. cit., p. 92.

73　*ER*, p. 341.

장한다. 그러나 신의 경우, 구원은 또한 절대적인 의미를 갖는다. 실제로, 인간과 세계의 상호적 해방은 동시에 체계 자체의 완성이다."[74] '그리고'는 각 요소들의 '열림'을 가져온다. 이것은 ~을 향하여 나가기(sortie)이다. "'그리고'는 관계들을 도입한다. 이것은 관련 짓고 동시에 분리한다. 이것은 본래적인 요소들 사이에서 하나의 운동이고 원동력이다. 그리고 이것은 요소들의 차이 안에서 대립하는 본질들 사이의 내면성, 내재성의 실존을 동시에 나타낸다. 따라서, '그리고'는 세계와 신 사이에, 인간들 사이에 그것의 자리를 갖는다. 신-세계-인간의 삼위일체는 '그리고' 덕분에 통일성의 거부와 '결합' 안에서 존재할 수 있다."[75] 따라서, '그리고'는 근본적인 실존적 관계를 통해 체험된 결합의 태도를 가리킨다. 구원의 문법은 여러 가지 목소리의 만남으로써 다중의 '그리고'와 같다. 차이에 의해 일어나는 분쟁과 미움 없이 모두에 의해 연주되는 합창, "이것은 관념론적 '종합'과는 전적으로 다른 것이다."[76]

　　합창은 공동체의 노래이다. 그리고 인간 공동체의 형태는 '우리'이다. 이웃 사랑은, 우리가 위에서 본 것처럼, 공동체 안에서 가장 잘 구현된다. 따라서, 구원은 '우리' 안에서 발현된다. "실제로,

---

74　*SR*, p. 240.

75　Annabel Herzog, *Penser autrement la politique : Éléments pour une critique de la philosophie politique*, Paris, Kimé, 1997, p. 149.

76　*ER*, p. 322.

세계 속 구원의 확장은 점진적이다. 구원은 '우리'라고 말하기 위해 모이는 분리된 사람들을 조금씩 결집시킨다. 공동체의 표현인 다성(多聲)의 노래는 세계의 일부가 말하게 되었다는 것을, 즉, 세계의 일부가 구원에 의해 영향을 받게 되었다는 것을 나타낸다."[77] '우리'는 확실히 단수는 아니지만 복수도 아니다. "만약 '우리'가 단지 복수였다면, 사랑받는 영혼들은 그들 또는 그녀들로 재(再)변화할 우려가 있다."[78] '우리'는 오히려 목소리들이 자신의 목소리를 잃지 않으면서 합쳐지는 '강렬한 화합(unisson)'이다. "'우리'는 쌍(duel)으로부터 발전된 전체성이다. 나와 그리고 우리가 확대할 수 있는, 동료인 너의 단수성과는 반대로, 이러한 공동체는 확장될 수도 쪼어들 수도 없다. '우리' 안에서, 구원의 노래의 마지막 절(strophe)이 시작한다. (…) 모든 목소리들은 독립적이 되었다. 각각의 목소리는 자기 자신의 영혼의 노래에 관한 말들을 노래한다. 그렇더라도 이 모든 노래들은 동일한 리듬을 따르고 하나의 유일한 조화 안에서 합쳐진다."[79] 목소리들이 노래하는 말, 이것은 우리이다. 우리의 노래는 말과 같다. 즉, 말은 항상 그것이 의미하는 것 이상을 말한다. 따라서, "말은 절대 궁극적이지 않다. 그것은 단순히 말해진 것이 아니다. 말은 또한 말하는 것이다. 여기에 언어

---

77 *SR*, p. 247.

78 Gérard Bensussan, *Franz Rosenzweig : Existence et philosophie*, op. cit., p. 93.

79 *ER*, pp. 332~333.

의 진정한 신비, 그것의 고유한 삶이 있다. 말은 말한다."[80] '우리'
는 모든 말이 말하는 것 이상의 의미에 의해 넘어선다. '우리'는 따
라서 '당신(Vous)'을 말하는 것을 피할 수 없다. 당신, 이것은 '우
리'에 속하지 않는다. 이것은 분리이자 판단이다. "구원에 의해 얻
게 된 것과 구원에서 벗어난 것 사이의 세계 안에 분리가 있다. 왜
냐하면, 명백히 말은 말하기 때문이다. 그렇게 해서 '우리'를 말하
는 공동체는 구원을 개별화하고(particulariser) '우리'로부터 타자들
을 배제한다. '가혹한' 그러나 필요한 분리, 왜냐하면 분리는 말
의 표현 자체이기 때문이다."[81] 그렇지만, 신의 관점에서 '우리들'
과 '당신들'은 '그들'과 같이 동일하다. 신, 그는 구원자이다. 따라
서, "신의 '그들'에게서, '우리'와 '당신'은 단 하나밖에 없는 눈부
신 빛 안으로 새로이 잠긴다. 모든 이름은 지워진다. 지난 판단, 영
원성의 전체를 위해 앞서 하는 판단은 분리를 확인하면서 그리고
분리를 확인한 후에 분리를 사라지게 한다. 판단은 지옥의 불꽃들
을 꺼뜨린다. 신이 그-자신을 자기 자신의 이름으로 돌려주는 지난
판단 속에서, 모든 세계는 신의 보편성 안에 스며들고 모든 이름은
이름 없이 신의 유일성 안으로 스며든다. 구원은 창조와 계시 너머
세계의 날이 완성되게 한다."[82]

80 *ER*, p. 333.

81 *SR*, pp. 253~254.

82 *ER*, pp. 334~335.

'우리'는 로젠쯔바이크를 기독교와 그의 조상 전래의 종교인 유대교 사이의 진리로 향하게 한다. 로젠쯔바이크에게 진리는 기독교와 유대교의 서로 대체할 수 없는 두 가지 형태 아래에서 드러난다.[83] 유대교와 기독교가 통합되는 진리는 신 안에서이다. 유대교와 기독교는 서로 전환할 수 없고 어느 것이 더 좋다고 말할 수 없다. 유대인의 영원한 삶과 기독교인의 영원한 길은 점과 선의 무한성만큼의 차이점을 가짐에도 불구하고, 신 앞에서 유대인과 기독교인은 동일한 작업에 힘쓰는 노동자들일 뿐이다. 따라서, 각각은 절대로서의 완전함 속에서 체험되어야 한다. 로젠쯔바이크에 따르면, '오직 신 앞에서만 진리는 하나이다.' 인간은 신 안에서만 진리를 응시할 수 있다. 하지만 인간 삶에 의한 진리의 확인이 동반되어야 한다. 사멸적(死滅的) 삶의 한계들 속에서, 유대인과 기독교인을 비롯한 모든 인간적인 진리는 전체가 아닌 부분이다. 부분적인 진리들이 가장 높은 진리에, 신 앞에 하나인 진리에 이르기 위해서, 진리들은 보완적이 되어야 한다. 예를 들어, 기독교와 유

---

83 "로젠쯔바이크는 기독교로의 개종에 거의 이른, 매우 동화된 가정에서 태어났다. 그의 가족의 많은 구성원들이 기독교인이었다. 그는 유대인으로 남았고 매우 열렬한 유대인이었다. (…) 비록 그가 동화된 유대인의 습관적인 양식들을 버렸음에도 불구하고, 동화된 유대인, 유럽 유대인을 위한 특징적인 사유는 여전했다. 그는 1929년 매우 젊은 나이에, 그가 그의 주위에 충분히 재구성했던 유대적 분위기 속에서 죽었다. 그는 유대인은 주님 곁에 있고 세계는 아직 주님 곁에 있지 않으며, 기독교는 주님 곁에 있지 않은 자들이 세계를 통해 그(주님)를 향해가는 방식이라고 주장했다. 신을 향한 그리스도의 형상은 모든 사람을 호명한다. (…) 두 개의 다른 계기들, 그러나 필수적인 두 계기들.", François Poirié, *Emmanuel Levinas : Essai et Entretiens*, Arles, Actes Sud, 2006(2ᵉᵐᵉ édition), pp. 147~148.

대교의 진리가 타협할 수 없는 차이들로 대조를 이루더라도, 각각 자신의 올바른 방식을 유지한 채 공생을 도모해야 한다. 왜냐하면, 이러한 과정이 인간을 초월적인 하나의 진리로 이끌 수 있기 때문이다. 로젠쯔바이크는 동화를 경험한 유럽적 유대인으로서 기독교 사상과 화해한다. 화해, 이것은 '종합할 수 있음'을 의미하지 않는다. 이것은, 레비나스의 용어로 말한다면, "특권이 있는 이웃 관계, 공동의 삶"[84]이다. 이러한 화해, 공생에 의해서 우리는 확실히 우리의 삶이 현실적 차원에서 풍부해지는 느낌을 받는다. 인간을 위한 신의 사랑처럼, 이웃을 위한 인간의 사랑은 깊은 공생을 가능하게 한다. 이것은 진리의 현시에 다름 아니다. 즉, "신의 진리는 그가 우리를 사랑하는 사랑과 다름이 없다."[85]

　신은 항상 높은 곳에 있다. 신이 인간에게 어둠을 밝히는 빛처럼 내려 준 신적 진리는 인간의 얼굴에서 밝혀진다. 신이 그의 얼굴을 우리를 향해 돌림으로써 신의 일부가 올바른 진리로서 우리에게 온다. 로젠쯔바이크는 인간 얼굴의 구조가, '다비드의 별'이라고 불리는 겹쳐진 삼각형의 별 모양을, 얼굴의 요소에 따라 반영되는 것을 보여주려고 시도한다. "이마와 두(二)

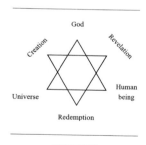

다비드의 별

84　Salomon Malka, *Lire Lévinas*, Paris, Cerf, p. 105.

85　*ER*, p. 545.

볼로 이루어진 또는 코와 두 귀로 이루어진, 즉 순수한 수동성의 기관들로 이루어진 첫 번째 삼각형이 용모(容貌)와 얼굴의 기본적인 토대를 구성한다. 첫 번째 삼각형과는 반대로, 두 눈과 입으로 그려진 두 번째 삼각형은 첫 번째 삼각형에 포개지고 얼굴에 운동과 생기를 부여한다. 봄(vision)과 동시에 주시의 기관, 이것을 통해 가시적인 것과 이중적인 관계를 나타내는 눈은 감수성과 동시에 표현성을 만들고 창조와 계시를 상징으로 나타낸다. 언어 활동과 동시에 침묵의, 살아있는 말과 성서의 상징이론 안에서, 신비주의적 계시와 죽음의 제한된 두 가지 경험들의 형태에서, 인간과 신의 궁극적 만남을 가리키는 입맞춤의 입은 구원의 은유적인 표현이다."[86] '구원의 별'은 신으로서는 아니지만, 신의 진리로서 거울 속 나의 얼굴을 바라보는 얼굴이 된다. 수많은 경험들의 흔적이 스쳐 지나간 거울 속 인간의 얼굴은 시시각각의 변화와 함께 어느 날 죽음의 그림자가 드리워진다. 인간은 삶의 한 가운데서 이 사실을 감지한다. 그렇지만, 죽음만큼 강한 사랑은 죽음 앞에서 불안을 느끼는 존재, 즉 죽게 마련인 존재에게만 가능하다. 죽음과의 대면에서, 삶의 극단적 경계에서, 현재만을 영위하고 현재만을 열망하는 사랑이 진리를 보게 됨으로써 인간에게 일어난다. 궁극적으로, 신이 인간에게 그의 진리를 보여주기 위해 열어젖힌 문은 신비스러운 저편이 아닌 삶을 위해, 삶의 현실성을 향해 있다.

---

86 *SR*, p. 501.

3. 로젠쯔바이크에서 레비나스로
: 외재성의 철학과 타자의 얼굴

로젠쯔바이크가 전체성의 이념에 대해 가했던 비판은 레비나스에 의해 재개되고 계속된다. 따라서, 레비나스와 로젠쯔바이크는 동일한 문제 의식을 공유한다. '어떻게 전체성으로부터 벗어나는가?' 왜냐하면, 그들에게 "전쟁 안에서 보여지는 존재의 모습은 서양 철학을 지배하는 전체성의 개념에 고정되어 있기(다)"[87] 때문이다. 따라서, 로젠쯔바이크는 전체성의 외부, 존재의 저편을 가정한다. 그렇다면, 이러한 외부, 저편을 가정하는 근거는 무엇인가? 로젠쯔바이크에게 이것은 자아, 환원할 수 없는 단수성(singularité) 안에서 자신의 실존에 대한 극심한 감정을 갖는 주체이다. "자아 안에서 전체성은 깨진다. 로젠쯔바이크는, 동일자가 그의 내재성 안에 타자를 흡수하고 절대적 사유가 동일자와 타자의 동일성을 사유하는 철학적 전통과는 반대로, 우리에게 종합할 수-없는 것, 차이를 사유하도록 지도한다."[88] 레비나스의 모든 사유의 주된 영감은 아마도 이와 같은 로젠쯔바이크의 영향이 컸을 것이다. 하지만 비록 레비나스가 로젠쯔바이크에게 눈부신 경의를 표했음에도

---

87 *TI*, p. 6. / 『전체성과 무한』, p. 8.

88 Emmanuel Levinas, *À l'heure des nations*, Paris, Minuit, coll. 《critique》, 1988, p. 182. (이하 *AHN*)

불구하고, 로젠쯔바이크의 순전히 이론적인 사유의 몇몇 입장들을
차용했음에도 불구하고, 레비나스가 항상 로젠쯔바이크를 따르는
것은 아니었다.[89] 예를 들어, "이 책(『전체성과 무한』)은 주체성의 변
호로써 나타난다. 그러나 이것은 전체성에 반하여 순수하게 이기
적인 이의(異意)의 수준에서, 죽음 앞에서의 불안 속에서, 주체성을
파악하지 않을 것이다. 하지만, 무한의 이념 안에 설립된 것으로서
파악할 것이다."[90]

　　　만일 객관적이고 동시에 역사적이고 정치적인 정신이 항상 전
　　　체성의 전체에 필적하려고 애쓰는 주체성의 구체적인 의미라
　　　면, 정신은 또한 지배와 점령의 질서에 더 이상 응답하지 않는
　　　관계의 이탈(déprise)과 수동성의 저항에 부딪칠 수 있다. 주체
　　　성의 의미는 로젠쯔바이크에게서처럼 자아의 이의(異意) 수준
　　　에서 더 이상 머물지 않는다. 그것은 전체성의 체제를 중단시
　　　키는, 그리고 생생하게 건네지는 말의 그 이상(以上 : surplus), 초
　　　과(excès)로써, 인간을 정치·역사·철학의 보편적 전체성으로 환
　　　원하는 것을 금지하는 타자에로의 열림 안에서 머문다.[91]

89　"나는 로젠쯔바이크의 체계의 모든 구성에 항상 동의하지 않는다. 나는 로젠쯔바이크가
끌어낸 바와 같은 구성들이 결정적으로 정당하다고 믿지 않는다.", *AHN*, p. 191.

90　*TI*, p. 11. / 『전체성과 무한』, p. 15.

91　Danielle Cohen-Levinas, "La caresse et la guerre : Critique de la Totalité chez

　　존재 체계의 외부, "항상 전체성 외부의 그 이상(surplus)"[92], 레비나스는 '외재성에 대한 논의'라는 부제 안에서, 안과 밖의 공간적이 아닌[93] 순수한 외재성, 절대적 외재성의 개념을 제안한다. 전체성의 이념을 무한히 넘어서는 무언가가 있다고 여기는 사유, "이 사유는 세계의 외부가 아닌 외부, 비공간적 외부에 대한 사유일 것이다. 충분히 외재적이지 않은 외재성보다 더 외재적인 밖의 특성(extranéité)을 갖는 외부에 대한 사유일 것이다."[94] 레비나스는 이러한 외재성을 무한의 이념이라 칭한다. 그리고 주체는 무한

Rosenzweig et Levinas", *Lire Totalité et Infini d'Emmanuel Levinas : études et interpréta-tions*, op. cit., p. 89.

92　*TI*, p. 7. / 『전체성과 무한』, p. 10.

93　"왜 여전히 '외재성'이라는 단어(⋯)를 사용해서 공간적이 아닌 '관계'를 나타내야 하는가? 그리고 모든 관계가 공간적인 것이라 하면, '타자'를 사면하는 존중을 (비-공간적인) 관계로서 규정하는 일이 왜 필요한가? 왜 외재성의 개념을 지우지 않고, 읽을 수 없게 하지 않고, 그것의 진실을 그것의 비진실이라고 진정한 외재성은 공간적인 것이 아니라고, 즉 외재성이 아니라고 말하면서 외재성의 개념을 흐릿하게 하는가? 전체성의 언어 속에서 전체성에 비해 무한자의 편중을 말해야 할 필요, 동일자의 언어 속에서 타자를 말해야 할 필요, 진정한 외재성을 비-외재성처럼, 즉 여전히 안-밖 구조와 공간적 은유를 통해서 생각해야 할 필요, 여전히 몰락 속에 은유가 자리하고, 전통의 조각들과 악마의 넝마를 걸쳐야 할 필요가 있다는 것, 이와 같은 것이 의미하는 것은 아마 제일 먼저 안-밖 구조에서 추방되지 못할 철학적 로고스란 없다는 것일 터이다. 자신의 공간에서 쫓겨나 공간적 위치 쪽으로, 장소 쪽으로의 유형(流刑), 이러한 은유는 철학적 로고스에 있어서 선천적인 것일 터이다. 은유는 언어에서의 수사학적으로 수행되기 이전에, 언어 자체의 출현일 것이다. 그리고 철학은 이러한 언어일 뿐이다.", Jacques Derrida, *L'écriture et la différence*, Paris, Seuil, 1967, pp. 165~166. / 『글쓰기와 차이』, 남수인 옮김, 동문선, 2007, p. 181.

94　*DMT*, p. 195. / 『신, 죽음, 시간』, pp. 251~252.

의 이념을 토대로 형성된다. "물론, 무한[무한과의 관계]은 경험의 표현으로 말해질 수 없다. 왜냐하면, 무한은 그것(무한과의 관계)을 생각하는 사유를 넘어서기 때문이다. 이러한 넘어섬에서, 바로 무한의 무한화 자체가 발생한다. 따라서, 무한[무한과의 관계]은 객관적인 경험의 표현과는 다른 표현으로 말해야 할 것이다."[95] 무한과의 관계, 이것은 "포함할 수 없는 것, 다른 것과의 관계"[96]이다. 이것은 "하나의 신비와의 관계이다."[97]

레비나스는 데카르트의 제3성찰로부터 내재성으로 환원될 수 없는 전적인 타자성과의 관계를 포착한다. 이것은 데카르트가 신의 관념을 성찰하는 사유의 과정 속에서 발견된다. "신을 무엇보다 존재로 생각하면서, 데카르트는 신을 탁월한 존재로, 탁월하게 존재하는 존재자로 사유한다. 신의 관념과 존재의 관념 사이의 이런 접근에 앞서, 신의 존재를 규정하는 이 '탁월하게'가 높음을 가리키는 것은 아닌지 물어볼 필요가 있다. 높음이 의미하는 것은, 우리 머리 위에 있는 하늘의 높음이고 이 높음의 존재-사이에서-벗어남이며, 따라서 존재론을 넘어섬일 것이다."[98] '내 안에 있는 것

---

95 *TI*, p. 10. /『전체성과 무한』, p. 14.

96 *DMT*, p. 28. /『신, 죽음, 시간』, p. 35.

97 Emmanuel Levinas, *Le temps et l'autre*, Paris, PUF, 1994(5ème édition), p. 63. (이하 *TA*)
/『시간과 타자』, 강영안 옮김, 문예출판사, 2001, p. 85. (이하 『시간과 타자』)

98 *DMT*, pp. 248~249. /『신, 죽음, 시간』, pp. 323~324.

이 아니라면, 타인에 대한 아무것도 받아들이지 마라!' 소크라테스
가 동일자의 우선성을 강조한 이래로, "서양 철학은 대체로 존재론
이었다."[99] 하지만 무한으로서 비가시적인 신은 전적으로 외재적
이다. 즉, 이것은 동일자를 위해, 동일자에 의해 사유할 수 있는 대
상이 아니라는 것을 의미한다. 신은 포함-불가능한 것이다. 왜냐
하면, 신은 그의 근원적인 이질성, 그의 고결함 때문에 나와 동일
한 유(類)로서 전체화되지 않기 때문이다. 여기서 의미의 장소로서
자신의 이해 가능성에 의해 모든 것을 포섭하려는 존재의 존재론
으로부터 벗어나려는 움직임이 나타난다. 레비나스는 데카르트의
신을 자기 방식대로 변형한다. "신, 이것은 타자이다."[100] "무한은
절대적 타자이다."[101] 따라서, 이러한 타자는 "나와 더불어 공동의
존재에 참여하고 있는 다른 자아 자체가 결코 아니다."[102] 그러므
로 당연히 타자는 '공감'이나 '감정이입'과 같은 경험으로 파악될
수 없다.

> 타자를 동일자로 환원시키는 존재론은 동일자의 동일화인 자
> 유, 타자에 의해 상실되도록 두지 않는 자유를 촉진한다. 여기

---

99 *TI*, p. 33. / 『전체성과 무한』, p. 43.

100 *TI*, p. 232. / 『전체성과 무한』, p. 314.

101 *TI*, p. 41. / 『전체성과 무한』, p. 54.

102 *TA*, p. 63. / 『시간과 타자』, p. 85.

서, 이론은 (…) 외재성의 경이를 끊는 길로 들어선다. (…) 그러
나 외재성을 중시하는 이론은 (…) 존재 이해 안에서의 비판 또
는 존재론에 관심을 둔다. (…) 따라서 비판적 의도는 이론과
존재론의 저편으로 이끈다. 비판은 존재론처럼 타자를 동일자
로 환원하지 않는다. 그러나 동일자의 실행을 문제 삼는다. 동
일자의 문제 삼음은 - 동일자의 자아론적(égoïste) 자발성 안에
서는 이루어질 수 없는 - 타자에 의해서 이루어진다. 우리는
타인의 현전에 의한 나의 자발성의 문제 삼음을 윤리라고 부
른다. 나의 사유와 나의 소유에 대한 타인의 낯섦(étrangeté)은 -
자아로의 환원 불가능성 - 명백히 나의 자발성의 검토로서, 윤
리로서 성취된다. [103]

레비나스에게 제1철학은 존재론이 아닌 윤리학이다. 하지만
구체적으로 윤리가 '타자에 대한 인정' 또는 '차이의 윤리' 또는
'다(多)문화주의' 또는 단순히 타자들이 자신과 다르게 사고하고
행동하는 것을 불쾌하게 여기지 않는 '관용'이라고 레비나스는 말
하지 않는다. 레비나스는 또한 도덕 규범을 제시하거나 덕이나 권
리, 의무에 대해 논하지 않는다. 왜냐하면, "윤리[학]가 삶의 궁극적
의미, 절대적 선, 절대적 가치에 관해 무엇인가를 말하려는 욕망으
로부터 발생하는 한 (…) 윤리[학]가 말하는 것은 어떤 뜻에서도 우

---

103 *TI*, p. 33. / 『전체성과 무한』, pp. 42~43.

리의 지식을 늘리지 않"[104]기 때문이다. 레비나스는 윤리를 구성하기보다 윤리의 참된 의미가 무엇인지 찾으려 애썼다. 그리고 그는 전체성의 철학과 단절하는 윤리를 발견한다. 레비나스에게, 자아가 자발적인 존재이거나 또는 자율적인 존재라고 여겨진다면 윤리는 성립되지 않는다. 윤리학은 타자와의 관계 안에서 자아를 파악할 때 비로소 시작된다.

　유한한 존재인 우리는 앎의 과업을 완벽히 수행할 수 없다. 왜냐하면, 앎의 과업은 타자를 동일자가 되도록 만드는 한계 이상을 넘을 수 없기 때문이다. 따라서, 같지 않음의 사유로써 무한의 이념은 애초부터 앎의 과업에 속하는 것이 불가능하다. "무한의 이념의 대상, 즉, 이 이념이 겨냥하는 것은 우리가 무한을 사유하는 행위 자체보다 무한히 더 크다."[105] 무한은 따라서 초월적인 것이다. 그리고 초월적인 것은 외재적이다. 타자 역시 이러하다. 타자는 동일자를 독단의 잠으로부터 깨어나게 한다. 요구인 깨어남은 마치 우리 안에 무한의 이념이 놓인 것처럼 "가장 적은 것 안의 많은 것이다."[106] 타자에 의한 넘침, 타자의 과도함. 동일자 안에 담겨질 수 없는 타자는 타자의 흡수 불가능한 타자성을 가지고서 스스로에게 만족하는 동일자를 끊임없이 일깨운다. 하지만, "어떻

104　루트비히 비트겐슈타인, 『소품집』, 이영철 편역, 책세상, 2006, p. 36.

105　*EI*, pp. 85~86. / 『윤리와 무한』, p. 102.

106　*DMT*, p. 243. / 『신, 죽음, 시간』, p. 316.

게 나는 너[타자] 안에 흡수되지 않고 나를 잃지 않으면서 너[타자]의 타자성 안에서 나로 남을 수 있는가?"[107] "어떻게 자기 중심주의(égoïsme)로서 발생되는 동일자가 타자에게서 그의 타자성을 곧장 박탈함 없이 타자와의 관계 안으로 들어갈 수 있는가?"[108] 레비나스는 주체가 우선 타인을 환대로써 맞아들이는 윤리적 주체로서 자기 자신을 세워야 한다고 말한다. 그리고 나서, 타자를 맞아들이더라도, 타자를 중성화시키지 않기 위해 주체와 타자 사이에는 분리가 필요하다. 즉, 주체와 타자가 전체화되지 않기 위해 주체와 타자 사이에는 거리가 있어야 한다. 그리고 이 타자와의 거리는 타자의 자아로의 환원 불가능성과 같이 주체가 바깥과 구분되는 내재성을 가지는 한에서 가능하다. 주체는 절대적으로 분리되어야 한다. 분리가 없이 초월은 불가능하다. "밖으로 나가기 위해서는 안이 형성되어 있어야 한다. 내면성[내재성]이 없는 곳에는 밖으로 향한 초월이 없다."[109]

나는 세계 안에 존재한다. 하지만, 나는 세계에 홀로 존재하지 않는다. 나는 나 자신 안에 머무는 것에 안주할 수만은 없다. 따라서, 나는 "'다른 곳', '다르게', '다른 이'를 향해"[110] 돌아보

107   *TA*, p. 85. / 『시간과 타자』, p. 112.

108   *TI*, p. 27. / 『전체성과 무한』, p. 35.

109   강영안, 『타인의 얼굴 - 레비나스의 철학』, 문학과 지성사, 2005, p. 124.

110   *TI*, p. 21. / 『전체성과 무한』, p. 26.

길 원한다. 이것은, 레비나스가 말하길, 형이상학적 욕망이다. "형이상학적 욕망은 전적으로 다른 것, 절대적으로 다른 것을 지향한다."[111] 형이상학적 욕망은 이타카로 돌아온 율리시스처럼 고향에 대한 향수 때문에 회귀를 갈망하지 않는다. "왜냐하면, 이것은 우리가 전혀 태어나지 않았던 나라에 대한 욕망이기 때문이다."[112] 이것은 자기에 대한 반성적 회귀가 아닌, 자기 밖으로 나감(sortie)이다. 욕망은 따라서 "자기를 위한 자아의 걱정인, 우리가 자기 중심주의라고 불렀던 동일화의 본래적인 형태인"[113] 욕구와는 본질적으로 구분된다. 욕구는, 율리시스의 예처럼, 자기로부터 떠난 운동이 자기로 다시 돌아오는 특징을 보인다. 이것은 동일자의 전체성과 동일성 안에서의 만족을 의미한다. 실제로, 욕구의 만족 안에서, 자아는 그의 행복을 목적으로 또는 자기-자신과의 일치를 목적으로 세계를 동화시킨다. 하지만 욕망은 절대 만족할 줄을 모른다. 다시 말해, 욕망은 만족되어질 수 없다. 왜냐하면, "욕망은 단순히 그것을 보충할 수 있는 모든 것 이상을 욕망한다. 욕망은 선함(bonté)과 같다 - 욕망은 욕망을 충족시키지 않고, 욕망을 더 크게 만든다. (…) 욕망하는 존재가 죽게 마련이고, 욕망되는 것이 비가

---

111 *TI*, p. 21. / 『전체성과 무한』, p. 27.

112 *TI*, p. 22. / 『전체성과 무한』, p. 27.

113 Emmanuel Levinas, *En découvrant l'existence avec Husserl et Heidegger*, Paris, Vrin, 1994, p. 192.

시적이라면 욕망은 절대적이다. 비가시성(invisibilité)은 관계의 부재를 나타내지 않는다. 비가시성은 주어지지 않은 것과의 관계, 주어진 관념이 없는 것과의 관계를 함축한다. 시각(vision)은 관념과 사물 사이의 일치이다. (…) 불일치는 단순한 부정 또는 관념의 모호함을 나타내지 않는다. 불일치는 빛과 어둠의 밖에서, 존재들을 측정하는 인식의 밖에서, 욕망의 측정불가(démesure)를 나타낸다. 욕망은 절대적인 타자에 대한 욕망이다."[114] 욕망은 따라서 "윤리-형이상학적 계기"[115]이다. 레비나스에게, 욕망은 타자를 타자로서 존중하고 인식하는 것이고 만족을 넘어선 타자에 대한 욕망이다. 나는 내가 욕망하는 타자를 절대 따라잡을 수 없다. 이것은 당연하다. 왜냐하면, 욕망되는 대상은 무한이고 무한의 현전은 결코 욕망을 만족시킬 수 없기 때문이다. 따라서 타자에 대한 욕망은 늘 불충분하기 마련이다. 이것은 타자의 타자성과 외재성 때문이다. 무한으로서 비가시적인 타자는 도달할 수 없는 매우-높음이다. 높이보다 더 높은 매우-높음. 공간에 속하지 않기에 측정할 수 없는 매우-높음. 이 높음의 차원은 형이상학적 욕망에 의해 열린다. 그리고 이 욕망으로부터 타자는 얼굴로서 나타난다.

---

114 *TI*, pp. 22~23. /『전체성과 무한』, pp. 28~29.

115 Jacques Derrida, *L'écriture et la différence*, op. cit., p. 138. /『글쓰기와 차이』, op. cit., p. 151.

"타자는 타인이다."[116] 타자로서 타인은 높음과 낮음의 차원을 동시에 가지고 있다. 타인은 또한 존재의 형식에 갇혀 있지 않다. 따라서 존재에 의해 영감을 받지 않은 높음과 낮음을 지닌 타인은 우리의 모든 범주를 벗어나 있다. 그렇다면, 우리는 어떻게 존재 너머의 타자로서 타인을 알아볼 수 있는가? 타인이 우리 곁으로 다가올 때, 우리는 빈손으로 그를 맞아들일 수밖에 없는가? 얼굴의 주제가 우리에게 타인을 향해 있는 그 길을 보여줄 것이다.

---

[116] *TI*, p. 281. / 『전체성과 무한』, p. 378.

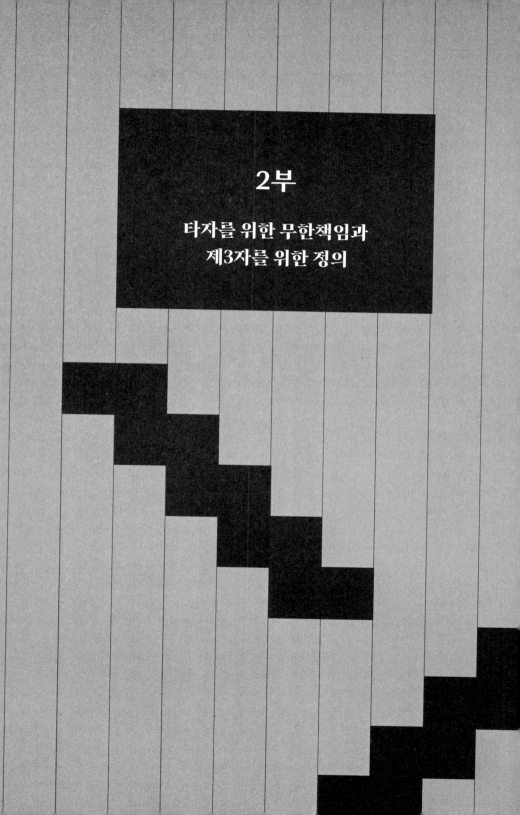

2부

타자를 위한 무한책임과
제3자를 위한 정의

3장

얼굴 vs 얼굴[1]

1. 얼굴의 표면

우리는 거의 매일 거울 속에서 자기-자신의 얼굴과 마주한다. 엄밀한 의미에서, 우리는 머리와 얼굴의 완벽하게 균형 잡힌 전체를 본다. 그러나 우리가 거울 속의 얼굴을 볼 때, 얼굴을 해부학적으로 분석하지는 않는다. 대신에, 우리는 늘어난 눈가의 주름과 어느 날 갑자기 생겨난 코의 점을 주의 깊게 바라본다. 하지만 이것들은 단지 사소한 것에 불과하다. 왜냐하면, 나의 얼굴을 구성하는 눈, 코, 입, 이마와 볼, 귀는 제거되지 않았기 때문이다. 비록 얼굴 구성 요소들의 일그러진 변형과 부자연스러운 배치가 일어날지라

---

1 이 글은 필자가 『현대유럽철학연구』 제58집(2020.07)에 실은 「현상성의 가시적 얼굴 對 윤리성의 비가시적 얼굴」을 수정·보완한 것임.

도, 예를 들어, 피카소의 그림 '파란 드레스를
입고 앉아 있는 여인'과 같이 얼굴의 구성 요
소들이 기괴한 모습을 띠더라도 표면에 모두
담겨 있다면 우리는 얼굴을 얼굴로서 인식한
다. 이는 우리가 사물을 보는 것처럼 얼굴을
보는 방식이다. 우리는 사물의 드러나는 표
면[외양]을 통해서 사물을 판단하고 지각하고

**파란 드레스를 입고
앉아 있는 여인**

명명(命名)한다. 우리 신체의 선두에서 두드러진 부분으로써 얼굴
또한 다른 사물들의 파악과 확인 과정이 동일하게 적용된다.

　"우리는 사물들 가운데서 우리가 얼굴들이라고 이름 붙인 어
떤 존재들을 발견한다. 하지만, 얼굴들은 사물들과는 다른 식으로
존재한다."[2] 나의 신분증 속 내 얼굴은 나와 타인들을 구별시켜주
는 특성을 지닌다. 하지만, 그럼에도 불구하고 사진 속 내 얼굴은
여전히 사물처럼 지각되고 표상되는 하나의 대상이다. 그렇다면,
얼굴은 단지 물리적인 대상으로 그치는가? 얼굴은 얼굴의 소유주
에게 얼굴의 상태에 따른 건강 상태와 세월의 흔적, 사회적 지위,
인종 등을 드러낸다. 또한, 얼굴은 표정을 통해 감정을 드러나게
한다. 얼굴은 6가지 기본 감정 ; 놀라움, 두려움, 혐오, 화, 행복, 슬

2　Jean-Paul Sartre, "Visages", Michel Contat, Michel Rybalka, *Les écrits de Sartre :
chronologie, bibliographie commentée*, Paris, Gallimard, 1970, p. 564.

품의 표정을 포함한 "33가지 다양한 얼굴 표정"[3]을 갖는다. 따라서, 감정을 표현하는 수단으로 말보다는 시각적 요소를 지닌 얼굴은 더 효과적이다. 왜냐하면, 사람들은 우리 신체의 시각 요소 중에 얼굴을 가장 주목하기 때문이다. "얼굴은 집중하기에 아주 좋다. 보고 듣고 냄새 맡고 맛을 보는 중요한 감각 부위들이 얼굴에 다 있기 때문이다. 말하기처럼 중요한 소통 수단으로 쓰이는 부위도 얼굴에 있다. 얼굴은 사회생활에 매우 중요하다. 사람들은 자신의 얼굴 모습을 부분적으로라도 인식할 수 있다. 게다가 사람은 몸보다는 얼굴을 더 잘 인지한다."[4]

내면의 거울 혹은 내면의 표현이라고 불리는 얼굴은 행위의 진실성 여부를 판단하는 잣대로 사용되기도 한다. 얼굴은 또한 생각, 기분, 심리상태를 품은 행위의 표출을 상대가 평가하도록 보여주기도 한다. 얼굴을 통해 태도나 성격, 도덕적 특성, 지능, 심지어 운명까지도 평가가 가능하다는 의견, 이것에서 비롯된 관상학은 따라서 일견 타당해 보이기까지 하다. 하지만 외부를 향한 얼굴의 표현이 내면의 마음과 일치한다는 합리적인 필연성이 있는가? "얼굴은 [분명] 특정 감정들을 표현하는, 중요하고 명백하며 정확한 신호 시스템이다."[5] 하지만 표현이라고 하는 얼굴의 표정, 표현되는

---

3 폴 에크먼 외, 『언마스크, 얼굴 표정 읽는 기술』, 함규정 옮김, 청림출판, 2003, p. 58.

4 Ibid., p. 44.

5 Ibid., p. 51.

내용과 이 내용을 표현하는 것과는 아무런 관계가 없을 수도 있다.
"내면은 겉으로 나타난 표정 속에 보이지 않을 듯하면서도 보이게
끔 나타나 있기는 하지만 그것이 이렇게 나타나 있는 것과 결합되
어 있지는 않다. 내면은 드러나 있는 대로의 모습과 다르게 나타날
수도 있고 서로 다른 내면이 동일한 외양을 하고 나타날 수도 있는
것이다."[6] 물론, 얼굴을 통해 상대의 감정을 읽기 위해서는 얼굴이
보내는 신호에 관심을 가질 필요는 있다. 그렇더라도, 우리가 염두
에 두어야 할 것은, "개인의 신체[얼굴]로 나타나는 것은 개인이 현
실로부터 자체 내로 복귀한 그 내면의 모습을 표현하는 경우도 있
지만, 그렇게 표현된 것과는 아무런 관계가 없고 따라서 사실은 아
무것도 지시하는 바가 없는 한낱 기호와 같은 것일 수도 있다. 그
것은 개인에게 표정인 동시에 언제라도 벗어 던질 수 있는 가면"[7]
이기도 하다는 점이다. 그래도 인간 신체의 부분들 가운데 외부로
부터 보여지는 얼굴이 본연의 기능 이상으로 역할을 하고 있다는
것은 사실이다. 비록 내면과 외면 사이 인과관계의 필연성이 결핍
되어 얼굴에 관한 학(學)이 학문으로 성립될 수 없다 할지라도, 얼
굴은 그 외양만으로 여러 학문(예를 들어, 사회학, 골상학, 진화론, 등등)의
연구 대상으로 유용하다. 예를 들어, 얼굴은 문화적 차이에도 불구
하고 보편적 표정을 가지고 있으며, 동시에 지역의 차이에 따라 그

6 G.W.F. 헤겔, 『정신현상학 1』, 임석진 옮김, 한길사, 2013, p. 341.

7 Ibid., p. 341.

색을 달리하고, 사회적·역사적 상황에 따라 얼굴의 미적 기준은 변화한다. 하지만, 색깔과 미·추(美·醜), 표정 등에 따른 분류와 통합, 분석이 다양한 측면에서 가능한 얼굴의 관찰은 여전히 한낱 사물로 존재하는 것과 같은 전적으로 정지해 있는 현실체의 대상을 겨냥한다.

일반적으로 신체의 기관만을 놓고 볼 때, 우리가 노동하는 기관으로서 곧장 손을 떠올리듯, 같은 방식으로 우리는 얼굴을 외부에 노출된 나의 고유한 정체성을 담당하는 기관으로 여기는가? 아니면, 모든 내부의 장기와 연결된, 흡수 및 영양 공급을 위한, 외부기관의 첫 번째 관문으로 여기는가? 보통은 우리가 거울을 통해 나의 얼굴을 볼 때, 나의 얼굴을 이와 같은 기관으로 즉각 여기지는 않을 것이다. 그렇다면, 내가 익명의 타자들의 얼굴을 볼 때도 마찬가지일 것이다. 직업적인 이유로 내가 타자들의 얼굴을 면밀히 들여다봐야 하는 경우가 아니라면, 내가 나 혹은 타자들의 얼굴을 보는 방식은 동일하다. 내가 나 혹은 타자들의 얼굴을 보는 방식은 하이데거의 표현대로라면 '주어진' 어떤 것으로서이다. 우리가 얼굴을 주어진 어떤 것으로 볼 때, 이 보는 행위 안에는 대상[얼굴]에 던지는 시선이 전제되어 있다. 즉, 지향이 전제되어 있다. 이것은 "욕망, 거머쥐는 운동, 자기 것으로 삼고자 하는 운동"[8]이다. "얼

---

8 Emmanuel Levinas, *De l'existence à l'exisitant*, Paris, Vrin, 1993, 72. (이하 *EE*) /『존재에서 존재자로』, 서동욱 옮김, 민음사, p. 74. (이하『존재에서 존재자로』)

굴이란 사물의 표면, 혹은 동물적인 생김새·양상 혹은 외형일 수 있는 면상(face)에 불과하지 않다. 그것은 어원이 의미하는 바대로 보여진 것에, 가리지 않았기에 보여진 것에 불과하지 않다. 그것은 또한 보는 것이기도 하다. 사물을 보는 어떤 것 - 이론적 관계 - 일 뿐만 아니라 자기의 시선을 교환하는 것이기도 하다."[9] 현상성으로 드러나는 얼굴은 내용으로서 붙잡을 수 있는 것이 된다. 이것은 하나의 체계 속에 얼굴을 가두는 방식이다. 그러나 현상성 안에 드러나지 않는 측면의 얼굴도 있다. 이것은 우리가 얼굴을 보는 기존의 방식으로 표상되고 이해되고 해석되는 방식과는 다르다.

2. 얼굴의 사회성

얼굴은 '이론적으로' 사물을 바라보는 시각에 그치지 않는다. 얼굴은 무엇을 위한 것으로서 그 자신의 고유한 존재 양식을 갖는다. 즉, 얼굴의 존재 양식, 얼굴은 팔·다리·어깨 등과 마찬가지로 우리 신체의 일부로서 "그것에 고유하게 귀속되는 사용성에 각기 그때마다 이미 그것의 사용성의 '그것을 위해서'가 함께 주어져 있

---

9 Jacques Derrida, *L'écriture et la différence*, Paris, Seuil, 1967, p. 146. / 『글쓰기와 차이』, 남수인 옮김, 동문선, 2007, p. 160.

다."[10] 우선, 우리는 얼굴을 통해서 주변 세계의 타인들과 접촉하고 소통한다. 다시 말해, 얼굴은 우리를 참여와 소통을 위한 공공의 세계로 이끄는데, 이것은 얼굴이 상호 작용과 상호 의존의 공동 관계 안에서 사회성을 나타낸다는 것을 의미한다.

　　나는 타자에게 시선을 주기도 하지만 받기도 한다. 내가 시선을 받는, 혹은 의식하는 경우는 누군가가 나를 쳐다볼 때이다. 이 경우에, 나는 나의 용모 혹은 나의 행동에 이상한 점이 있는지를 확인한다. 그리고 "이때 나는 내 얼굴이나 몸을 거울을 통해 보는 것처럼 객관적으로 보기를 원한다."[11] 얼굴은 특정한 개인의 개별성을 나타내는 동시에 상호 작용과 상호 의존의 공동 관계 안에서 사회성도 나타낸다. "사회성이란 적절한 몸가짐을 하는 것이다. 가장 섬세한 사회적 관계들은 형식 속에서 이루어진다. 사회적 관계는 모든 불분명성에다 엄정성의 옷을 입히고 사교성을 부여하는 외관을 보호한다. 형식을 따르지 않는 것은 세계로부터 쫓겨난다."[12] 한 인물의 인격을 그 표면에 담아내는 얼굴은 주변의 상황과 연관하여 변화되고 은폐된다. 이러한 얼굴의 운동성은 한 인물에 대한 앎의 호기심에 의해 유지된다. 그런데, 앎의 호기심이 거

10　마르틴 하이데거, 『존재와 시간』, 이기상 옮김, 까치, 2000, p. 103.

11　강영안, 「얼굴과 일상」, 프랑스문화예술연구 제39집(2012), p. 272.

12　Emmanuel Levinas, *De l'existence à l'exisitant*, Paris, Vrin, 1993, p. 60. (이하 *EE*) / 『존재에서 존재자로』, 서동욱 옮김, 민음사, 2003, p. 74. (이하 『존재에서 존재자로』)

두어지는 순간에도 얼굴은 존재하는가? 얼굴은, 그것의 높은 위치 때문에, 시각적인 차원에서 우위를 갖는다. 따라서 얼굴을 정성스럽게 가꾸고 치장하는 노력은 바로 시각적 이미지의 돋보임을 내비치고 싶어하는 인간의 자연스러운 욕망일 것이다. 그렇다면, 현대인들이 타고난 얼굴을 외과적 수술에 의해 바꾸려고 감행하는 시도 또한 이 같은 욕망의 발로가 아니겠는가? 그러나 이는 타자들에게 보여지는 얼굴을 '좋아요'를 누르길 유도하기 위한 도구로써 여기는 것은 아닌가? 우리는 얼굴을 가장 아름다운 피사체의 이미지로만 남기고 싶어하는 것이 아닌가? 그렇다면, 이토록 꾸며진 혹은 변화된 얼굴은 얼굴인가? 가면인가?

흔히 우리가 '인권침해'라고 부르는 것들이 있다. 재소자를 무시하는 간수, 외국인 노동자를 무시하는 고용주, 여성을 무시하는 남성, 국민을 무시하는 주권자. 유령 취급을 하며 상대에게 응대함이 없는 무시 속에는 상대의 고유한 얼굴이 아닌 체제에 의해 낙인된 얼굴 혹은 보이지 않는 투명한 얼굴만이 있다. '보비'[13]라

---

13 1939년 레비나스가 전쟁에 동원된 이래로, 그는 4년간을 포로수용소에서 지내게 된다. 포로 레비나스는 나무를 베는 사역을 담당했었다. 독일 북부지역의 11B 포로수용소에서는 포로들의 옷에 유대인 표시인 'JUD'를 지워지지 않는 잉크로 새겨 넣었다. 유대인들은 그 지역 주민들에게 사형선고를 받은 자들 혹은 병균을 옮기는 자들에 불과했다. 하지만 1492라는 번호가 붙은 특별 포로수용소의 문에 묶여 있던 조그만 강아지 한 마리만이 일하러 떠나는 포로들에게 반갑게 인사하고 그들이 돌아올 때도 깡충깡충 뛰면서 그들을 환대했다. 포로들은 이 강아지에게 '보비'라는 이름을 붙여주었다. 이 강아지에게 있어서만큼 포로들도 인간이었던 것이다. 마음속 깊이 치욕을 느꼈던 레비나스는 이 작은 강아지, 불쌍하게도 '자신의 충동을 보편화시키는데' 필요한 뇌를 가지지 못한 강아지에게서 '나치 독일의 마지막 칸트

는 이름의 강아지도 볼 수 있는 얼굴이 인간에게는 사라져 보이지 않는 극단적인 경우의 예들이 있다. 내가 '얼굴을 본다'라고 하는 것은 마치 눈 색깔과 코의 모양을 아는 것처럼, 단지 앎과 지각을 위해서이다. 이것은 나의 의식 안에 얼굴을 포섭하는 것이다. "본 다는 것은 같게 만드는 것이다. 그것은 있음을 빨아들임 바로 그것 이다."[14]

　　모든 것은 보는 자에 의해 그에게 일치되는 방향으로 대상들의 차이 가능성을 통합하면서 보여질 것이다. 이것은 얼굴을 사물처럼 우리 눈 아래에 두고 파악하는 것으로서 얼굴의 가장 중요한 의미를 놓치는 것이다. 사실, 얼굴의 나타남은 "- 특정한 성질을 갖춘 - 거기에, 정면으로, 그 자체로서 있을 명백한 어떤 것의 형태를 갖지 않는다."[15] 얼굴은 광대한 관계들의 망 속에서 맥락 없는, 배경 없는 혼자서의 의미이다. 왜냐하면, "얼굴은 그 자체로서, 오직 자기-자신에 의해서 출현하는 것의 나타남이(다)고, (…) 얼굴은 - 의미의 일반적인 질서와 닮지 않은, 다르지도 않은, 종속되지도

주의자'의 모습을 보았다., 마리 안느 레스쿠레, 『레비나스 평전』, 변광배·김모세 옮김, 살림, 2006, pp. 176~177. 참조.

14　Emmanuel Levinas, *Ethique et Infini : Dialogue avec Philippe Nemo*, Le Livre de Poche, coll. 《biblio》, 2011, p. 81. (이하 *EI*) / 『윤리와 무한 : 필립 네모와의 대화』, 김동규 옮김, 도서출판 100, 2020, p. 96. (이하 『윤리와 무한』)

15　Hagi Kenaan, *Visage(s) : une autre éthique du regard après Levinas*, tr., Colette Salem, Paris, Editions de l'éclat, 2012, p. 83.

않은 - 관계의 결핍이(다)"[16]기 때문이다. 따라서, 우리는 얼굴의
출현과 대상의 나타남을 구분해서 보아야 한다.

3. 얼굴의 미학적 접근

우리는 얼굴을 미(美)에 대한 것으로서 논할 수 있다. 우선, 우
리는 얼굴이 그 조형적인 형태의 특성상 마음이 가장 명백하게 표
현되는 곳이라고 말할 수 있다. 모든 얼굴은 얼굴이 표현하는 하나
의 고유한 내적 삶을 갖는다.

> 인간 정신의 고유한 업적은 이 세계의 요소들이 지니는 다양성
> 에 내적으로 일련의 통일성을 부여하는 데에 있다. (…) 전체의
> 부분들 사이에 더욱더 긴밀한 상호 관계가 성립할수록, 서로
> 분리되어 있는 부분들이 활발한 상호 작용 속에서 더욱더 서로
> 에게 의존할수록, 전체는 한층 더 정신으로 충만해 보인다. 그
> 러므로 부분들이 서로 내적인 관계를 맺고 통일적인 삶의 과정
> 에 통합되어 있는 유기체는 정신의 바로 이전 단계에 속한다.
> 인간의 몸 가운데에서 이 같은 내적인 통일성을 가장 잘 보여

16 Ibid., p. 86.

주는 것은 얼굴이다.[17]

얼굴의 구성 요소의 변형에도 불구하고 우리는 얼굴을 얼굴로서 인식할 수 있다. 하지만, 단 하나의 요소의 변화만으로도 얼굴 전체의 성격과 표현의 변화가 일어난다. 예를 들어, 화가 나서 입술을 깨물거나, 입을 오므리거나, 눈살을 찌푸리거나, 눈이 휘둥그레지거나, 볼이 발갛게 상기된다. 팔, 다리와 같은 몸의 특정 부분이 동작을 위해 별도로 존재할 수 있는 것과 달리, 얼굴은 다수의 구성 요소들이 전체와 유기적으로 연결되어 전체를 하나로 묶는 통일성을 갖는다. 그리고 이 통일성은 다수의 구성 요소들을 초월하여 의미한다. "통일성은 다수를 종합한 것이지만, 언제나 다수와 대조를 이룰 때만이 의미를 갖는다. 우리가 직관할 수 있는 세계에서는 인간의 얼굴만큼 다양한 형태와 외양들을 절대적으로 통일적인 의미로 융합시키는 형상은 없다."[18] 다시 말해, 구성 요소들 사이의 조화로운 전체로서의 얼굴은, 형식적인 다수성과 다양성에도 불구하고, 요소들의 이동이 제한된 공간 안에서만 이루어지는 한에서 미학적으로 완벽한 통일성을 구성하고 있다.

인간이 목부터 발까지 옷과 신발로 감싼 이래로, 얼굴은 벌거

---

17 게오르그 짐멜, 『짐멜의 모더니티 읽기』, 김덕영, 윤미애 옮김, 새물결, 2006, pp. 107~108. (이하 『짐멜의 모더니티 읽기』)

18 『짐멜의 모더니티 읽기』, pp. 108~109.

벗음으로 인해 정신뿐만 아니라 개체적 특징도 갖는다. 물론, 몸 또한 움직임을 통해 개체성을 표현할 수 있을 것이다. 하지만 얼굴은 얼굴의 움직임 속에서 얼굴에 내포된 표현을 몸보다 더 지속적으로 표현할 수 있다. 예를 들어, "우리가 우아함이라고 부르는 유동의 미가 손의 움직임에서, 상체의 숙임에서 그리고 걸음걸이의 경쾌함에서 창출되는 경우 그것은 매번 새로이 창출되어야만 한다. (…) 그러나 얼굴에서는 개인에게 전형적인 정서들이 – 이를테면 증오, 불안감, 온화한 미소 또는 끊임없는 사리(私利) 추구 그리고 무수한 여타의 정서들이 – 지속적인 흔적을 남긴다."[19] 이러한 탁월한 유동성에 의해 얼굴은 내적 인격의 직관을 위한 기하학적 장소가 되기에 유일하다. 그리고, 맨몸을 가리는 현실에서는 얼굴이 인간의 외형을 나타내기에 유일하다.

　　몸을 가리는 우리 문화에서, 벌거벗겨진 얼굴과 가리어지는 몸 사이에는 근본적인 불균형이 있다. 그러나 이 불균형 때문에 얼굴 또는 머리의 우월성은 오히려 두드러진다. 우리는 다음의 예를 통해 확인해 볼 수 있다. 우리는 최고 권력을 가진 사람을 '우두머리'라고 부른다. 그리고 우리는 초상화를 몸 없이 얼굴만으로 표현할 수 있다. 하지만 누드화를 위해 얼굴 없이 몸으로만 표현하지 않는다. 표범의 무늬나 공작새의 깃털처럼, 동물들이 종종 자신의 몸에 매우 선명하고 표현이 풍부한 기호들을 지니고 있는 반면에,

19 『짐멜의 모더니티 읽기』, p. 111.

인간에 몸에서는 이렇다 할 특별한 표현적 특징을 찾아볼 수 없다. 따라서 인간의 얼굴은 탁월한 표현의 장소이다.[20]

　　얼굴은 좌·우가 대칭을 이루고 있다. 얼굴은 서로 닮은 반쪽이 수직적으로 결합되어 구성된다. 얼굴의 요소들은 서로 비교 불가능하지만, 요소들의 좌·우 대칭의 비교 가능성에 의해 얼굴은 균형을 이룬다. 따라서 우리는 얼굴 한쪽을 통해서 다른 한쪽의 모습을 유추할 수 있다. 그렇지만 비록 두 반쪽이 정확히 일치할지라도, 이 두 반쪽이 윤곽과 조명에 의해 항상 완전히 동일한 방식으로 나타나지는 않는다. 한쪽 얼굴에만 드리워진 그늘은 다른 쪽 얼굴과는 별개의 표현을 갖게 할 것이다. 일반적으로, "모든 영역에 있어서 합리주의는 대칭을 추구하는 반면에, 개별성은 언제나 비합리적인 그 무엇을, 즉 미리 결정되는 모든 원칙을 기피하는 그 무엇을 지닌다."[21] 얼굴은 대칭의 형식적 원칙을 유지하고, 그 안에서 요소들의 독특한 개별성을 포기하지 않으면서, 요소들을 결합하는 전체를 이룬다.

　　변할 수 있거나 또는 여러 상호 유사한 형태로 존재하는 모든 객체들의 미학적 특성은, 전체적인 인상이 바뀌기 위해서는 그

20　조르조 아감벤, 『벌거벗음』, 김영훈 옮김, 인간사랑, 2014, pp. 141~142. 참조. (이하 『벌거벗음』)

21　『벌거벗음』, p. 112.

부분들이 얼마나 바뀌어야 하는가에 따라 상당히 결정된다. (…) 어떤 대상이 전체로서 가장 작은 요소의 변화에 더 활발하게 반응하면 할수록 원칙적으로 미학적 효과나 유용성은 더욱 커진다.[22]

만일 전체의 변화 정도(程度)가 부분들의 결합의 내재적인 힘과 정교함에 의해 영향을 받는다면, 마찬가지로 이 변화의 정도는 부분의 특성과 전체의 특성 간의 밀접한 연관에도 영향을 받는다. 이런 조건에서, 얼굴은 최소한의 세부적 변화로 최대한의 전체 인상의 변화를 가져오는 임무를 가장 잘 수행할 수 있다. 무표정하고 경직된 얼굴에서조차 강렬한 변화를 알아차릴 수 있고, 이 또한 얼굴이 추구하는 인상의 가장 실질적인 목표일 수 있다.

얼굴과 미학의 관계, 우리가 미를 하나의 얼굴로 말할 때, "그 속에서 매혹과 무관심 또는 윤리적 잔인성의 가능성이 있다."[23] 얼굴은 반감이나 감탄에 제공되는 조형적 윤곽이나 외형이 아니다. 얼굴은 눈, 코, 입, 이마, 기타의 결합이기 때문에 조목조목 해체하여 뚫어지게 쳐다볼 수 있는 것에 그치는 것이 아니다. 우리는 얼

---

22 『벌거벗음』, p. 113.

23 Emmanuel Levinas, "Entretien avec Emmanuel Levinas", *Répondre d'autrui : Emmanuel Levinas*, textes réunis par Jean Christophe Aeschilimann, Editions de la Baconnière, Boudry-Neuchâtel(Suisse), 1989, p. 15.

굴을 해체함 없이 얼굴과 만나는 문제에 대해 천착(穿鑿)해야 한다. 즉, 우리는 얼굴에서 윤리를 발견해야 한다. "얼굴의 윤리적 소명 (vocation) 안에 절박함이 있을 수 있다. 필연적으로 미와 선(Bien)의 우연성에 속하지 않는 절박함."[24] 현상성으로 드러나는 얼굴은 내용으로서 파악할 수 있는 것이다. 하지만, 얼굴은 내용으로서 붙잡을 수 없는 것이다.

> 얼굴은 '세계의 것이' 아니다. 얼굴은 세계의 근원이다. 나는 오로지 얼굴에게 말하면서만 얼굴에 대해 말할 수 있다. 그리고 나는 얼굴에 오직 도달해야 하는 것처럼만 얼굴에 도달할 수 있다. 다만 도달 불가한 것으로서, 보이지 않는 것으로서, 감촉할 수 없는 것으로서의 얼굴에 도달해야 하는 것이다.[25]

레비나스에 따르면, 얼굴은 타자가 나타나는 방식이다. "얼굴은 '…에 대해 무엇인가?' 또는 '무엇?'이라는 질문에서 벗어난다고 분명히 한다. (…) 적절한 질문은 오히려 '누구…?'이다."[26] 이것

---

24 Ibid., p. 14.

25 Jacques Derrida, *L'écriture et la différence*, op. cit., p. 153. / 『글쓰기와 차이』, op. cit., p. 167.

26 Alexander Schnell, *En face de l'extériorité : Levinas et la question de la subjectivité*, Paris, Vrin, 2010, p. 127., 궁극적으로 이 질문은 얼굴의 단독성에 관한 질문이다. 얼굴은 단독적인 것(le singulier)이고, 단독적이라는 것은 유일하다는 것이다.

은 얼굴이 시각에 포착될 수 있는 것으로 동일시됨이 없이, 내용으
로서가 아닌 대화 상대자로서 간주되는 얼굴을 보는 방식이다. 얼
굴은 만남이다. 이것은 얼굴로 나아가는, 타인을 향해가는 것이다.
이것은 대면(face-à-face) 안에서 얼굴을 보는 것이다.

4. 비가시적 얼굴의 출현 : 현현(épiphanie)

"우리는 항상 사물들 곁에 존재한다."[27] 하지만 우리가 여전
히 사물들을 대상으로 보는 습관으로 시선을 갖는다면, 즉, 우리에
게 익숙해진 전체성의 시선을 갖는다면, 얼굴은 사물들 사이에서
여전히 사물일 뿐이다. 다시 말해, 대상들이 우리 앞에 일반적으
로 나타나는 방식처럼 일반적이고 알려진 의미의 틀 안에서 얼굴
이 나타난다면 얼굴은 대상으로서 존재하는 사물일 뿐이다. 이런
의미에서, 모든 세계의 대상들은 얼굴을 갖지 않은 사물이다. 하지
만, 인간은 얼굴을 가지고 있고 이 얼굴은 인간으로서 타인을 의미
한다.

27 Emmanuel Levinas, *Totalité et Infini : Essai sur l'extériorité*, Le Livre de Poche, coll.
《Biblio》, 2009, p. 203. (이하 *TI*) / 『전체성과 무한 : 외재성에 대한 에세이』, 김도형·문성원·
손영창 옮김, 그린비, 2018, p. 274. (이하 『전체성과 무한』)

타인의 나타남은 확실히, 우선적으로, 모든 의미가 발생하는 방식에 따라 나타난다. 타인은 문화적인 통일성 안에서 현전하고 이러한 통일성에 의해 밝혀진다. (…) 나타남은 세계의 빛에 의해 밝혀진다. 타인의 이해는 따라서 해석학, 주석이다. 타인은 타인이 내재하는 전체성의 구체적인 것 안에서 주어진다.28

하지만, 이것은 우리가 빛 안에서 대상을 보는 것처럼 타인을 만나는 것이 아닌가? "빛은 현상학적으로는 현상, 즉 의미의 조건이다. 모든 존재(existence)에서 대상은 누군가에 대해서 존재하며 (exister), 누군가에게로 운명 지어져 있다. (…) 바깥으로부터 오는 것, 조명을 받은 것은 이해된 것, 즉 우리로부터 오는 것이다. 빛을 통해서 대상들은 하나의 세계로 존재한다."29 타인이 타인이기 위해, 이 타인이 인간이기 위해, 얼굴은 인간화의 조건이다. 그리고 이 얼굴은 빛 안에서만 나타나는 세계 밖에 존재한다. 왜냐하면, 얼굴은 본래의 빛으로서 빛의 그늘에 놓이지 않기 때문이다. "보게 하는 본래의 빛은 보이는 것인가? 이것은 물론 주제가 될 수 있다. 본질은 보여질 수도, 말해질 수도, 묘사될 수도 있다. 하지만

---

28 Emmanuel Levinas, *Humanisme de l`autre homme*, Le Livre de Poche, coll. 《Biblio》, 2000, p. 50. (이하 *HAH*)

29 *EE*, pp. 74~75. / 『존재에서 존재자로』, p. 77.

빛은 주제가 되지 않는 빛 안에서 나타난다."[30] 타인은 동일자의
앎에 나타나기 위해서 동일자로 향하면서 얼굴이 되지 않는다. 얼
굴은 이미 구성된 규정들에 의해서 구성되지 않는다.

　얼굴은 자신에 대한 의미 외에 다른 의미가 아니다. 얼굴의
의미는 의미의 장(場)에서 나타날 수 있는 모든 특정한 의미를 선
행한다. "얼굴은 그 자체로 의미한다. 얼굴의 의미화는 의미부여
(Sinngebung)에 앞선다. 이치적인 행동은 이미 얼굴의 빛 안에서 일
어나고 얼굴은 빛이 보이는 빛을 발산한다. 우리는 그것을 설명해
서는 안 된다. 왜냐하면, 얼굴로부터, 모든 설명은 시작하기 때문
이다."[31] 얼굴은 얼굴의 일반적인 유형에 종속됨이 없이 제시된다.
따라서 보여지는 방식으로 나타나지 않는 대면 안에서의 얼굴은
우리에게 공통적일 수 있는 세계 안 어떤 것에 대한 모든 참조, 모
든 범주를 벗어난다. 다시 말해, 얼굴은 공통된 형식의 틀에서 드
러나는 파악 가능한 것이 아니다. 얼굴은 직접적으로, 어떠한 선-
내재성도 없이, 자기 자신을 표현한다. 이러한 방식으로 표현되는
것, 이것은 얼굴로서 얼굴의 현현이다.

30　Emmanuel Levinas, *Autrement qu'être ou au-delà de l'essence*, Le Livre de Poche,
coll. 《Biblio》, 2013, p. 54. /『존재와 달리 또는 존재성을 넘어』, 문성원 옮김, 그린비,
2021, p. 71.

31　*TI*, p. 292. /『전체성과 무한』, p. 395.

현현은 어떤 나타남 그 이상이다. (…) '얼굴의 현현'에서 중요
한 것은 아름답거나 추함, 젊거나 늙음의 기준에 따른 조형적
모습의 얼굴이 더 이상 아니고, 기만적이고 본질적으로 덧없는
외모를 넘어서 인간의 얼굴이라는 유일한 차원에서의 얼굴이
다. 인간의 얼굴은 무엇보다도 고통과 죽음의 환기이고 상기이
다. 인간의 얼굴은 허약함과 불행에 대한 준엄한 상기만큼이나
인간성의 흔적과 반영을 그 안에 지니고 있다.[32]

　　타자가 얼굴인 한에서 얼굴의 현현은 곧, 타자의 현현이다. 타
자의 현현, 타자의 나타남인 현상이 바로 얼굴이다. "타자의 현현
은 세계로부터 받아들여진 의미와는 독립적으로 고유한 의미작용
(signifiance)을 내포한다. 타자는 우리에게 (…) 그 자체로 의미한다.
이러한 현전은 우리에게 오는 데에 있고 입장하는 데에 있다."[33]
달리 말하면, 타자의 얼굴의 현현은 타자의 방문이다. 레비나스에
따르면, "얼굴의 현현은 윤리적이다."[34] 얼굴의 현현은 우리에게
사물들의 일반적, 일상적인 질서를 벗어나는 방식임을 보여준다.
윤리 또한 자연스러운 운동들의 경향을 따르지 않는데, 얼굴은 "내

32　미카엘 드 생 쉐롱, 『엠마누엘 레비나스와의 대담. 1992-1994』, 김웅권 옮김, 동문선,
　　2008, p. 63.

33　*HAH*, pp. 50~51.

34　*TI*, p. 218. / 『전체성과 무한』, p. 294.

안에서 타자의 이념을 넘어서면서, 타자가 나타나는 방식"[35]을 보여준다. 그리고 윤리는 자기의 존재를 유지하려는 경향의 인간 본성을 뒤집기를 요구한다. 타자가 등장하는 얼굴은 윤리의 발생을 동반한다. 왜냐하면, 그의 얼굴이 나에게 닥치고 나는 나의 자발성의 검토를 그의 얼굴에 의해 요구받기 때문이다.

익명적인 있음의 깨어 있음과 결별 이후, 자아는 자신의 집에 거주하면서, 노동을 통해 사물들을 소유하면서, 공기, 빛, 경치, 먹거리, 생각, 잠 등으로 삶을 영위해왔다. 이처럼, 어떤 것으로 삶을 영위하는 것은 "삶의 자기중심주의 자체"[36]이다. 인간은 누구나 행복과 자유를 추구할 권리가 있다. 향유적 자아의 측면에서 볼 때, 인간 존재의 본질은 자아 중심적 행복을 충족시키는 데에 있다. 향유 안에서 나는 나를 위해서만 존재한다. 타인의 참조 없이 나는 이기적으로 존재한다. 이것은 "빵 한 조각을 위해 죽일 수 있는, '귀를 갖지 않은 굶주린 배'가 자기를 위해 존재하는 것과 같은 ; 굶주린 자를 이해 못하고 가난한 자, 낯선 자(espèce)로서의 굶주린 자에게 자선가로 다가서는 배부른 자로서 자기를 위해 존재하는 것과 같"[37]다. 하지만 얼굴의 현현이 일어나는 순간, 타인의 얼굴은 나에게 나의 이기적인 경험을 재검토하고 중단하기를 요구한

---

35 *TI*, p. 43. / 『전체성과 무한』, p. 56.

36 *TI*, p. 115. / 『전체성과 무한』, p. 157.

37 *TI*, p. 123. / 『전체성과 무한』, p. 168.

다. 즉, 타인의 현현은 "개체들과 사물들이 그들의 자리에 머무는 보편적 동일성의 질서를 이미 관통했던 형이상학적 경험"[38]을 불러일으킨다. 타인의 현현은 내게 내재성의 세계를 벗어나는 가능성을 열어 보이고 나를 자기-자신 너머로 인도한다.

타인의 얼굴이 시각에 의해 포괄됨이 없이, 주제로서 제공됨이 없이, 그것의 타자성을 스스로 내 앞에서 계시하는 상황, "우리는 전체성의 경험으로부터 전체성이 깨지는 상황까지, 이 상황이 전체성 자체를 조건 지을 때까지 거슬러 올라갈 수 있다. 이러한 상황은 타인의 얼굴 안에서 외재성과 초월의 파열(éclat)이다."[39] 타인의 얼굴 안에서 외재성과 초월의 파열이 나타난다. 하지만, 이것은 언제인가? 아마도, 내가 대면 안에서 타자와 만날 때일 것이다. 그렇다면, 어떻게 타인의 얼굴 안에서 이것이 일어나는가? 타인은 그의 얼굴 안에서 무한히 초월적으로, 무한히 낯선 채로 머물러 있다. 그리고 얼굴 안에서 빛나는 초월 또는 외재성 개념의 엄격한 전개는 무한의 용어에 의해 표현된다.

무한의 용어는, 단순히 말하면, 전체성에 대한 과잉 또는 초과 그리고 전체성의 반대 또는 모순이다. 왜냐하면, 무한은 앎의 문제가 아니라 욕망의 문제이기 때문이다. 앎과 달리 욕망은 충족될 수 없다. "욕망은 생각하지 못한 것 이상으로 생각하는 생각과 같다.

---

38 Emmanuel Levinas, *Hors Sujet*, Le Livre de Poche, coll. 《Biblio》, 1997, p. 104.

39 *TI*, pp. 9~10. / 『전체성과 무한』, p. 13.

또는 생각하는 것 이상을 생각하는 생각과 같다."[40] 전체성을 향한 동일자의 앎은 타자를 향한 욕망에 의해 파기된다. 무한과의 관계는 이 욕망으로 말해진다. 그리고 무한의 이념은 초월성과 외재성에 연결된다. 따라서 무한이 직접적으로 얼굴에 주어질 수는 없다. 무한은 "충만하고 식별 가능한 어떠한 현전도 갖지 않으면서, 자신에게 전념하기를 좋아하는 존재의 순환을 뒤집고 중단하면서 간접적으로 주어진다."[41] 얼굴이 무한과의 관계로서 우리에게 알려지는 한, 얼굴은 모든 규정을 차단한다. 왜냐하면, 얼굴의 규정은 얼굴이 의미하는 무한을 유한화 하는 셈이 되기 때문이다. 달리 말해, 타자가 규정된다면 이것은 본질 안에 타자를 가두는 것으로, 타자를 더 이상 타자가 아닌 것으로 만든다. 타자는 그의 존재 자체이다. "타인은 따라서 그의 얼굴일 뿐이다."[42]

40　*EI*, p. 87. /『윤리와 무한』, pp. 103~104.

41　François-David Sebbah, *Levinas : Ambiguïtés de l`altérité*, Paris, Les Belles Lettres, 2003, 2e tirage, p. 53.

42　Gérard Bensussan, *Éthique et expérience : Levinas politique*, Strasbourg, La Phocide, 2008, p. 9.

5. 얼굴의 벌거벗음

얼굴은 벌거벗음이다. 벌거벗음은 얼굴의 직접적인 현상이다. 얼굴의 벌거벗음이 우리에게 새삼스러울 것이 있는가? 인간은 본래 옷 없이 벌거벗은 채로 창조되지 않았는가? 아담과 이브가 무화과 잎으로 자신들을 가린 이래로, 옷은 보호물이고 장신구였다. 인간은 옷을 통해 감추고 변화하는 것이 가능해졌다.

> 인간은 옷 안에서 은신처를 찾거나 옷 안에서 모든 그의 존재의 변신(變身)을 기다린다. 왜냐하면, 만일 우리가 인간을 도구를 만들고 조작할 줄 아는 유일한 생명으로 정의할 수 있다면, 또는 말할 수 있는 유일한 존재로 정의할 수 있다면, 인간이 옷을 입는 유일한 생명이고 변화하려는 욕망을 매우 명확히 고무시키는 유일한 생명이라고 말하는 것은 마찬가지로 근원적일 것이다.[43]

일상생활에서 우리는 나체주의를 찬양하는 사람들을 제외하고 내밀한 사적 공간에서 홀로 머무르지 않는 이상 옷을 입고 생활한다. 옷을 입는 것은 우리의 삶, 행위, 그리고 우리 사유의 모든 표명들을 감추는 것과 관계가 있다. "우리는 옷을 입은 존재들과

---

43 Jean Brun, *La nudité humaine*, Paris, Fayard, 1973, p. 12.

관계한다. 인간은 이미 자신의 옷차림을 기본적으로 돌본다. 그는 거울에 자신을 비추어 보았고 또 그 모습을 응시했다. 그는 씻었고 그가 지닌 영구적인 본능의 모습들과 흔적들의 밤을 지워 없앴다. 이제 그는 깨끗하고 추상적이다. 사회성이란 적절한 몸가짐을 하는 것이다. 가장 섬세한 사회적 관계들은 형식 속에서 이루어진다. 사회적 관계는 모든 불분명성에다 엄정성의 옷을 입히고 사교성을 부여하는 외관을 보호한다. 형식을 따르지 않는 것은 세계로부터 쫓겨난다."[44]

하지만 얼굴은 형식의 틀을 따르지 않는다. 왜냐하면, 얼굴은 얼굴이 나타나는 형식 안에 갇혀 있지 않기 때문이다. 그런데, 옷은 일종의 형식이고 보편성이다. 따라서, 이런 의미에서 형식을 입고 있는 인간 존재는, 우리가 눈 색깔을 관찰할 때처럼, 인간 물질로 취급된다. 옷처럼 내용물을 포장하는 형식은 유한(有限)이 정해지고 유한이 이해 속에 일어나는 결말의 방식으로 대상들을 정의한다.

형식은 그것을 통해서 존재가 태양을 향하는 그런 것이다. 존재는 형식을 통해 주어지고, 형식을 통해 찾아온다. 형식은 벌거벗음을 감추어 버린다. 이 벌거벗음 속에서, 옷을 입지 않은 존재는 세계로부터 빠져나가 버린다. 옷을 입지 않은 존재는

44 *EE*, p. 60. /『존재에서 존재자로』, p. 63.

그의 존재가 다른 곳에 있는 것처럼, '이면(裏面)'을 지닌 것처럼, 그리고 '잠옷 사이로 젖가슴이 내비치고 있을 때' 깜짝 놀라는 것처럼 존재한다. 이러한 까닭에 벌거벗음과의 관계는 타인의 타자성(altérité)에 대한 진정한 체험이다.[45]

벌거벗음과 관련하여, 레비나스는 벌거벗음이 단지 옷 안에 벌거벗은 피부가 아님을 말한다. 이것은 타자성[46], 즉 절대적으로 다른 것과의 관계이다. 이것은 따라서 존재론 차원에서 이야기될 수 없다. 아무것도 보호되지 않는 타인의 벌거벗겨진 얼굴은 나를 전적으로 낯선 영역으로 인도한다.

사물들은 벌거벗어 있다. 사물들은 장식이 필요 없다. 사물들

---

45 *EE*, p. 61. /『존재에서 존재자로』, pp. 63~64.

46 "나와 닮은 타자가 그의 특성 안에서 다른 속성을 갖는 사실로 요약되지 않는 타자성. 평소에, 우리는 사물이 다르다고 말한다. 왜냐하면, 사물은 다른 특성들을 가지기 때문이다. 하얀 종이가 있다. 옆에는 검은 종이가 있다. 이것은 타자성인가? 그것들은 하나는 공간의 한 측면에 다른 하나는 공간의 다른 측면에 있다는 사실에 의해 또한 다르다. 이것이 당신을 나와 구별 짓는 타자성은 아니다. 당신의 머리카락이 내 머리카락과 같지 않기 때문에, 당신이 나와 다른 장소를 점유하기 때문에는 결코 아니다. 이것은 특성의 차이 또는 공간 속 배치의 차이, 속성의 차이일 뿐이다. 그러나, 모든 속성 이전에, 당신은 다른 방법으로 다른, 절대적으로 다른, 나와는 다른 타자이다! 이것은 당신의 타자성이 속성들에 기인하는 타자성과는 다른 타자성이라는 것이다. 타자성은 논리적으로 정당화할 수 없고 식별할 수 없다. 자아의 동일성은 어떤 앎의 결과가 아니다. '나'는 자아를 모색함이 없이 처한다. 당신은 당신이고 나는 나이다. 이것은 우리가 우리의 신체 또는 머리 색 또는 우리가 공간 속에 차지한 장소에 의해 다르다는 사실로 환원되지 않는다.", François Poirié, *Emmanuel Levinas : Essai et Entretiens*, Arles, Actes Sud, 2006(2ème édition), pp. 108~109.

은 감추거나 변화되는 것이 필요치 않다. 왜냐하면, 사물들은 그들의 도구적 기능의 수행 안에서 소비되고, 그들 고유의 목적성에 따르기만 하면 충분하기 때문이다. 나는 내가 할 수 있는 한 나의 힘과 능력에 따라서 사물들을 자유자재로 조작 및 사용할 수 있다. 이것은 사물들이 그 자체로 존재함이 없이, 나와의 관계 안에 있다는 것을 의미한다. 그렇다면, 벌거벗은 얼굴의 존재 방식은 무엇인가? 얼굴은 나를 벗어나고, 나의 힘을 넘어선다. 얼굴 안에서 존재의 전개는 한편으로 현상적인 형태 저편인 무한에서 열린다. 그리고 다른 한편으로, 얼굴의 벌거벗음은 "추위를 타고 벌거벗음에 대해 부끄러워하는 신체의 벌거벗음 안에서 연장된다. 세계 안에서, 존재 그 자체는 하나의 비참이다."[47] "벌거벗은 얼굴은 빈곤한 자와 이방인의 궁핍을 나에게 보여준다."[48] 벌거벗은 얼굴은 타인의 배고픔을 인정하라고 나에게 가르치고 나를 그의 궁핍, 그의 비참, 그의 약함에 종속시킨다. 그리고 나는 지금껏 이기적인 내 존재 안에 갇혀 지낸 것에 부끄러움을 갖는다. 왜냐하면, 나의 물질적 삶은 타인 안에서 나와 연루되어 있고 타인은 그의 모든 물질적 불행으로부터 나에게 호소하기 때문이다. "마치 타인에 대하여 먹고 마시는 것에서부터 내가 책임이 있었던 것처럼."[49]

---

47 *TI*, p. 73. / 『전체성과 무한』, p. 100.

48 *TI*, p. 234. / 『전체성과 무한』, p. 316.

49 François Poirié, *Emmanuel Levinas : Essai et Entretiens*, op. cit., p. 114.

비참과 곤궁의 늪으로부터 빠져나오려고 무척 애쓰는 그 자신의 노력에도 불구하고, 점점 더 빨려 들어가는 타자는 머리가 잠기면서까지 열린 손을 뻗는다. 이 늪은 누구에 의한 것인가? 자연적인 것이라 할 수 있는가? 여하튼, "얼굴의 살갗은 가장 벌거벗었고, 헐벗은 채로 있다. (…) 얼굴에는 가난이 깔려있다. 흔히 어떤 자세를 취하고 무슨 내용을 담아 그 가난을 없애려고 노력하는 것만 보아도 그 점을 알 수 있다. 얼굴은 위협 앞에 노출되어 있다."[50] 타인의 얼굴은 높음과 낮음의 차원을 동시에 가지고 있다. 그는 지각으로 환원되기를 거부하므로 나보다 우위에 있고, 그는 나의 구원의 손길을 기다려야만 하는 자이기에 나보다 아래에 있다. 따라서 그가 나의 존재에 대해 행사했던 것, 동일자의 문제화는 나의 이기적인 자발성 안에서는 불가능했을 이 두 가지 양상에 의해 행해진다.

얼굴은 위협받는다. 인간 신체 가운데 가장 벌거벗은 부분인 얼굴은 폭력에 가장 많이 노출되어 있다. 얼굴은 심지어 얼굴을 없애기 위한 살해를 불러일으키기도 한다. 즉, 폭력은 얼굴을 겨냥한다. 하지만 벌거벗은 얼굴에 의한 이러한 폭력의 가능성은 동시에 벌거벗은 얼굴 덕분에 무력화된다. 왜냐하면, 얼굴의 벌거벗음은 - 피부의 노출 - 신체적 실존의 연약함을 증명하고 나는 그의 극심한 연약함 속에서 뻗은 손을 뿌리칠 수 없기 때문이다. 얼굴은 나에

---

50 *EI*, p. 80. / 『윤리와 무한』, p. 95.

게 폭력에 노출된 그의 피부의 벌거벗음을 통해 도움을 요청한다. "얼굴은 고통과 죽음, 즉 감성적인 인간의 약함에 대해 말한다. 얼굴의 도래 또는 타인의 벌거벗음의 드러내기는 향유가 아닌 타인의 비참한 삶의 계시이다."[51] 얼굴을 보는 자는 실제로 얼굴 안에서 존재를 발견하는 앎보다는 오히려 얼굴의 신체적 연약함을 참조한다. 이것은 얼굴의 상처받을 수 있는 특징 때문이다. "우리의 상처받을 수 있음의 가장 명백한 측면은 확실히 우리의 신체적인 실존의 허약함이다. 인체는 제한된 시간 동안만 프로그램되어진 것 외에도 질병, 사고, 자연재해 그리고 인간 상호 간의 폭력에 의해서도 위협받는다."[52]

상처받기 쉬움은 보통의 인간 존재로서 한계를 드러내는 우리 능력의 허약함을 증명한다. 다시 말해, "다양한 영역들에서 인간의 약함을 단언하는 것, 이것은 항상 동시에 '약함'과 관계할 수 있는 요소들에 대한 의존의 양상들을 단언하는 것이다."[53] 우리는 상처받을 수 있는 존재들이다. 그리고 상처받을 수 있음은 인간 존재의 연약한 측면들 또는 지점들을 가리킨다. 따라서 우리의 상처받

---

51 Flora Bastiani, *La Conversion Éthique : Introduction à la philosophie d'Emmanuel Levinas*, Paris, L'Harmattan, 2012, p. 125.

52 Nathalie Maillard, *La vulnérabilité : Une nouvelle catégorie morale?*, Genève, Labor et Fides, 2011, p. 199.

53 Ibid., p. 200.

을 수 있는 신체는 필연적으로 우리 바깥에 있는 것들에 의존할 수밖에 없다. 예를 들어, 자연적 요인의 의존에 따른 육체적 생존과 관련하여, 우리는 산소 또는 물의 결핍으로 상처받을 수 있고 극단적으로는 죽을 수 있다. 또한, 사회적 관계 안에서 누군가의 극심한 물질적 불행은 다른 사람들에 의한 무시 혹은 무관심보다 인정 또는 맞아들임에 의존한다. 무시와 무관심 또한 무형의 폭력의 일종으로 우리는 이러한 간접적인 폭력에 의해서도 상처받을 수 있다. 그리고, 유·무형의, 직·간접의 폭력, 결핍, 상호적 관계의 부재에 의한 모든 상처받을 가능성은, 벌거벗음에 의해 쉽게 파괴될 수 있는, 얼굴 위에서 가장 잘 드러난다. 왜냐하면, 얼굴은 육체의 영역 안에서 가장 위협받는 장소이기 때문이다. 그러나 얼굴은 신체의 일부일지라도 신체 그 이상을 표현하고 말한다. 즉, 얼굴은 모든 종류의 폭력에 저항한다. 레비나스에 따르면, 얼굴은 강력한 명령의 어조로 첫 번째 말을 놓는다. "너는 살인을 저지를 수 없을 것이다."[54]

---

54 *TI*, p. 217. / 『전체성과 무한』, p. 294.

4장

얼굴과 책임[1]

1. 얼굴의 호소

얼굴은 "아마도 (…) 죽음에로의 직접적인 노출이다."[2] 타인의 얼굴이 그의 가난과 궁핍을 드러낸다고는 하지만 어떻게 얼굴이 죽음에까지 노출된다고 할 수 있는가? 얼굴이 위협받는다고 하더라도, 그 위협은 왜 위협으로 그치지 않는가? 위협은 반드시 살해로 이어지는가? 그렇다면, 타인의 얼굴을 보는 자의 시선은 어떻게 타인을 죽이기까지 하는 잔혹한 폭력으로 변하는가? "타인

---

1   이 글은 필자가 『대동철학』 제90집(2020.03)에 실은 「레비나스 : 윤리적 관계 안에서의 타자의 얼굴과 무한책임」을 수정·보완한 것임.

2   Emmanuel Levinas, "L'intention, l'événement et l'Autre : Entretien avec C. von Wolzogen", *Philosophie*, Paris, Les Éditions de Minuit, 2007/1 - n°93, p. 17.

은 내가 죽이고 싶어할 수 있는 유일한 존재이다."[3] 타자의 극단적
인 불안정으로서 얼굴은 나에게 살인을 부추긴다. 다시 말해, 타인
의 얼굴의 불확실성 앞에서 우리는 살해의 유혹에 빠지기 쉽다. 하
지만 타인의 불확실성이 왜 살해의 유혹을 부추기는가? 우리가 살
해를 파괴의 물리적 폭력의 극단적인 행사로서 간주한다면, 폭력
의 행사로부터 오는 "강렬한 기쁨은 벽 또는 부서진 사물들에 꽂힌
주먹보다는 오히려 타자의 얼굴에 행해진 폭력으로부터 오지 않는
가?"[4] 하지만 얼굴의 상처받을 수 있음은 이미 죽음의 가능성을 계
속적으로 알려오지 않았는가? 얼굴은 모든 사람이 죽는 것처럼 어
차피 죽을 운명이다. 즉, 얼굴은 죽음을 앞에 둔 타자이다. 그럼에
도 불구하고, 살해는 힘의 행사의 극적 효과를 위해 가장 상처받기
쉬운, 가장 불확실한 얼굴을 겨냥한다. 이것은 동일자의 시선 혹
은 폭력에 의한 살해가 타인의 부정을 가능하게 만들기 때문에 그
렇다. "살해는 오직 전적인 부정을 요구한다."[5] 그런데, 모든 살해
행위의 가능성은 반대로 죽게 마련인 얼굴 앞에서 중단된다. 마치
나를 정면으로 쳐다보는 자에게 겨눈 총구의 방아쇠를 당기는 것

---

3 Emmanuel Levinas, *Totalité et Infini : Essai sur l'extériorité*, Le Livre de Poche, coll.
《Biblio》, 2009, p. 216. (이하 *TI*) / 『전체성과 무한 : 외재성에 대한 에세이』, 김도형·문성원·
손영창 옮김, 그린비, 2018, p. 293. (이하 『전체성과 무한』)

4 François-David Sebbah, *Lévinas et le contemporain : Les préoccupations de l'heure*,
Besançon, Les Solitaires Intempestifs, 2009, p. 158.

5 *TI*, p. 216. / 『전체성과 무한』, p. 292.

이 대단히 어려운 것처럼 말이다. 적어도 그의 얼굴은 얼굴의 정면성(frontalité)에서 발산하는 저항을 보여준다. '너는 죽이지 않을 것이다!'

살인을 금지하는 저항이 살인을 불가능하게 만들지는 않는다. 실제로, 많은 전쟁에서는 정면으로 바라보는 자에게도 총과 칼의 위협이 피를 부르기까지 한다. 비록 금지의 권위가 양심 가운데에 머물지라도, 종종 이것은 현실과 악의에 의해 무시된다. 동일자가 연루되는 세계 안에서 타인은 거의 아무것도 아니다. 따라서 살해의 불가능성은 실재적이지 않다. 살해의 불가능성은 오히려 도덕적이다. "얼굴을 봄(vision du visage)이 하나의 경험이 아니라는 사실, 자기 밖으로 떠남, 다른 존재와의 조우 그리고 단순히 자기의 감각이 아니라는 사실은 불가능성의 '순수하게 도덕적'인 특징 안에서 증명된다. 도덕적 시선은, 얼굴 안에서, 살인의 의도가 위험을 무릅쓰고 몰입하는 뛰어넘을 수 없는 무한을 헤아린다. 따라서 도덕적 시선은 명백히 우리를 모든 경험과 모든 시선과는 다른 곳으로 이끈다. 무한은 도덕적 시선에만 주어진다. 이것은 알려지지 않는다. 이것은 우리와 함께 사회 안에 있다. '너는 결코 죽이지 않을 것이다'와 함께 시작하는 존재들과의 교제(commerce)는 세계와 함께 우리의 통상적인 관계의 도식과 일치하지 않는다."6

---

6 Emmanuel Levinas, *Difficile Liberté*, Paris, Albin Michel, 4ième édition, 2006, p. 24.
(이하 *DL*)

　　살해보다 더 강한 무한은 타인의 얼굴에서 살해의 가능성에 저항한다. 무한은 타인의 얼굴에서 나오는 무한한 저항을 통해 힘에 저항한다. 즉, 얼굴의 표현은 "나의 힘들의 약함에 대항하지(dé-fier) 않고 나의 할 수 있음의 힘(mon pouvoir de pouvoir)에 대항한다."[7] 얼굴은 나의 힘에 더 센 대항 세력으로 맞서지 않는다. 얼굴은 폭력적이고 파악할 수 있는(intelligible) 저항이 아니라, "힘이 되지 않는 전적인 저항이다."[8] 나의 힘이 무엇이든지 간에, 예를 들어, 이것이 욕구의 만족을 위한 형태이든지 대상의 앎의 형태이든지 얼굴은 나의 힘이 할 수 있을 모든 시도를 벗어난다. 얼굴은 전적으로 그 자체로 저항인 저항, 즉 "저항이 없는 것의 저항 - 윤리적 저항"[9]에 근거한다. "무한은 나의 힘을 무력화시키는 윤리적 저항으로 나타나고 벌거벗음과 불행 안에서 방어 없는 눈의 깊은 곳으로부터 강경하게 절대적으로 일어선다."[10]

　　레비나스는 타인의 얼굴이 뜻하는 것을 자문해 왔다. 우선, 타인의 얼굴은 파악하는 데에 익숙한 시각에서 벗어난다. 타인의 눈 색깔이나 입술의 형태를 보는 것, 이것은 얼굴을 해체하는 방식으

7　*TI*, p. 215. /『전체성과 무한』, p. 291.

8　Emmanuel Levinas, *Liberté et commandement*, Le Livre de Poche, coll. 《Biblio》, 2008, p. 45. (이하 *LC*)

9　*TI*, p. 217. /『전체성과 무한』, p. 294.

10　*TI*, p. 218. /『전체성과 무한』, p. 295.

로 얼굴에 진정으로 접근하는 것이 아니다. 따라서 레비나스는 보이는 것을 얼굴로서 정의하지 않는다. 얼굴은 가시적이지 않다. 타인의 얼굴에 접근하기 위해서는 얼굴이 나타내는 그의 죽음을 볼 수 있어야 한다. 그러나 우리는 얼굴이 나타내는 우선적인 특성이 왜 죽음인지에 대한 기원을 증명할 수 없다. 다만, 우리는 타인의 얼굴 안에서 죽음의 직접성을 경험할 수 있을 뿐이다. "무엇보다 얼굴 안에는 공정함(droiture)과 올바름(rectitude)이 있다. 마치 얼굴이 즉각 어떤 위협에 노출된 것처럼, 죽음에 모든 것을 내맡긴 것처럼 마주-한-존재가 명백히 있다. 나(레비나스)는 가끔 직선의 사유가 - 두 점 사이의 가장 짧은 거리 - 처음부터 내가 만난 얼굴이 죽음에 노출된 선이 아닌지를 자문했다. 이것은 아마도 나의 죽음이 나를 보고 나를 겨누는 방식이다. 그러나 나는 나 자신의 얼굴을 보지 못한다. 타자의 얼굴 안에서 첫 번째로 확실한 것, 이것은 노출의 이러한 올바름과 방어-없음이다. 얼굴 안에서 인간 존재는 가장 벌거벗었고, 궁핍 자체이다. 동시에, 마주함이다. 이것은 우리가 죽음 안에서 저질러지는 폭력을 가늠하는 대처 속에 인간 존재가 홀로 있는 방식이다."[11]

어떠한 이미지의 매개 없이, 타인과 나의 대면 속 비참, 가난

---

11 Emmanuel Levinas, *Altérité et transcendance*, Le Livre de Poche, coll. 《Biblio》, 2010, pp. 165~166. (이하 *AT*) / 『타자성과 초월』, 김도형·문성원 옮김, 그린비, 2020, p. 185. (이하 『타자성과 초월』)

그리고 연약함을 드러내는 얼굴은 내게 요구한다. 얼굴은 나를 보고 내게 호소한다. '너는 죽이지 않을 것이다.' 이것은 또한 내가 타인을 홀로 죽게 내버려 둘 수 없다는 사실을 의미한다. 얼굴과의 관계, 이것은 궁극적으로 "유일한 것, 우리가 죽음이라 부르는 극도의 고독을 겪을 수 있는 것과의 관계이다."[12] 여기서 나에 대한 그의 호소가 일어난다. 타인의 얼굴은 나에게 그를 철저히 등한시하기를 멈추라고, 즉 죽음 앞의 얼굴로부터 외면하기를 멈추라고 요청하고 명령한다. 어떠한 방책도 안전보장도 없이, 연약함과 죽을 수밖에 없음(mortalité)에서 나의 시선의 위협에 노출된 죽어가는 타인을 위해 그를 살릴 수 있다면 나는 할 수 있는 한 모든 것을 다 할 것이다. 적어도, 나는 그의 죽음에 대해 염려할 것이다. "나는 그가 홀로 죽음에 처하도록 내버려 둘 권리가 없다."[13] 이것은 불행한 타인을 측은히 여기는 것과는 다르다. 이것은 내 몫의 책임의 요청과 관련한다. 나는 그에게 모든 것을 빚지고 있다. "그리고 나는, 내가 누구이든, '첫 번째 사람으로서', 그의 호소에 응답하기 위한 능력 있는 자이다."[14]

---

12 Emmanuel Levinas, *Entre nous : Essai sur le penser-à-l'autre*, Paris, Grasset, 1991, p. 122. (이하 *EN*) / 『우리 사이 : 타자 사유에 관한 에세이』, 김성호 옮김, 그린비, 2019, p. 161. (이하 『우리 사이』)

13 *AT*, p. 113. / 『타자성과 초월』, p. 125.

14 Emmanuel Levinas, *Ethique et Infini : Dialogue avec Philippe Nemo*, Le Livre de Poche, coll. 《biblio》, 2011, p. 83. (이하 *EI*) / 『윤리와 무한 : 필립 네모와의 대화』, 김동규

　　타인의 얼굴의 요청 앞에서, 나는 왜 책임이 있는가? 나의 실존에 대한 권리는 이미 얼굴의 첫 번째 말 '너는 죽이지 않을 것이다'에 의해 도전을 받았다. 그리고 자유와 향유를 누릴 나의 권리의 힘조차 얼굴의 호소에 의해 마비된다. 그런데도, 나는 내가 직접적으로 위해(危害)를 가하지 않은, 비록 그가 내 앞에 있긴 하지만, 타인에게 책임을 져야 하는가? 나는 왜 "직설법이 아닌 명령법"[15]에 나를 배치하는 타인에 응답해야만 하는가? 만일 그렇다면, 탄생 이래로 사회 안에서 한 인간으로서 나의 성장은 처음부터 전적으로 내 앞의 타자에 대한 책임을 위해서인가? 레비나스 작품에서, 책임 속 얼굴과의 관계는 확실히 특권적인 지위를 갖는다. 그리고 이 관계는 "죽음의 수용소 안에서 온데간데없이 사라진, 유일하고 대체할 수 없는 무수한 얼굴들의 고통의 기억"[16]에 근거한다. 레비나스는 홀로코스트로부터 출발해서 타인의 죽음에 대해 생각한다. 그렇다면, 그의 사유는 살아남은 자로서 책임을 다하지 못했다는 유죄 의식의 발로인가? 학살의 책임은 국가와 정치에 있는 것 아닌가? 비유대인들에게도 이러한 유죄성의 감정으로부터 발현하는 책임감이 생길 수 있는가? 레비나스는 우선, 우리가 사랑하는 자의 죽음이 가장 강렬한 강도를 가질지라도, 강도(intensité)에 대해

옮김, 도서출판 100, 2020, p. 98. (이하 『윤리와 무한』)

15　*LC*, p. 52.

16　Catherine Chalier, *Lévinas : L'utopie de l'humain*, Paris, Albin Michel, 1993, p. 95.

염두에 두지 않았다. 레비나스의 분석은 가장 가까운 자들의 죽음의 관계에서 시작하지 않는다. 예를 들어, 오늘날에도 우리는 쓰나미, 테러, 기근, 해일, 지진 등에 의해 희생된 많은 사람에게, 그들이 비록 내가 전혀 알지 못하는 사람임에도 불구하고, 구호의 손길과 추모를 아끼지 않는다. 우리는 이 희생자들에게 잘못을 저질렀는가? "중요한 것은, 유죄 결정(initiative)의 개념에 앞선 책임의 개념이다. 잘못 없는 유죄성! 마치 결코 일어나지 않았던 과거 속 타인을 알기 전 내가 그와 관계가 있었던 것처럼. 유죄성 없는 이 책임은 매우 중요하다. 타인이 내게 항상 어떤 것이었던 것처럼, 그의 이방인의 처지가 명확하게 나와 관련되었던 것처럼. 나는 타인이 나와 무관하다고 윤리적으로 말할 수 없다. 정치적 질서 - 제도들과 정의는 물론 이러한 무한한 책임의 부담을 덜어준다 - 하지만 정치적 질서로부터, 좋은 정치적 질서로부터 우리는 아직 책임이 있다. 만일 우리가 이것을 끝까지 사유한다면, 나는 타인의 죽음에 대해 책임이 있다고 말할 수 있다. 비록 내가 타인의 죽음을 없앨 수는 없지만, 그를 홀로 죽게 내버려 둘 수는 없다."[17]

세계 안에서, 나와 관련되지 않는 어떤 이조차 나를 연루시킨다. 비록 내가 타인의 죽음에 대해 아무것도 저지르지 않았다 할지라도, 나는 그의 죽음에 연루된다. 타인은 우리를 결합하는 공통의

17 François Poirié, *Emmanuel Levinas : Essai er Entretiens*, Arles, Actes Sud, 2006(2ème édition), pp. 114~115.

유(genre)에서 떨어진 한 명의 사람에 해당한다. 그는 세계에서 유일하다. 타인을 위한 책임은 단순히 친족 관계에만 한정되지 않는다. 내가 살해를 저지르지 않았다는 느낌은 따라서 타인의 죽음에 대한 책임 안에서 나를 자유롭게 해 주지 못한다. 왜냐하면, 나는 윤리적 관계 안에서 타인과 엮여있기 때문이다. "주체에게 발생하는 우연한 일이 아닌 그러나 주체 안에서 존재의 본질을 선행하는 타인을 위한 책임은 타인을 위해 약속했을 자유를 기다리지 않았다. 나는 아무것도 하지 않았는데 나는 항상 문제가 되었다."[18] 살인은 단지 칼로 상대의 가슴을 찌르는 것만을 의미하지 않는다. 살해의 방식은 다양하다. 양심에 거스르지 않는 일상적인 살인, 악의 없이 행해진 살인[19], 등등. 현대의 글로벌 자본주의는 모든 형태의 살해를 심화시키고 있다. 즉, 글로벌 자본주의는 지구 전체에 부동의 실질적 지배를 가지면서 자본주의라는 하나의 전체적 구조 안에 전 지구인을 포섭하고 용해하고 있다. 타인을 굴복시키는 방식으로. 이 체제는 세계 곳곳에 성공적으로 안착했다. 그런데, 글로벌 자본주의는 빈부의 격차를 특히 부추기고 있다. 만약 절대적으

18 Emmanuel Levinas, *Autrement qu'être ou au-delà de l'essence*, Le Livre de Poche, coll. 《Biblio》, 2013, p. 180. (이하 *AE*) / 『존재와 달리 또는 존재성을 넘어』, 문성원 옮김, 그린비, 2021, p. 248. (이하 『존재와 달리』)

19 우리가 일상 생활에서 악의 없이 소비하는 우라늄, 석유, 다이아몬드, 고급 원목, 희소금속, 카카오, 커피, 바나나, 금, 석탄, 알루미늄, 가스, 등은 멀리 있는 타인의 죽음을 야기시킨다.

로 허약한 자, 절대적으로 가난한 자인 타인의 얼굴을 위한 책임이 배고픈 사람을 먹이고 헐벗은 사람을 입히고 재우는 것에서부터 출발한다면, 글로벌 자본주의는 반대로 나를 나 자신에게 몰두하게 하고 존재 안에 지속하게 하고 내 몫의 소유를 놓지 않게 한다. 예를 들어, "세계 인구의 1%가 부(富)의 46%를 소유하고 있다. (…) 그리고, 세계 인구의 10%가 부의 86%를 소유하고 있다. 세계 인구의 50%는 아무것도 소유하고 있지 않다."[20] 산술적으로 둘 중의 한 명은 극단적인 빈곤층이다. 즉, 나와 마주한 타인이 바로 그 빈곤층이다. 이 타인은 전적으로 모든 위협과 위험에 노출되어 있다. 타인의 가난은 근본적으로 극단적인 연약함과 간청을 불러일으킨다. 그의 지극한 연약함 때문에 그는 간청하지 않을 수 없다. 하지만 "세계의 일반론적 관점, 강압적이고 충족된 자본주의적 세계화에 따르면 이들은 존재하지 않는 것과 마찬가지이다."[21] 나는 그의 존재 자체를 무시하고 그와 같은 처지로 추락할까봐 가슴 졸이지 않았는가? 그의 호소가 - 너는 죽이지 않을 것이다 - 나에게 닿지 않기를 바라지 않았는가? 타인은 절대 나와 같은 층위에 있지 않다. 그렇다고 낮은 층위에 있는 것은 아니다. 그의 가난은 "마치

---

20 알랭 바디우, 『우리의 병은 오래전에 시작되었다』, 이승재 옮김, 자음과 모음, 2016, pp. 41~42.

21 Ibid., p. 46.

스승이 내게 말하듯", 오히려 "높음(hauteur)"과 "상승(élévation)"[22]
의 차원을 계시한다.

　나는 내 앞의 타인에게서, 레비나스가 말한 "가난한 자, 이방
인, 과부, 고아의 얼굴"[23]을 본다. 우선, 그들은 나의 직접적인 물
질적 도움 없이는 늘 불안정한 그들의 삶 때문에 그들의 모든 가능
성을 포기할 수밖에 없는 형편이다. 게다가, 그들을 소외, 비참, 불
평등, 편견, 체념, 분노, 자살로 모는 사회적 분위기는 그들에게 현
세보다는 내세에 의지하도록 만든다. 따라서 가난한 자, 이방인,
과부, 고아의 모습을 통해 나타나는 타인과 대면한 자아는, 그가
무슨 행동을 하였든, 내 안에서 시작하지 않은 책임에 강제된다.
예를 들어, 그들은 모두 굶주리는 자들이다. 굶주림은 결핍이다.
결핍은 도덕을 갉아먹고, 마침내 삶을 집어삼킨다. 마치 "쇠에서
생긴 녹이 도리어 그 쇠를 삭히는 것처럼"[24] 물질성에 의존하지 않
는 어떠한 음악, 어떠한 아름다운 말도 굶주림을 달래 줄 수는 없
다. 다른 사람의 굶주림은 나의 충만과 포만에 대해 유죄를 선고한
다. 즉, 나는 타인의 굶주림에 의해 기소당한다. 따라서, 나는 '세
계의 무게'[25]를 짊어지지 않을 수 없게 된다. "'나'라고 말하는 존

22　*EI*, p. 83. /『윤리와 무한』, p. 98.

23　*TI*, p. 281. /『전체성과 무한』, p. 378.

24　법구(엮은이),『법구경』, 한명숙 옮김, 홍익출판사, 2005, p. 213.

25　"자기(Soi)는 아래에-놓인다(Sub-jectum). 그는 세계의 무게 아래에 있다 - 모든 것에 책임

재가 아니라면, 요컨대 누가 타자들의 고통을 책임지겠는가?"[26] '나'는 나 자신의 존재 안(內) 보존의 충만함이, 나의 충만한 실존이 타인의 고유한 실존을, 타인의 고유한 삶을 위협하는 것은 아닌지 자문해 보아야 한다. 왜냐하면, 나의 소유, 나의 향유는 누군가의 결핍, 불행이기 때문이다. 이것은 그의 몫, 그의 차례에 대한 나의 찬탈(usurpation)일 수 있다.

나는 죽을 수밖에 없다. 그리고 나 또한 빈곤에 빠질 수 있다. 타인이 유일한 것처럼 나도 유일하다. 논리적으로 A가 B의 타자이면, B는 A의 타자이다. 내가 타인의 삶에 대해 책임을 져야 한다면, 타인 또한 나의 삶에 대해 책임을 질 것이다. "그 누군가에 대해 책임이 있는 내가 사람들 사이에서 살아가면서 또한 그 누군가의 책임의 대상이기도 하다는 점에서 상호성은 종적(種的)으로 항상 존립하고 있다."[27] 즉, "우리는 상호주관성 안에, 상호인격성(inter-personnalité) 안에 있다. 또는 이미 상호의 권리 안에 있다."[28] 타인이 나를 혼자 죽도록 내버려 두지 않는다는 것이 얼마나 다행인가!

이 있다. ", *AE*, p. 183. / 『존재와 달리』, p. 252.

26　*DL*, p. 120.

27　한스 요나스, 『책임의 원칙 : 기술 시대의 생태학적 윤리』, 이진우 옮김, 서광사, 2010, p. 179.

28　Gérard Bensussan, *Éthique et expérience : Levinas politique*, Strasbourg, La Phocide, 2008, p. 65.

모든 상호성, 모든 가역성, 모든 법 앞의 평등성에 의해, 나는 상호적으로 타인에게 응답해야 하는 나의 의무를 되돌려줄 수 있다. 우리는 공통의 안전과 집단적인 위험의 사태 속에서 모두 상호적이 된다. 하지만, 여기서 생겨나는 모든 책임은 단지 공통의 계획의 성공을 목표로 할 뿐이다.

2. 책임과 대신함

사실, 레비나스가 무한의 이념으로부터 사유하는 타자의 타자성은 상호적 관계 안에서 절대 예측되지 않는다. 얼굴의 타자성 안에서, 타자성 자체인 타인 안에서, 타자로서 나-자신의 타자성은 없다. "나는 타인이 나를 책임질 수 있게 될 의미에서 타인의 타자로서 나를 간주해서는 안 된다."[29] 대면 안에서, 타자를 위함은 쌍방적이 아닌 일방적이다. 만일 나-타인의 관계가 상호적이라면, 이 관계는 형식적일 것이다. 형식주의는 나와 타자의 관계에 윤리적 차원을 주도록 허락하지 않는다. 일방적인 의무의 부담이 없다면 형식적인 동등과 다름이 없다. 따라서 타인의 타자성은 절대 상호적 관계로부터 유래할 수 없다.

---

29 Agata Zielinski, *Levinas : La responsabilité est sans pourquoi*, Paris, PUF, 2004, p. 115.

　　윤리적 대면의 관계 안에서, 타인과 나는 상호 개인적인 단순한 관계 또는 교환 가능한 두 명의 동등한 개인이 아니다. 게다가, 타인은 동일한 유의 한 개체가 아니다. "나와 타인은 대체 가능하고 교대로 경험할 수 있는 위치에 있지 않다. 각자는 연달아 그리고 동등하게 타자의 역할을 맡을 수 없다."[30] "타인으로서 타인은 타아(他我)조차 아니다. 타인은 자아, 나가 아닌 것이다. 자아, 나는 강하지만 타인은 약하다."[31] 이방인, 가난한 자, 과부, 고아의 모습을 통해 나타나는 타인은 나의 힘 또는 나의 책임을 공유하지 않는다. 나는 타자를 위해서 있고 타자는 항상 나를 앞선다. 보통, 나는 나 자신이 한 것에 대해서만 책임을 진다. 하지만, 레비나스가 말하는 책임은 다른 사람을 위한 책임이다. "타자가 나에 대해 의무로써 갖는 것, 이것은 그의 문제(affire)이다. 이것은 나의 문제가 아니다."[32] 타인을 위한 책임은 나의 결정과 나의 약속 안에서 시작되지 않는다. 타인을 위한 나의 책임은 내 앞에 오는 자에게 적용된다. 이 책임은 세계에 유일한 것으로서 누군가에게 이르는 것이다. 책임의 관계 안에서, 나와 타인은 고유해지고 유일한 것의 사유를 구성하게 한다. 유일한 것의 사유, 이것은 "일자(一者)에서 타

30　Gérard Bensussan, *Éthique et expérience : Levinas politique*, op. cit., p. 13.

31　Emmanuel Levinas, *De l'existence à l'existant*, Paris, Vrin, 1993, p. 162. / 『존재에서 존재자로』, 서동욱 옮김, 민음사, 2003, p. 161.

32　François Poirié, *Emmanuel Levinas : Essai er Entretiens*, op. cit., p. 116.

자로 가는 경우에만 구체적이고 본래적이다. (…) 책임은 일자에
서 타자로의 초월이고 유일한 것에서 유일한 것으로 가는 관계의
새로움이다. 책임은 실제로 양도할 수 없다. 책임의 자아는 더 이
상 자기와 가장 가까이 있지 않다. 그러나 첫 번째로 부름 받는다.
선출된 자로서 유일하다. 어느 누구도 그의 책임을 대신할 수 없
을 것이고 그의 책임으로부터 자유롭게 될(absoudre) 수 없을 것이
다."[33]

   "이 자아, 이 '나'의 유일성은 그것의 본성 또는 성격의 유일
한 특성(trait)에 기인하지 않는다."[34] 자아의 유일성, 이것은 내가
타인 앞에서 책임을 져야만 하고 어느 누구도 내 자리에서 책임을
떠맡을 수 없고 타인의 과오(過誤) 마저 내가 책임져야 한다는 사실
이다. 타인을 위한 일자(l'un-pour-l'autre)로서 타인을 위한 책임을 피
할 수 없는 자아는 자기 보존(conatus essendi)의 원초적 본질을 갖는
주체의 개념을 뒤집는다. 주체는 본래 타인을 위해 있지 않다. 그
러므로 주체는 타인을 대신해 죽을 선한 의지를 갖고 있지 않다.
그럼에도 불구하고, 내 의지에 반하는 타인을 위한 책임이 내 안
에서 어떻게 일어나는가? "의지의 결정과는 다르게, 선택의 현재
에서 시작하는 의식의 행위와는 다르게 (…) 주체 안에 선함(bonté),

---

33   Emmanuel Levinas, "La vocation de l'autre", *racismes : L'autre et son visage*, ed.
Emmanuel Hirsch, Paris, Cerf, 1988, p. 95.

34   *AE*, p. 218. / 『존재와 달리』, p. 300.

무-원리(an-archie) 그 자체가 있다. 내 안의 모든 자유에 앞선, 그러나 또한 자유의 반대일 내 안의 폭력을 선행하는 타자의 자유를 위한 책임으로서"[35] 타인을 위한 희생의 가능성을 존재 사건에서 보는 것은 사실 대단히 어렵다. 그러나 존재 안에서 유지하는 존재의 딱딱한 껍질을 깨뜨리고 타인을 만나는 선함의 가능성이 있다. 즉, 타인의 죽음과 벌거벗은 얼굴의 발견은 우리 인간성 근본의 발견이고 타인과의 만남 속 선함의 발견이다. "선(善)의 선함은 욕망할 수 있는 것으로서의 선과 떼어놓기 위해 선의 선함이 소환하는 운동을 기울게 하고 타인을 향해 방향을 돌린다 - 오직 선함을 향해"[36] 인간의 진실한 인간성은 자기보존을 문제시하면서 타인을 내 앞에 지나가게 한다. 타인을 위한 책임은 따라서 선의 경험이고, 선함의 의미 자체이다. 물론, 선함의 행위는 종종 언짢다. 왜냐하면, 이것은 우선 나에게 이득이 되지 않고 선한 행위가 반드시 좋은 결말로 결론 내려지지 않기 때문이다. 하지만, 그렇다고, 우리는 선하지 말라고 할 수는 없다.[37] 한 사람과 다른 한 사람과의

---

35 *AE*, p. 216. / 『존재와 달리』, p. 298.

36 Emmanuel Levinas, *Dieu, la mort et le temps*, Le Livre de Poche, coll. 《Biblio》, 2006, p. 257. (이하 *DMT*) / 『신, 죽음 그리고 시간』, 김도형·문성원·손영창, 그린비, 2013, p. 335. (이하 『신, 죽음, 시간』)

37 "선하다는 것, 이것은 존재 안에서 결손이고 쇠약이고 어리석음이다 - 이것은 존재 저편에서는 탁월함이고 높음이다. 의미하는 바는 윤리가 존재의 한 계기가 아니라, 존재와 다르게 그리고 존재보다 더 나음(mieux)이라는 것이다.", *DMT*, p. 257. / 『신, 죽음, 시간』, p. 336.

관계 안에서, 타자를-위한-일자 안에서, 나는 이미 대체 불가하고 부정할 수 없는 책임 안에서 선출된 유일한 자로서 깨어났다. 선은 유일한 것을 선출하고 요구한다. 책임 있는 자아의 유일성은 따라서 선에 의해 지명된다. 즉, "선은 내가 선을 선택하기 전에 나를 선택했다."[38] 나는 선을 맞아들이기 전에 선에 의해 선출된다.

'나는 선출된다.' 이것은 선에 의한 자아의 지명이다. 레비나스는 책임 속 나의 유일성을 선출(élection)이라고 부른다. 우리는 여기서 선출이 하나의 특권이라고 오해해서는 안 된다. "왜냐하면, 선출은 우월함의 인정도 명예직으로의 진급도 아니기 때문이다."[39] 선출은 책임의 양도할 수 없는 특징, 즉 나에게 요청된 책임의 과잉(surplus)을 나타낸다. "도스토예프스키의 『카라마조프가의 형제들』에서 한 인물은 이웃과 타자를 위한 그리고 회피하거나 대체하는 불가능성을 위한 책임 속 '나' 또는 유일자의 '본래적 구성'을 나타내는 말을 한다. '우리 모두는 모든 죄지은 자에 대해 존재한다. 그리고 나는 누구보다 더 그렇다.' 회피의 불가능성은 속박이 아닌 선출이다."[40] 나를 타인에 대해 책임지는 자로서 선출하

---

38 *AE*, p. 25. / 『존재와 달리』, p. 33.

39 Alain Tornay, *L'oubli du Bien : La réponse de Lévinas*, Genève, Editions Slatkine, 1999, p. 190.

40 Augusto Ponzio, *Sujet et Altérité sur Emmanuel Levinas suivi de Deux dialogue avec Emmanuel Lévinas*, Paris, L'Harmattan, 1996, p. 144.

는 선출은 개별화의 개념을 대신한다. 다시 말해, 책임이 곧 개별화이고 개별화의 원리이다. 타인과 나, 우리는 동일한 유, 공통의 유의 표본이 아니다. 레비나스는 타인을 위한 책임에 의한 개별화를 주장한다. 책임 안에서 선출에 의한 나의 개체화가 있다. 회피하기 어려울 이 전유적인 선출에 의해 나는 책임을 다른 사람에게 양도하거나 전가할 수 없다. 예를 들어, "자기를 선정한 약속에, 우리는 대체자(remplaçant)를 보내지 않는다."[41] 나는 응답할 수 있을 유일한, 대체될 수 없는 유일한 자이다. 만약 내가 회피한다면, 마찬가지로 회피할 수 있을 다른 사람에게 책임이 부과될 것이다. 내가 누군가에게 떠넘기는 이러한 책임은 더 이상 책임이 아닐 것이다.

　　타인은 호명하고 나는 호명된다. 나는 여하튼 부름을 듣지 않을 수 없다. 그러나 나는 잠자코 있을 수 있다. 즉, 나는 응답할 수 있거나 응답하지 않을 수 있다. 이것은 선택의 문제인가? 나는 '무관심하지 말라'는 호소에 팔짱만 낀 채 있을 수 있는가? 나는 해야 할 바를 하지 않을 수 있는가? "사실, 레비나스가 말한 것처럼, 응답은 물음에 선행한다. 자율적 결정에 기인하지 않는 행위는 질문의 전개를 개시(開示)한다(engager). 응답해야만 함은 내가 응답했던 또는 응답하지 않았던 이유에 대해 내가 제기할 수 있는 물음 훨씬

41　Alain Tornay, *L'oubli du Bien : La réponse de Lévinas*, op. cit., p. 191.

이전의, 태곳적, 매우 먼 곳에서 온다."[42] 타인으로부터 내게 오는 책임은, 내 뜻을 거스름에도 불구하고, 나의 자유 저편에서 내가 직접 선출되기 이전(以前) 선에 의한 선출, 소환이다. "나는 오래전부터 회피가 가능할 속셈, 불가사의한 모든 잔재가 사라지는, 그늘 없이 쨍쨍 내리쬐는 태양 아래 있는 것 같은 책임의 소환에 노출되었다."[43]

개별화, 나의 유일성, 이것은 양도할 수 없는 책임, 회피 불가능한 책임을 의미한다. 나를 보는 얼굴은 내가 한 것 이상의 모든 책임의 부담을 내게 지운다. 즉, 내가 원하지 않았던 것조차 나의 책임이 된다. "나는 모든 타자들과 타자들의 모든 것에 대해 책임지는, 심지어 그들의 책임에도 책임지는, 전적인 책임에 대해 책임이 있다. 자아는 항상 모든 타자들보다 더 많은 책임을 갖는다."[44] 대면 안에서 타인과 나는 동일하게 임명된 그리고 동일하게 능동적인 두 주체가 아니다. 나는 확실히 타자가 아니고 타자는 절대 내가 될 수 없다. 나는 대체할 수 없음을 부여받는다. 타인과 나 사이에는 애초부터 근본적인 불평등이 있다. 레비나스는 이 구조적 차이를 비대칭이라고 부른다. 비대칭의 관념은 동일한 층위에 있지 않은 자아와 타인의 관계를 생각하는 가장 중요한 방식이다. 레

---

42 Gérard Bensussan, *Éthique et expérience : Levinas politique*, op. cit., p. 16.

43 *AE*, p. 227. / 『존재와 달리』, p. 314.

44 *EI*, p. 95. / 『윤리와 무한』, p. 113.

비나스에게서, 비대칭은 근본적으로 윤리적 관계의 특징을 이룬
다. 윤리적 관계 안에서, 비대칭은 나를 온전히 나를 위해 존재하
도록 두지 않고 나를 신경쓰지 않고 나의 모든 노력을 타인을 향해
기울이게 한다. 비록 내가 타인을 위해 구체적으로 무엇을 해야 할
지 모를지라도, 그를 책임지는 것은 나이고 누구도 나의 책임을 가
로막을 수 없다. 왜냐하면, 책임은 오로지 나에게만 부과되고 내가
하는 것은 누구도 나 대신 그것을 할 수 없기 때문이다. 여기에서
상호성은 있을 수 없다. 관계는 항상 비-상호적이다. 더 정확히는,
비대칭적이다. 비대칭성만이 윤리적이다. 비대칭성은 하나의 사적
인간과 또 다른 사적 인간 둘 사이의 깊은 불평등적 윤리의 핵심이
다. 만일 비대칭성이 잊히고 고려되지 않고 수정된다면, 둘의 관계
는 더 이상 윤리 안에 있지 않게 된다. 인간적인 것의 인간성은 정
말이지 극단적이고 불공정한 이 비대칭성의 비인간적인 원리 안에
서 그 가능성을 열어 보여 줄 것이다.[45]

　　타인과 나 사이에 수립된 비대칭성 안에서, "나는 타인에게
예속(sujétion)되어 있다."[46] 그리고 타인을 위한 자아는 타인을 대
신하기까지 나아간다. 즉, 대신하기는 타인의 잘못을 책임지고 부
담하며 내가 저지르지 않았던, 내 안에서 시작하지 않았던 잘못들

45　"반-인간주의는 인간주의가 충분히 인간적이지 않은 한에서 옳다. 사실, 오직 인간적인
것은 '다른 사람'의 인간주의(humanisme)뿐이다.", *DMT*, p. 213. / 『신, 죽음, 시간』, p. 276.

46　*EI*, p. 95. / 『윤리와 무한』, p. 112.

을 참회하고 벌을 받기까지 한다. 더 엄밀하게, "대신함은 내가 누구를 동정할 때 그렇게 하듯이 '나를 어떤 사람의 자리에 두는' 것이 아니다. 대신함은 속죄의 방식으로 타인을 위해 고통당함을 뜻한다."[47] 대신함의 개념 역시 책임의 개념에 연결되어 있다. 대신함은 다른 사람의 자리에 놓이는 것으로, 다른 사람과의 공유된 슬픔의 느낌에 놓이는 것으로 귀착되지 않는다. 이것은 나의 존재 사건을 희생하면서, 다른 사람을 대신해서 죽기까지 그를 대신하는 것이다. 내가 그의 삶의 무게를 나의 죽음으로까지 짊어질 때, 내가 그를 위해 죽을 준비가 되어 있을 때, 존재론의 의미가 뒤집히면서 타인을 위한 책임이 분출된다.

대신함은 책임의 궁극적 단계이면서 동시에 책임의 과도한 부담일 것이다. 하지만, 나의 의무를 넘어서 파산의 지점으로까지 나를 밀어붙이는 타인이 왜 나와 연관되는가? 나는 이에 반감을 가질 수 없는가? 타인을 위한 책임이 자유롭게 취할 수 있는 선택 또는 결정에서 기인하지 않는 것처럼, 대신함도 어떠한 자발적인 것을 갖지 않는다. 선택이 없는 경우에만 실행될 수 있는 책임, 자기-자신으로부터 빠져나가는 경우에만 가능한 대신함, 이것은 "능동성과 수동성의 이편에"[48] 있다. 타자를 위함은 나에게 떠맡겨진 타자를 위하는 무한책임이다. 즉, 타자를-위한-일자는 타자를 그에 대

---

47 *DMT*, pp. 211~212. / 『신, 죽음, 시간』, p. 274.

48 *AE*, p. 183. / 『존재와 달리』, p. 252.

한 볼모(otage)로서까지 대신한다. 대신함은 내가 타자의 볼모가 되기까지 몰아세워지는 한에서만 의미를 갖는다. "책임이 그치지 않는 대신함은 따라서 존재와 다르게 머문다."[49] 존재와 다르게 자기가 된다는 것, 이것은 존재들 사이의 한 존재가 아님을 의미한다. 이것은 여전히 '존재함'으로 '다르게 존재함'과는 같지 않다.

선출을 통한 타자를-위한-일자는 존재와 다르게 존재하고 이것은 탈-존재-사건이고 전적인 무상(gratuité)이다. 자아는 따라서 "타인을 위한 모든 희생의 가능성"[50]까지 고려하면서 볼모가 되기를 자처한다. 왜냐하면, 무한한 책임은 대체할 수 없는 볼모로서의 주체성을 요구하기 때문이다. 타자들의 볼모인 것은 유일하고 선택된 나이다. 내가 나-자신인 것은 이러한 대신함 속에서이다. 사실, 타인의 볼모이기까지 타인을 위한 대신함은 자기 자신에 근거한 자기의식 안에서는 이해할 수 없는 개념이다. 타인의 볼모가 되기까지 대신함은 존재론이 성립되는 한계들을 벗어난다. 자아는 그의 동일성을 더 이상 그의 할 수 있음(pouvoir)의 주도권으로부터 얻지 못한다. 동일성은 대신함 속에서 전도되고, 타인에 의해 지정된 자아는 존재로부터 분리된다. 대신함은 자아의 본질을 '타인을 위함'에 놓는다. 그때부터, 타인을 위한 자아의 주체성은 타인을 감당하고, 자기로의 회귀 없이, 타인을 위해 속죄하는 데에 있다.

---

49 *DMT*, p. 218. / 『신, 죽음, 시간』, p. 282.

50 *AE*, p. 182. / 『존재와 달리』, p. 250.

"이미 주체의 지위는 폐-위(dé-position)이다. 자기보존이 아닌, 곧장 볼모의 대신함이다. (…) 주체의 탈-실체화, 탈-물화(dé-réification), 탈존재사건, 예속, 여기까지 주체성을 사유해야 한다."[51]

　　어떠한 상황에서도, 나는 타인에 대해 책임이 있는가? 그가 나를 괴롭힐 때조차도, 그가 나를 박해할 때조차도? 레비나스는 '그렇다'고 대답한다. 우리는 이미, 레비나스를 통해, 우리가 했던 것에 대해서만 책임이 있다고 주장하는 것은 잘못이라는 것을 보았다. 나는 처음부터 나의 행동 때문에 책임을 지는 것이 아니라, 나의 행위 또는 나의 선택 이전의 모든 가능성에 앞서는 타인과의 관계에 대해 책임이 있다. 박해 역시 "내가 직접 행한 행위가 근거가 되지 않고서도 일어나는 바로 그것이다."[52] 만일 박해가 정당한 사유 없이 내게 저질러진 그의 잘못이라면, 나는 그의 잘못에 대해서도 책임이 있다. 즉, 나는 내가 겪는 박해에 대해서, 나의 박해자에 대해서 책임이 있다. "박해 속에서, 타자에 의해 가해진 모욕으로부터 나에 의한 그의 잘못의 속죄에로"[53] 이행이 일어난다. 레비나스가 말하는 책임은 '크레센도(crescendo)의 단계들'처럼 궁극적으로 도를 벗어난 책임의 극단적인 선언에 이른다. 내가 세계를 떠

51　*AE*, p. 202. /『존재와 달리』, p. 278.

52　주디스 버틀러, 『윤리적 폭력 비판 : 자기 자신을 설명하기』, 양효실 옮김, 인간사랑, 2013, p. 149.

53　*AE*, p. 187. /『존재와 달리』, p. 257.

받치는 '첫 번째 사람'인 한에서, 내가 감당하지 못할 조건 혹은 책임은 없다.

　　이것은 강박[사로잡힘](obsession)의 책임이다. "강박은 박해이다."[54] 전-근원적인 촉발(affection)에 의한 타인의 지배가 내게 행사된다. 나는 타인이 한 행동에 전적으로 종속되고, 책임은 나를 타인과의 관계 안으로 끌어들인다. 박해를 받는 자는 그의 동의 없이 자신의 자리에서 배제되고 비-장소 안으로 내몰린다. 그는 이처럼 일방적인 방식으로 취급된다. 하지만 어떻게 그는 박해의 괴로움을 겪기를 허락하는가? "박해는 여기서 광기가 되는 의식의 내용을 구성하지 않는다. 박해는 자아가 관계하는(s'affecter) 의식의 부재(défection)인 형태를 가리킨다. 이러한 의식의 전도는 확실히 수동성이다. 하지만, 모든 수동성 이편의 수동성 그리고 겪음(le subir)이 항상 또한 떠맡음(un assumer)인 지향성의 표현과는 전적으로 다른 표현으로 정의되는 수동성이다. 즉, 항상 앞선 그리고 동의된 경험, 이미 기원이고 원리(άρχή)인 것이다."[55] 타자의 강박, 박해 아래서 나의 유일성은 대신함이 취하는 형식과 유사하다. 나의 결백에도 불구하고 기소당한 자아는 내 밖의 타자에 의해 영향을 받는다. 즉, 타자와의 윤리적 관계 안에서, 침해할 수 없는 주체의 동일성은 타자를 위한 책임을 통해 명료해진다. 대신함, 볼모, 박해로

54　*AE*, p. 160. / 『존재와 달리』, p. 219.

55　*AE*, p. 160. / 『존재와 달리』, p. 219.

의 노출, 이 모든 것은 잘못을 저지름이 없이 유죄인 특징을 갖는다. 이것은 "원죄가 아닌, 모든 죄보다 더 오래된 보편적 책임의 - 타자를 위한 책임의 - 이면(裏面)이다. 비가시적인 보편성, 그것이다! 자아가 이러한 선출을 받아들이기 위해 자유로워지기 이전에 자아를 위치시키는 선출의 이면이다."[56] 그렇더라도, 자기방어 없이, 자신의 의지와 상관없이 엄습하는 타자에 의한 '겪음'이 책임의 정도를 증가시킨다는 것을 어떻게 이해할 수 있는가? 타자를 위한 책임이 강박의 무제한적 수동성에 의한 것이 아니라면, 책임을 행위와 분리시킬 수 없다면, 타자에 의해 가해지는 모든 폭력은 그 안에 '되돌려줌'을 내포할 것이다. 만일 나에게 주어진 선택권이 있다면, 나는 내 것을 지키기 위해 무엇이든 할 준비가 되어 있다. 비록 이것이 끔찍한 결과를 초래할지라도 말이다. 만일 인류의 역사가 전쟁의 역사라고 해도 과언이 아니라면, 이것은 나의 무차별한 행위, 예를 들어, 방어를 위한 공격, 공격을 위한 공격을 정당화시켜주는 '나를 위함' 때문일 것이다. 그러나, 만일 자아가 물질에 종속되는 것이 아닌, 박해와 볼모로서 대신함의 명령에 종속된다면, 자아는 자아 안에 고정되는 것에 이르지 않을 것이다. 나로 존재하기 위한 인간 존재의 폭력 또는 투쟁은 "우리가 버릴 수 없는, 우리가 종국에는 주체의 이름으로 해소할 수 없는 신체적 상처받을 수 있음, 그러나 우리 중 어느 누구도 완전히 규정되지 않고 철저히 구분되지 않은, 오히려 우리가 신체 안에서 서로 손이 미치는 곳에, 서로에 좌우되어 제공되는 것을 이해할 방식일 수 있는 신체적 상처받을 수 있음을 규정한다. 이것은 우리가 선택할 수 없는 상황이다. 상황은 선택의 지평을 형성하고 우리의 책임을 설립한다. 이런 의미에서, 우리가 책임지는 것이 아닌, 책임이 우리가 우리의 책임을 떠안는 조건들을 만든다."[57] 다시 말해, 우리는 책임의 상황에 내몰리는 것이 아니라, 책임의 상황이 우리를 끌어들이는 것이다. 이것은 내가 꼭 기차선로에 떨어진 아이를 구해야 한다는 것이 아니라, 회피와 주저함 없이, 기차선로에 떨어진 아이를 구해야 하는 사람이 '나'라는 것이다. 나의 책임은 책임의 떠맡음에 따라 확장된다. 내 앞에 놓여진 책임의 조건이 어려울수록 나의 책임의 의무는 박해자에 대해서도 책임을 지기까지 무한히 확장될 수 있다.[58]

---

[57]   주디스 버틀러, 『윤리적 폭력 비판 : 자기 자신을 설명하기』, 양효실 옮김, 인간사랑, 2013, p. 175.

[58]   "나의 책임은 다른 사람이 가질 수 있을 책임으로까지 확장된다. 나는 항상 타인보다 더 책임이 있다. 왜냐하면, 그의 책임에 대해 나는 여전히 책임이 있기 때문이다. 그리고 만일 그가 나의 책임에 대해 책임이 있다면, 나는 그가 나의 책임에 대해 갖는 책임에 대해서도 여전히 책임이 있다. en ladavar sof, '이것은 절대 끝나지 않을 것이다'. 무한에서, 모두를 위한 모두에게 인정받은 책임의 뒤편에서, 나는 이 책임에 대해 여전히 책임이 있다는 사실이 솟아오른다.", Emmanuel Levinas, *L'au-delà du verset : Lectures et discours talmudiques*, Paris, Les Éditions de Minut, 1982, p. 106.

3. 무제한적 책임에 대한 쟁론

타자에 대해 책임을 지는 것, 이것은 타자의 호소에 응답하는 것이다. 응답은, 비록 타자를 위한 대체할 수 없는 나의 책임의 유일성이 책임을 회피하고 면할 수 없게 할지라도, 법적인 강제성을 띠는 것은 아니다. 왜냐하면, 이것은 윤리적 응답으로써 복종의 명령이 아니기 때문이다. "윤리적 응답은 복종의 명령이 전혀 아니라는 것을 주장해야만 한다. 우리는 법, 제도, 상관(上官), 지위에 복종한다. 차별을 두어선 안 되는 한 사람에게 우리는 절대 복종하지 않는다. (…) 윤리적 책임은 규범의 제한들과 규정의 틀이 응답하는 주체에 의해 원해지지 않고서 초과되어야만 하는 상황의 유형을 묘사한다."[59] 우리가 호소와 비슷한 어떤 것을 들었을 때, 우리는 호소에 저항할 수도 있고 응답할 수도 있다. 그런데, 수신자로서 나는 아무것도 수신하지 않을 수 없다. 나는 타자의 호소를 들을 때, 응답해야만 하는 의무를 갖는다. 나는 호소를 어떤 경우에도 호소라고 규정지을 수 없는 어떤 것과 혼동하지 않는다. 왜냐하면, 이 호소는 파악되는 것이 아니라 겪어지는 것이기 때문이다. 그런데, 나는 타자의 호소의 수신자임에도 불구하고, 타자가 나를 수신자의 심급에 위치시키는 자라는 사실을 제외하고 아무것도 알지 못한다. 왜냐하면, 내가 타자 앞에서 지적인 분석을 시도하려고

---

59   Gérard Bensussan, *Éthique et expérience : Levinas politique*, op. cit., p. 19.

하는 순간 타자는 소멸하고 나는 타자와의 관계를 잃기 때문이다. 타자는 "특징 없이, 예외적으로, 모든 축약된 연관 이전에"[60] 하나의 계시가 일어나는 것처럼 내게 온다. "만약 의미가 자기의 변증법에 속한다면, 타자의 사건은 여기서 무-의미를 띤다. 어떻게 타자가 일어날 수 있는가? 자아는 자기 안에 그것을 이해할 충분함을 갖고 있지 않다. 자아는 자신의 구성과 경험의 영역 안에서 그것을 설명하고 싶어진다. 앎에 대해서 그리고 앎에 의해서 시도된다. 하지만 타자는 앎의 불충분성, 자아 안에 그의 원인을 갖지 않는 외재성을 알린다. 타자는 어떠한 의미도 알리지 않는다. 그가 알림이다. 즉 무-의미이다."[61] 하지만 엄밀히 말해 타자가 앎 속에 그리고 자아의 전체화하는 예측 속에 들어가지 않는 것, 이것은 타자의 초월의 영역에 속한다. 그리고 "타자[타인]의 초월은 타자[타인]의 예측 불능성을 함축한다."[62] 따라서, 타자는 예측 불능성을 알린다.

타자의 예측 불능성에도 불구하고, 한 가지 확실한 점은 그의 삶이 불확실하고 죽음에 노출되어 있고 죽음에 종속되어 있다는 것이다. 반대로, 나는 타자의 죽음을 야기하는 잠재적인 폭력의

---

60 *AE*, p. 138. / 『존재와 달리』, p. 189.

61 Jean-François Lyotard, *Le différend*, Paris, Les Éditions de Minuit, coll. 《Critique》, 1983, p. 163. / 『쟁론』, 진태원 옮김, 경성대학교 출판부, 2015, p. 203.

62 Raoul Moati, *Événements Nocturnes : Essai sur Totalité et Infini*, Paris, Hermann, 2012, p. 276.

담지자일 수 있다. 나의 의도의 순수함에도 불구하고, 내가 원인일 수 있을 폭력이 있다. 나는 이러한 폭력에 대한 두려움을 갖는다. 하지만 나의 삶 또한 불확실하고 죽음에 노출되어 있고 죽음에 종속되어 있다. 그러므로, 나는 타자의 예측 불능성에 의해 더 큰 두려움을 가질 수 있지 않겠는가? 왜냐하면, 타자의 예측 불능성은 나의 모든 예측을 실패하게 하고 나를 죽음의 폭력에 노출 시킬 수 있기 때문이다. 타자가 나에게 위협일 가능성이 있다. 물론, 모든 타자들이 위협적이지는 않을 것이다. 하지만 모든 사람이 해를 끼치지 않는다고 보장할 수도 없다. 따라서 폭력이 존재의 법칙이라면, 나는 타자의 존재 자체 때문에 나의 안전, 나의 평안을 박탈당할 수 있다. 나는 타자의 침입이 달갑지만은 않다. 그렇다면, 나는 빗장을 잠근 채 선택적으로 타자를 맞아들여야 하는가? "고전적 의미에서, 자기 집에 대한 자기의 지배권 없이 환대는 없다. 하지만 유한성이 없는 환대 또한 없는 것처럼, 지배권은 선별하고 선택함으로써만 따라서 배제하고 강제함으로써만 행사될 수 있다."[63] 타자가 『아기 돼지 삼형제』의 늑대처럼 내 집의 안녕과 평화를 파괴하려는 자인지 아닌지를 살피는 것이 자아에 대한 주권 행사인가? 늑대는 돼지 삼형제를 해치려는 의도보다는 배가 고팠던 것이

---

[63] Jacques Derrida, *De l'hospitalité : Anne Dufourmantelle invite Jacques Derrida à répondre*, Paris, Calmann-Lévy, 1997, p. 53. / 『환대에 대하여』, 남수인 옮김, 동문선, 2004, pp. 89~90.

아닌가? 늑대의 본심은 그들과 함께 살고 싶었던 것이 아닐까? 불에 의한 그들의 응징은 정당한가? 돼지 삼형제가 가져다 쓴 짚, 나무, 벽돌은 본래 그들의 것이었는가? 그들이 차지한 땅 역시 본래 그들의 것이었는가? 내 편에서는, 타자를 비판적으로 구분해야 할 필요가 있을 것이다. 하지만, 그전에 우리는 존재의 권리, "환대의 권리를 기점으로 곧장 불의, 어떤 불의, 어떤 배반(parjure)이 시작한다."[64]는 것을 알아야 한다. 따라서 환대의 맞아들임은 조건적 환대가 아닌, 절대적 또는 무조건적 환대이어야 한다. 이것은 "내가 나의 집을 개방하고, 이방인(성을 가진, 이방인의 사회적 지위를 가진, 등등)뿐만 아니라 절대적인, 미지의, 익명의 타자에게 주는 것이다. 그리고 내가 그에게 기회를 주고(donne lieu), 그를 오게 하고, 그를 도래하게(arriver) 하고, 내가 그에게 제공하는 장소에, 그에게 상호성(계약의 가입)이나 이름조차 요구함이 없이, 머물게(avoir lieu)하도록 두는 것이다. 절대적 환대의 법칙은 권리의 환대, 권리로서의 법 또는 정의와 단절할 것을 명령한다."[65]

레비나스에게 타자는 오직 그의 궁핍으로부터 그를 드러낸다. 레비나스는 타자의 절대적인 환대를 위해 타자의 선·악 구분을 보류하는 듯하다. 사실, 타자가 선량한 사람인지 아닌지는 나의 관심사가 아니다. 나의 일은 타자의 얼굴 안에서 그의 궁핍을 발견하

64 Ibid., p. 53. / Ibid., p. 90.

65 Ibid., p. 29. / Ibid., pp. 70~71.

고 타자를 위해 책임지는 자로서의 선을 내 안에 두는 데에 있다. 이것은 타자의 얼굴을 맞아들임이다. 그리고 이것은 내가 나의 동일성으로부터 타자를 주제화할 수 없다는 것을 의미한다. 그의 얼굴 안에서 나타나는 궁핍을 통해 타자는 살해의 금지를 명령하는 스승의 지위와 동시에 가난한 자의 지위를 가질 뿐이다. 그럼에도 불구하고, 그는 항상 나보다 높이 있다. 왜냐하면, 그는 나에게 요구를 하는 자이기 때문이다. 여기에, 타자의 얼굴에 의한 불러세움(interpellation)의 폭력이 있다. 타자는 스승의 역할을 하고 나를 그의 책임에 지정하기 위해 그의 볼모로 삼는다. 하지만, 나는 '너는 살인을 하지 않을 것이다'를 제외하고, "타자가 원하는 것, 심지어 타자가 어떤 것을 원하는지조차"[66] 모른다. 그럼에도 나는 그에게 직접적으로 의무가 있다. 이것은 타자와의 윤리적 관계 안에서만 가능하다. 윤리적 관점에서, 타자와의 관계는 상관적인 매개들에 의해 경유하지 않는다. 그리고 "윤리는 숙고해서(contempler) 이해할 수 있는 의미가 아니다. 윤리는 자아의 안일함으로부터 자아를 꺼내면서 자아에 과해지는 명령/질서(ordre)이다."[67] 게다가, 윤리적 책임은 내 안에서 일어나지 않은 그의 잘못, 그의 책임에 대한 책임이다. 따라서 나는 타자의 호소를 외면할 수 없다. 나는 나를 부르는 그의 호소에 응답해야만 한다. 왜냐하면, 내가 듣는 그의

---

66   Jean-François Lyotard, *Le différend*, op. cit., p. 164. /『쟁론』, op. cit., p. 203.

67   Alain Tornay, *L'oubli du Bien : La réponse de Lévinas*, op. cit., p. 164.

호소는 그의 비참한 삶의 심연으로부터 나오기 때문이다. 나는 그
가 원하는 것을 모를 수가 없다. 그에게는 우선 필요한 물질적 직
접성 안의 입히고, 먹이고, 재우는 것이 필요하다. 그러고 나서, 나
는 "책임이 수용하는 데에 따라 증가하는, 의무의 수행에 따라 의
무가 확장되는 것을 보는 책임 안에 얽매인다. 얼굴과의 관계 안에
서 자아[자기]는 항상 더 많이 맡아야 하는 책임, 더 많이 실행해야
하는 단계를 가진다."[68] 타자를 위한 나의 책임의 의무는 무한히
확장된다. 이런 의미에서, 나는 그의 요청에 적합하길 바랐던 것을
정확히 모를 수 있다. 만일 책임의 완수가 나의 의무의 끝을 의미
한다면, 레비나스에게, 책임의 완수도 나의 의무도 그 끝은 없다.

　　내게 접촉하는 타자는 모든 열림보다 더한 열림을 내게 요구
한다. 얼굴의 벌거벗음, 궁핍, 상처받을 수 있음은 내게 타자에 대
한 무한한 책임을 요청한다. 그리고 이 요청은 강박처럼 나를 사로
잡기에 이른다. 레비나스는 나의 의무 또는 나의 책임은 박해받는
상황에서조차 생겨난다고 주장한다. 이것은 정신적인 박해의 상황
은 물론 존재론적 의미의 박해의 상황에서도 마찬가지이다. 그렇
다면, 박해자에 대해 책임을 져야만 하는 나의 의무는 약한 자, 가
난한 자, 나의 희생자의 얼굴과 나치 당원의 얼굴을 결국 같게 하
는 것 아닌가? 레비나스는 고통스런 긍정적 답변을 내놓는다. 즉,

---

68   Simonne Plourde, *Emmanuel Levinas ; Altérité et responsabilité*, Paris, CERF, 1996, p.
85.

내가 책임져야 하는 얼굴이라는 의미에서 이 얼굴들은 모두 같다. "1971년에 레비나스는 박해와 책임을 고찰할 때 자신에게 홀로코스트가 어떤 의미를 갖는지를 솔직히 성찰했다. 그는 박해받음에서 책임감을 도출하는 것이, 유대인을 비롯해 나치의 학살에 희생당한 이들의 운명을 그 피해 당사자들의 탓으로 돌린 이들에게 공명하는 셈이 될 위험이 있음을 분명히 인식한다. 그러나 레비나스는 그런 관점을 명확히 거부한다. 그는 박해를 일종의 윤리적 장면, 혹은 적어도 중단될 수 없는 윤리의 차원으로 확립한다."[69] 책임은 박해에 대한 저항으로써 살해마저 저지를 수 있는 박해자에게 회부된다. 레비나스에게 윤리는 모든 얼굴의 인간화, 즉 얼굴 대 얼굴의 만남에서 출현한다. 왜냐하면, 우리는 타자의 얼굴에서 '살인하지 말라'는 명령을 들을 수 있기 때문이다. "타자의 '얼굴'에 응답해야 하는 것이 끔찍하고 불가능한 상황, 심지어 살의에 불타는 복수의 욕망이 압도해 저항할 수 없게 되는 상황이 존재한다. 그러나 타자와의 일차적이고 무의지적 관계는 우리가 주의주의(volontarisme)와 함께 자기보존을 위한 이기주의에서 초래된 충동적인 공격도 포기할 것을 요구한다. 따라서 '얼굴'은 박해자를 향한 충동적인 공격을 막은 엄청난 금제(禁制)를 전달한다."[70]

　　타자의 명령은 무조건적인가? 이것은 우리가 그의 명령이 정

---

[69]　주디스 버틀러, 『지상에서 함께 산다는 것』, 양효실 옮김, 시대의 창, 2016, pp. 89~90.

[70]　Ibid., p. 88.

의로운지 아닌지를 묻는 것이 아니다. 내가 타자의 호소를 들었을 때, 나의 어려운 처지를 고려함이 없이, 그의 요구에 나의 책임이 충분히 관련된다. 나는 시민으로서 공동체의 일원으로서 이것저것 해야 할 일이 많다. 하지만, 레비나스에 따르면, 그럼에도 불구하고, 나는 타자를 맞이하기 위해 버선발로 뛰어나가야만 한다. 더구나, 타자가 나에 비해 갖는 어떠한 우월한 처지(處地)도 책임을 유보할 조건이 되지 않는다. 얼굴을 가진 대면 안에 사로잡힌 주체로서 나는 심지어 "악의 질문에 그리고 악의 질문에 대해서"[71]조차 응답해야만 한다. 이것은 나와 타자 사이의 관계의 비대칭성에 대한 강조 때문이다. 그러나, 만약 응답이 자율적 이성에 의한 책임의 실천이라면, "타인에게 또는 타인에 대해 응답하기 위해, 우선 내가 나의 앞가림을 하고 내가 나 자신을 책임지고 (…) 그러고 나서 내가 타자들을 돌아보는 것이 적절하지 않겠는가?"[72] 나는 박해의 윤리의 옹호할 수 없음에 직면하지 않겠는가? 자율적인 이성은 자아를 타자에 전적으로 내주지 않는다. 레비나스에 따르면, 준다는 것은 "내게 소유보다 더 고유한 것을 박탈할 때만이 그것의 충만한 의미를 갖는다. (…) 주기(donner), 타자를 위해 존재하기, 자기에 반(反)하여(malgré soi), 그러나 자기를-위함(le pour-soi)을 중단하면서,

---

71 Gérard Bensussan, *Éthique et expérience : Levinas politique*, op. cit., p. 64.

72 Ibid., p. 17.

이것은 자기의 입에서 빵을 떼어내는 것이다."[73] 타자의 배고픔이 나의 굶주림보다 앞선다. 나는 타자에게 "때리는 자에게 내어준 볼처럼"[74] 나를 맡긴다. 이것은 그리스도와 같은 행동 아닌가? 현실의 일상에서는 특별한 책임과 같은 이러한 행동은 거의 가능하지 않다. 하지만 희생의 과도함으로써 '타자를 위한 죽음'은 예외적이지만 실제로 도처에서 일어나고 있다. 우리는 종종 순박한 마음속에서 위대한 선, 놀라운 선함을 본다. 예를 들어, "길가에, 지나가는 도형수(徒刑囚)에게 빵 한 조각을 주는 한 노파의 선함이 있다. 부상당한 적군에게 자신의 수통을 내미는 아군의 선함이 있다. 노인을 공경하는 젊은이의 선함, 한 늙은 유대인을 자신의 곳간에 숨겨주는 농부의 선함이 있다. [그리고] 그들 자신의 자유를 무릅쓰면서 아내와 어머니에게 보내는 수감자들의 편지를 전달하는 간수들의 선함이 있다."[75] 비인간적인 세계에서의 선함의 장면들도 있다. 우리는, 전적인 절망 속에서 그리고 가혹한 생존의 경계에서, 인간 존재에서 인간 존재로 가는 순수한 선함을 더 많이 찾을 수 있다. "패배한 한 독일군에 맞서 흥분된 한 무리 속에, 가장 적의를 품은, 가장 불행한 - 포로 집단 안에서 가장 미움을 받은 - 한 여인

---

73 *AE*, p. 94. / 『존재와 달리』, pp. 127~128.

74 *AE*, p. 83. / 『존재와 달리』, p. 112.

75 Vassili Grossman, *Vie et destin*, trad., Alexis Berelowitch avec la collaboration d'Anne Coldefy-Faucard, Le Livre de Poche, 2010, p. 546.

이 자신의 마지막 빵 한 조각을 독일군에게 준다. (…) 포로들이 동굴에서 그들을 고문했었고 살해했던 자들의 시체들을 꺼낸다."[76] 크리스마스의 기적은 1950년 흥남 철수 작전에 투입되어 피난민들을 구조하기 위해 화물과 무기를 바다에 던진 메러디스 빅토리아(Meredith Victory)호에서도 일어났었다. 기적을 행하는 자들, 선함을 행하는 자들은 그리스도의 화신인가? 그들은 우리 주변에서 흔히 볼 수 있는 평범한 인물들이 아닌가? 그들은 어떻게 그리스도가 행한 것과 같은 무상의 선함을 실천하는가? 여하튼, 그리스도도 이 땅에 다녀갔었던 한 사람이 아닌가? 따라서, 내가 그리스도가 되지 못하리란 법은 없다. "그리스도, 이것이 나이다. 나인 것, 이것은 그리스도인 것이다. (…) 그리스도, 이것은 고통을 겪는 올바름(le juste), 타자들의 고통을 책임지는 올바름이다. '나'라고 말하는 존재가 아니라면, 누가 마침내 타자들의 고통을 책임지겠는가? 타자들의 고통을 강제하는 부담에서 벗어나지 못한다는 사실은 자기성(ipséité) 자체를 규정한다. 모든 사람은 그리스도이다. 자아는 세계의 모든 고통을 걸머지는 자아로서 이러한 역할을 위해 단독으로 지시된다."[77]

비유대인들과 무신론자들에게 그리스도는 성인(聖人)으로 치환될 수 있을 것이다. 이것은 성스러움의 가치를 의미한다. 존재

---

76 François Poirié, *Emmanuel Levinas : Essai er Entretiens*, op. cit., pp. 165~166.

77 *DL*, p. 120.

의 법칙에 상반되는 성스러움의 이상은 인간성을 존재 안에 들이
는 것이다. 즉, 이것은 타자를 나보다 먼저 지나가게 하는 것이다.
레비나스의 철학이 유대적인 혹은 성서적인 근간을 이루고 그리스
적 의식과 플라톤으로부터 시작해 베르그손, 후설 그리고 하이데
거에 이르는 서양의 철학적 전통에 속해 있음에도 불구하고, 그의
철학의 종착점이자 완성은 "인간의 도래를 통한 존재와 사유의 가
장 심오한 동요로서 성스러움"[78]의 가치를 뚜렷이 드러내는 것으
로 귀결된다. 달리 말해, 그는 성스러움의 소명이 모든 인간 존재
에 의해 숭고한 가치로서 받아들여지기를 기대한다. 물론, 유대인
이 아닌 자에게, 무신론자들에게 이 문제는 외면당하거나 비판받
을 수 있다. 왜냐하면, 그가 탈무드 텍스트 안에서 찾았던 어떤 문
제 안에 예기치 않은 것, 정신의 계기, 한 문제에 대한 몇몇의 관점
이 모든 사람에게 똑같이 공명하지는 않기 때문이다. 하지만 다른
철학자들과 마찬가지로 그는 '세계의 비극적 광기'에 맞설 하나의
길을 제시할 뿐이다. 이것은 절대적 가치가 아니라 하나의 방법이
다. 따라서 우리가 반드시 레비나스의 사상에 따라야 하는 것은 아
니다. 그렇더라도 우리가 그의 가치를 최고의 우위로서 가진다면,
우리가 레비나스를 충실히 읽는다고 주장하는 자들이라면, "이것
은 우선 '끝까지'는 없다는 것을 배우는 것이다. 존재 안에 모든 입
장(position)을 이미 새로이 열면서, 타인의 얼굴 안에 계시된 무한은

---

78 *EN*, p. 258. / 『우리 사이』, p. 336.

우리를 결정적인 것으로부터 구한다."[79]

레비나스는 어떤 법칙을 가지고서 윤리를 구성하려고 하지 않는다. 그의 윤리는 윤리적 체계 없는 윤리이다. "우리는 보통 도덕법칙의 보편성, 위대한 칸트의 사상으로부터 출발한다. 이것은, 칸트에 따르면, 윤리를 이성적 법칙에, 존재하는 행위의 원칙의 보편성에, 도덕적 가치의 기준에 결합시키는 것과 관련한다."[80] 레비나스에게 윤리는 어떠한 평가에도 부합하지 않는다. 레비나스는 인간 존재는 토대를 두지 않는 윤리에 의해 시작해야만 한다고 말한다. "이것은 레비나스의 목적이 예를 들어 '(칸트의) 정언 명령'의 타당성을 부정하는 것이라고 말하고자 하는 것은 아니다. 그가 거부하는 것, 이것은 형식의 모든 관례적 양식이다. '이렇게 행동해라. 왜냐하면…' 사실, 태도의 올바름(bien)에 대해, 그가 우리에게 말하는 것, 이것은 '타자를 수단으로서가 아닌 목적으로서 대하라. 왜냐하면…'이 실패로 돌아갔음을 말하는 것이다."[81] 레비나스는 윤리에 '왜냐하면'을 덧붙이지 않는다. 타자는 우리가 이치를 따지

---

79 François-David Sebbah, *Levians : Ambiguïtés de l'altérité*, Paris, Les belles Lettres, 2003, 2e tirage, p. 82.

80 Emmanuel Levinas, "Entretien avec Emmanuel Levinas", *Répondre d'autrui : Emmanuel Levinas*, textes réunis par Jean Christophe Aeschilimann, Editions de la Baconnière, Boudry-Neuchâtel(Suisse), 1989, p. 9.

81 Hilary Putnam, *La philosophie juive comme guide de vie*, trad., Anne Le Goff, Paris, CERF, 2011, p. 104.

거나 인과관계를 캐묻는 것 같은 대상이 아니다. 타자를 위한 책임
은 절대적이어야 한다. 하지만 한편으로, 그의 윤리는 실천을 위한
어떠한 구체적인 내용도 주지 않기에 이상적이고 추상적이라는 의
견이 있다. 책임의 의무는 우선 책임의 요청에 따라, 마치 계속 올
라가는 호가(呼價)처럼, 무한히 확장된다. "이것은 어떤 이상(idéal)
의 무한한 추구를 명령하는 당위와 관련하지 않는다. 무한의 무한
성은 반대 방향으로 존속한다. 빚은 갚을수록 늘어난다."[82] 한없이
방대한 책임의 부담이 윤리에 의해 야기된 나의 행위를 방해하지
는 못할 것이다. 오히려, 책임의 결과의 불확실성이 레비나스가 말
하는 책임의 본래적 의미를 방해하고 훼손시킬 수 있다. 왜냐하면,
책임의 결과는 구체적인 행동 지침에 따라 달라질 수 있기 때문이
다. 예를 들어, 우리는 배고픈 사람에게 생선을 주거나 혹은 그에
게 생선 잡는 법을 배우게 해 줄 수 있다. 이것은 양자택일은 아니
다. 하지만 양자택일이라면, 우리는 무엇이 최선일지 선택해야 한
다. 타자에 대한 책임의 선행(善行)은 종종 사후의 결과 때문에 아무
것도 아닌 것이 되기도 한다. 그렇다면, 우리는 책임 이전에 항상
긍정적인 효과를 내기 위한 묘안을 생각해내기에 급급해야 할 것
이다. 우리는 항상 혜택의 정도, 최선의 방법, 부족한 부분, 성공의
가능성, 뜻밖의 경우를 염두해야 할 것이다. 이 같은 염두 항목을
위해 계산과 이성을 작동시키는 것은 필수적이다. 우리가 이미 잘

---

82 *AE*, pp. 26~27. / 『존재와 달리』, pp. 35~36.

알고 있듯이, 레비나스는 계산과 이성에 근거한 이타주의의 사유를 분명히 거부한다. 그가 말하는 책임은 '무조건적'이다.

타자에 대한 조건 없는, 무제한적인 책임을 짊어지기 위해, 일상에서의 마음 챙김을 준비하고 실천하도록 하는 윤리적 태도를 드높이는 것이 필요하다. 레비나스는 책임의 유형별 구체적 방법을 제시하기보다 자기-자신의 포기에 이르는 윤리적 태도를 견지하기를 요구한다. 우리의 일상은 닫힌 범주 안에서의 반복이다. 익숙한 구조들에 적응한 우리의 의식은 무사안일에 빠져있다. 타자는 이러한 원형 운동과 자기에 도취된 고립을 깨뜨리는 자로서, 우리의 삶에 "모든 자기-동일화의 이편에서 겪는 충격"[83]으로써 우리 삶에 침입한다. 타자가 우리를 부를 때, 우리는 어찌할 바를 모른 채 당황하기만 할 것인가? 나의 응답을 기다리는 타자를 빈손으로 돌려 보낼 것인가? 타자의 충격적인 도래를 맞이하기 위해 늘 마음의 힘을 축적해야 한다. 마음 챙김은 새롭고 낯선 범주들에 대해 개방적이다. 또한, 이것은 어떤 가치에 의한 맥락을 융통성 있게 조정하고 따라서 결과보다 과정을 중시한다. 가장 중요한 것은 마음 챙김이 우리의 무한한 잠재력을 일깨운다는 것이다. 마음 챙김을 통해, 타자는 더 이상 우리에게 두렵고 부담스러운 존재가 아니라는 사실을 깨달을 수 있다. 우리는 그를 위해 무엇이든 할 수 있는 마음을 가질 수 있다. 이러한 마음은 태도를 바꾸고 태도는

---

83 *AE*, p. 196. / 『존재와 달리』, p. 270.

행동에 영향을 끼친다. 타자에 의해 선출되는 주체, 주체로서의 '나'는 따라서 갑작스러운 선출에 의한 책임의 실천을 준비하기 위해 윤리적 태도를 유지해야 한다. 주체의 주체성은 상실과 무한한 열림의 윤리적 태도 안에서만 싹 틔운다.

5장

가까움과 주체성[1]

1. 가까움 : 타자와 맺어주는 구성

"레비나스에 따르면, 실제로 타자가 나를 모를지라도, 나를 무관심하게 볼지라도, 또는 나를 보지 않고 바쁘게 지나칠지라도, 타자는 나와 관련한다."[2] 비록 그가 나의 사회적 관계의 조직 안에서 오랫동안 관련된 오래된 지인 혹은 친구 또는 연인이 아님에도 불구하고, 나는 그와 관련하는가? 어떻게, 왜 나는 이러한 타자와 관련하는가? 내가 나의 행위에 책임을 져야 하는 것은 당연하다. 그렇지만, 타자의 행복, 이득, 운명 또한 나의 의무에 속하는가? 만

---

1   이 글은 필자가 2019. 12. 21. '서양근대철학회·철학문화연구소 공동 학술발표회'에서 발표한 「레비나스 : 가까움과 주체성」을 수정·보완한 것임.

2   Catherine Chalier, *Lévinas : L'utopie de l'humain*, Paris, Albin Michel, 1993, p. 100.

일 그가 나의 가족의 일원이라면, 나는 그의 곤궁, 그의 특별한 도움의 요청에 대해 나의 책임을 개입시킬 것이다. 하지만 나의 책임이 나와 동등하고 독립적인 사람들에게도 돌아가는지는 확실치 않다. 예를 들어, 나는 부모나 형제에게는 무상으로 도움을 줄 수 있지만, 호의가 절대 돌아올 리 없는 모르는 자들에게 무조건적인 무상의 도움을 주지는 않을 것이다. 물론, 모든 책임의 원형(原形)이 인간에 대한 인간의 책임이라는 의미에서, 나는 상호적으로 책임적일 것이다. 이런 관점에서, 나는 관계로 환원할 수 있는 항이고 나의 책임의 대상은 이미 존재하는 사회의 수많은 익명의 개인들에 불과하다. 이때, 나와 타자의 단수적인 정체성은 인정받지 못한다. 그러나 레비나스의 철학적 노력은 타자와의 관계, 즉 윤리적 관계가 모든 공동체 이전의, "모든 다수성에서 유리(遊離)된 그리고 집합적인 필연성 밖"[3] 유일한 것으로서 누군가에게 접근하는 것임을 보여주는 데에 있다.

하지만 얼굴은커녕 이름조차 알지 못하는 사람들 사이에서 무엇이 나를 세계에서 유일한 자로서 타자에게 가까이 가게 하는가? 어떻게 나는 타자를 무관심하지-않음으로써 돌볼 수 있는가? 마치 내가 그의 자리에서 그의 비참함을 감당해야 했었던 것처럼, 내가 타자를 위해 그의 불행과 고통을 겪는 것이 어떻게 가능한가? 나

---

3 Emmanuel Levinas, "La vocation de l'autre", *racismes : L'autre et son visage*, ed. Emmanuel Hirsch, Paris, Cerf, 1988, p. 95.

는 나의 동일성의 영역을 차지하기 위해 타자와 가까이하지 않아야만 하는 것 아닌가? 우선, 타자에 대한 의식이 타자의 모습을 드러나게 할 것이다. 그렇다면, 타자는 내가 그에 대해 갖는 앎에 의해서 나와 가까워지는가? 레비나스는 존재와 관련하여 가까움을 사유하려고 하지 않는다. "도처에서, 가까움은 존재론적으로 사유된다. 즉, 본질 안에서 지속하는 데에 있는, 내재성을 펼치는 데에 있는, 자아와 동일성 안에 머무르는 데에 있는 본질의 뜻밖의 사건(aventure)의 수행(accomplissement)에 있어 한계 또는 보충으로써 사유된다."[4] 레비나스에 따르면, "가까이 하는 것은, (…) 앎 또는 의식으로 환원되지 않는다."[5] 왜냐하면, 타자를 위한 책임은 의식을 앞서기 때문이다. 타자가 하나의 대상으로서, 나의 소유로서 이해되고 파악된다면, 이것은 자기에 대한 반성적인 운동 속, 자기의식 속 타자와의 교제와 다르지 않다. 타자는 나와 절대적으로 다르다. 타자의 접근은 따라서 타자에 대한 앎과 관계가 없다. 다시 말해, 타자의 접근은 타자가 내게 알려지는 것에 근거하지 않는다. 이것은 수수께끼 같은 타자의 타자성에 가까이 가려고 애쓰는 것의 문제이다.

4 Emmanuel Levinas, *Autrement qu`être ou au-delà de l`essence*, Le Livre de Poche, coll. 《Biblio》, 2013, p. 32. (이하 *AE*) / 『존재와 달리 또는 존재성을 넘어』, 문성원 옮김, 그린비, 2021, p. 43. (이하 『존재와 달리』)

5 Emmanuel Levinas, *En découvrant l`existence avec Husserl et Heidegger*, Paris, Vrin, 1994, p. 227. (이하 *EDE*)

우선, 타자를 향한 열린 태도가 필요하다. 다시 말해, 이것은 타자로의 노출이며, "존재의 코나투스의 전도"[6]이다. 휴식을 빼앗긴, 내재성으로부터 추방된, 타자를 위한, 타자에 대해 전적으로 책임이 있는 자아는 자기-자신과 일치하지 않는 동일성의 타자를-위한-일자이고 (존재의) 본질로부터 물러난 유일성의 타자를-위한-일자이다. 자아는 "자기에 대해 둥글게 감긴 상태(enroulement)"안에서, "이기주의의 운동 자체인 - 실타래의 감김"[7] 안에서, 그 자체로 즐거워하는 향유에만 도취될 수 없다. "향락 속에서 살아가는 쾌락주의적 자아의 형태로든, 자신의 힘을 펼치는 영웅주의적 자아의 형태로든, 자기 자신의 이익을 추구하는 데 여념이 없는 부르주아적 자아의 형태로든지 간에"[8] 자아는, 그의 만족에도 불구하고, 응답으로의 소환에 의해 자족하기를 그만둔다. 타자에 대한 응답으로써의 열림, 타자를 향한 일자의 자기로부터의 탈출, 이것은 "자기에 대한 모든 문제 제기의 기원"[9]이다. "동일자 안에서 형성되는 자아의 실체적 중심의 제거(dénucléation), 응답으로의 소환에

---

6 *AE*, p. 120. /『존재와 달리』, p. 164.

7 *AE*, p. 118. /『존재와 달리』, p. 161.

8 알랭 핑켈크로트, 『사랑의 지혜』, 권유현 옮김, 동문선, 1998, p. 136.

9 Emmanuel Levinas, *Altérité et transcendance*, Le Livre de Poche, coll. 《Biblio》, 2010, p. 110. (이하 *AT*) /『타자성과 초월』, 김도형·문성원 옮김, 그린비, 2020, p. 121. (이하 『타자성과 초월』)

의한, 어떠한 피난처도 도피의 기회도 두지 않는 이 소환에 의한 주체의 '내재성'의 '불가사의한' 중심의 분열(fission), 이렇게 자아에 반하여(malgré le moi), 더 정확히는 부득이하게(malgré moi)"[10] 주체성은 이제부터 자기를 위해서가 아닌 타자를 위해 있다. 우리는 여기서 "동일자 안 타자의 잉태"[11]를 보게 될 것이다. 그리고 이것은 우리를 인간성의 가능성, 인간에 대한 무관심의 불가능성으로 인도할 것이다.

　타자를 '위한', 이 '위한'은 "인간이 그의 이웃 곁에 가는 방식, 더 이상 일자와 상응하지 않는 관계가 타자와 수립되는 방식이다. 이것은 타자에 대한 일자의 책임이 행해지는 가까움의 관계이다."[12] 우리는 가까움 안에서 주체성이 타자를-위한-일자가 되는

10　*AE*, p. 221. /『존재와 달리』, p. 306.

11　*AE*, p. 167. /『존재와 달리』, p. 228. 레비나스가 사용한 이 은유는 하이데거의 "모든 현존재가 자신 안에 지니고 다니는 친구의 목소리[양심의 소리]"를 연상케 한다. 더불어 있음으로서의 현존재가 다른 사람들에게 실존론적으로 열려 있다는 것은 '들음'에 의해 구성된다. 들음은 자신의 가장 고유한 존재 가능에 대해서 일차적으로 현존재가 본래적으로 열려 있음을 구성한다. 마르틴 하이데거,『존재와 시간』, 이기상 옮김, 까치, 2000, p. 225. 참조. 친구의 목소리의 부름은 양심(Gewissen)에 다름 아니다. "현존재가 양심 속에서 자기 자신을 부른다." 그리고 이 부름은 "의심의 여지 없이 나와 세계 안에 함께 있는 어떤 타인에게서 오는 것이 아니다. 부름은 나에게서 와서 나 위로 덮친다." 마르틴 하이데거,『존재와 시간』, op. cit., pp. 367~368.

12　Emmanuel Levinas, *Dieu, la mort et le temps*, Le Livre de Poche, coll.《Biblio》, 1995, p. 182. (이하 *DMT*) /『신, 죽음 그리고 시간』, 김도형·문성원·손영창 옮김, 그린비, 2013, p. 235. (이하『신, 죽음, 시간』)

지점을 생각해 볼 수 있다. 그렇다면, 가까움은 공간적 개념인가? 레비나스에게, 가까움은 "인접 또는 일치조차 한계를 나타낼 공간 의 두 점 또는 두 구역 사이 (…) 간격의 척도(mesure)"[13]에 속하지 않는다. 만일 가까움이 공간적 인접을 의미한다면, 나는 멀리 있는 타자들과 맺어질 수 없을 것이다. 가까움은 타자가 단순히 공간 안 에서 나와 가까이 있다는 사실이 아니다. 따라서 가까움은 윤리 안 에서 그것의 의미화가 구해져야 한다. 즉, '가까움'은 내가 타자에 대해 책임을 지는 한에서만 의미를 가질 것이다. 왜냐하면, "가까 움의 절대적이고 고유한 의미는 '인간성(humanité)'을 전제하"[14]기 때문이다. 인간성의 길(道)이 항상 타자와 나 사이에서 나타난다면, 이것은 자기 자신에 대해 생각하기 이전에 타자에 대해 생각하는 인간적인 모습 때문일 것이다. 인간들이 어느 곳에서든지 살아가 고 교제하고 서로 찾는 한에서, 우리는 이러한 모습을 모든 장소에 서 찾아낼 수 있다. 특히, 자기를 떠나서 타자를 걱정하는 것, 이것 은 인간성의 토대에 대한 발견이다.

　　타자에게 다가가기 위해서, 나는 나 자신을 열어 보여야 한다. 즉, 나는 나의 존재 안 평온을 깨뜨려야 한다. 이것은 곧장 타자로 의 노출로 가는 자기의 열림이다. "상처를 입히는 것에 노출된 피

13　*AE*, p. 129. /『존재와 달리』, p. 176.

14　*AE*, p. 129. /『존재와 달리』, p. 176.

부와 같은, 때리는 자에게 내민 뺨과 같은"[15] 타자로의 직접적 노출, 이것은 가까움이다. 나를 벗겨낼 정도의 타자를 위한 나의 출혈은 '살과 피'를 가진 존재자들 사이에서만[16] 의미를 갖는다. 신체성 안에 연루된 주체는 고통을 떠맡을 수밖에 없다. "고통스럽게 떼어낸 줌(don), (…) 마음의 줌이 아니라 자기 입의 빵을 줌, 한 입의 빵을 줌."[17] 이것은 타자에 의한 착취가 아니다. 이것은 모든 자발적인 결정 이전의 자신을 바침(s'offrir)이다. 하지만, 어떻게 나의 고통스러운 줌이 나를 타자에게 가까워지게 하는가? 레비나스에 따르면, "만일 주는 것이 가까움 자체라면, 그것은 내게 소유보다 더 고유한 것을 내게서 탈취하는 경우에만 그것의 충분한 의미를 지닌다. 고통은 향유 안에서 그 자체로 만족하고, 향유의 삶을 살아가는 삶 속에서 '자기를 위함'의 마음 자체 안으로 침투한다. 주는 것, 자기에 반(反)해, 타자를-위해-존재하기, 그러나 자기를-위함(le pour-soi)을 중단하면서인 이것은 자기 입에서 빵을 떼어내는

---

15 *AE*, p. 83. /『존재와 달리』, p. 112.

16 예를 들어, 나는 누군가의 손을 잡는다. 이것은 내가 사물을 만지는 것과는 다르다. 왜냐하면, 나는 피부를 만지는 것처럼 사물을 만지지 않기 때문이다. 그리고 사물들은 서로 만지지도 만나지도 않는다. 단지 결합되고 부딪칠 뿐이다. 하지만 나는 다른 사람을 만나고 만진다. 이것은 엄밀히 말해 어루만짐이다. 나는 손으로 만짐에서 어루만짐을, 어루만짐에서 손으로 만짐을 느낄 수 있다.

17 *AE*, pp. 119~120. /『존재와 달리』, p. 163.

것, 타자의 배고픔에 나 자신의 굶주림을 제공하는 것이다."[18] 삶
에 대한 직접적인 손상 없이, 타자를 위해 내 지갑을 여는 것은 생
색내기에 그칠 뿐이다. 어떻게 보면, 이것은 타자를 위한 자선(慈善)
안에서 삶의 만족을 연장시키는 것이다. 따라서, 주는 것은 "빵을
맛보는 입에서 빵을 떼어냄"[19]이어야 하고, 심지어 피부[목숨]를 주
기까지 하는 떼어냄이어야만 한다. 하지만 이러한 줌(don)이 타자
의 어려움을 말끔히 해소해 줄 수 있는가? 이러한 줌이 타자에게도
나와 같은 삶의 만족을 가져다주는가? 내가 타자의 배고픔을 이해
할지라도, 내가 타자의 불행을 위로하기 위해 최선을 다할지라도,
타자의 굶주린 고통이 나의 것은 아닐 것이다. 따라서 가까움은 절
대 충분히 가까워질 수 없다. 가까움은 항상 불충분한 가까움이다.
"가까움은 '점점 더 근접함'으로써 주체를 만든다. 가까움은 나의
양도할 수 없는 염려(inquiétude)로써 그것의 최상급에 이르고, 유일
해지고, 그때부터 일자는 나눔을 기대하지 않는 사랑에서처럼 상
호성을 잊는다. 가까움, 이것은 가까이 가는, 따라서 내가 항으로
서 참여하는, 그러나 내가 하나의 항 이상인 - 혹은 이하인 항으로
서 관계를 구성하는 주체이다."[20] 나는 나란히 놓일 동류들의 전체
안에, 대칭적인 두 항들 사이의 체계화된 질서 안에 기입되지 않는

18 *AE*, p. 94. /『존재와 달리』, pp. 127~128.

19 *AE*, p. 105. /『존재와 달리』, p. 143.

20 *AE*, p. 131. /『존재와 달리』, p. 179.

다. 따라서, 나는 가역성의 관계를 가능하게 하는 종합으로 환원될 수 없는 한 항이다. 타자와의 가까움 안에서, 나는 "관계이자 이 관계의 항(terme)이다. (…) 자기로의 회귀가 아닌 관계"[21]이다. 그렇지만, 나는 "모든 일관성으로부터 나를 비우는 회귀 안에"[22] 있다.

　타자는 나를 당황하게 만든다. 왜냐하면, 타자의 접근이 나를 책임의 관계 안으로 연루시키고 나를 타자로부터 회피할 수 없게 만들기 때문이다. 주체는 자기 안에 은폐하려는, 존재론적 층위에 머물려는 경향이 있다. 즉, 주체는 존재의 은신처 안에 잠들기를 원한다. 하지만 주체는 잠에서 깨우는 목소리에 의해 방해받는다. 이것은 주체가 타자의 가까움에 의해 깨어나는 순간이다. 이것은 타자에 대한 걱정이 책임으로 드러나는 순간이다. "가까움은 상태, 휴식이 아니라, 명백히 불안(inquiétude), 자리-없음(non-lieu), 한 자리에서 휴식을 취하는 존재의 비-편재(遍在)의 고요함을 전복시키는 휴식의 자리 바깥이다."[23] 의식은 항상 '장소'로부터, '토대(base)'로부터 온다. 그런데, 가까움은 주체가 기반으로 하는 의식 안에서 이해되지 않는다. 왜냐하면, 타자는 "한 존재가 그의 시선하에 또는 그의 사정거리에 있는 자로서 가깝다고 간주할 다른 존재를 취할 의식에, 그리고 악수, 어루만짐(caresse), 대립, 협력, 교

21　*AE*, p. 136. / 『존재와 달리』, pp. 185~186.

22　*AE*, p. 131. / 『존재와 달리』, p. 179.

23　*AE*, p. 131. / 『존재와 달리』, p. 178.

제, 대화의 상호성 안에 다른 존재를 파악하고 장악하거나 그와 서로-지탱하기(s'entre-tenir)가 가능한 한에서 가깝다고 간주할 다른 존재를 취할(prendrait) 의식에"[24] 나타날 수 없기 때문이다. 타자, "타자로서 이웃은 그의 윤곽을 묘사할 또는 예고할 어떠한 징후도 선행되게 하지 않는다. 그는 나타나지 않는다. (…) 모든 (존재의) 본질, 모든 유(類), 모든 유사성에서 면제되면서, 이웃, 첫 번째로 온 자는 선험적인 것(à priori)을 배제하는 우연성 안에서 처음으로 (…) 나와 관계한다."[25] 첫 번째로 온 자는 다른 사람이다. 그리고 그는 나의 이웃이다. 타자의 가까움은 그를 위해 내게 부과된 거부할 수 없는 나의 책임이다. 이것은 "사로잡히는 책임, 사로잡힘인 책임"[26]이다. 왜냐하면, 타자는 "내가 자유롭게 그를 향해 돌아설 수 있고 일부러 그에 대해 의식하고 그를 손가락으로 가리키기 이전에 나를 소환하면서"[27] 충격적으로(traumatiquement) 내게 명령을 하기 때문이다. 나는 더 이상 동일성 안의 주격으로 머물지 않고 그의 부름에 응답하는 목적격으로서만 강제된다. 이러한 양상은 사로잡힘(강박)의 양상이다.

　　나는 왜 사로잡히는가? "사로잡힘은 무시원적(anarchique)이

24　　*AE*, p. 132. / 『존재와 달리』, p. 180.

25　　*AE*, pp. 137~138. / 『존재와 달리』, p. 188.

26　　*DMT*, p. 157. / 『신, 죽음, 시간』, p. 206.

27　　Didier Franck, *L'un-pour-l'autre : Levinas et la signification*, Paris, PUF, 2008, p. 92.

다."[28] 사로잡힘은 의식이 아니다. 이웃이 하나의 형태 아래, 하나의 주제 아래 들어가지 않는다는 사실이 의식에 상응할 수 없다는 의미이다. "사로잡힘은 의식을 거슬러 관통하고 타율, 불균형, 기원을 놀라게 하는 망상(délire)을 의미하기 위해 기원보다 더 일찍, 아르케(αρχή) 이전에, 시작 이전에 일어나면서, 의식의 모든 섬광(閃光)에 앞서 발생하면서 의식 안에 낯선 것(étrangère)으로서 기입된다. 존재가 자신을 상실하고 다시 발견하는 존재론적 유희를 중단시키는 것은 바로 무시원(anarchie)이다. 가까움 안에서, 자아는 자아의 현재에 대해 무시원적으로 뒤처지고 이 뒤처짐을 따라잡을 수 없다."[29] 일반적으로, 현재는 자기와 관계하고 자기로부터 출발한다. 그리고 주체는 현재 안에서 자기를 따르는 한 과거 혹은 미래로부터 자유롭다. 하지만 레비나스에게, 현재의 자유는 책임이다. 현재 안에는 과거에 울려 퍼졌던 고통의 메아리가 남아있다. 이것은 주체의 모든 관련에, 주체의 모든 근심에 영향을 미친다. 따라서 주체는 내가 저지르지 않은 것에 대해서 - 타자들의 고통과 잘못에 대해서 - 책임이 있다. 주체는 명백히 그의 자유를 참조하지 않는 책임에 사로잡힌다. "가까움 안에서 태곳적 과거와 같은 곳에서 온 명령이 들린다. 절대 현재가 아니었던, 어떠한 자유 안

---

28 *AE*, p. 174. / 『존재와 달리』, p. 239.

29 *DMT*, p. 203. / 『신, 죽음, 시간』, p. 262.

에서도 시작하지 않는 이러한 이웃의 방식은 얼굴이다."[30] 얼굴의
비가시적인 가시성의 현전은 얼굴에 대한 나의 응답의 늦음을 기
소한다. 왜냐하면, 얼굴의 현전은 전개되지 않고 전조(前兆) 없이 출
현하기 때문이다. 따라서 나는 향했지만, 그의 현전은 이미 지나갔
다. 뒤처져 있는 내가 이웃에게 가까이 가기, "이것은 이미 현전하
는 것을 여전히 쫓는 것, 우리가 찾았던 것을 여전히 찾는 것, 이웃
에 대해 벗어날 수 없는 것이다."[31] 여기에 바로 타자에 대한 나의
무관심하지-않음이 있다.

　　이웃의 얼굴은 내 안에서 시작하지 않은 책임을 내게 강제한
다. 이웃을 위한 책임은 따라서 태곳적 과거 안에, 절대 현재인 적
이 없었던 과거 안에 있다. "마치 책임의 첫 번째 운동이 명령을 기
다리고 명령을 수용하는 (…) 데에 있지 않고, 표명되기도 전에 이
명령에 복종하는 데에 있을 수 있었던 것처럼. 또는 이 운동이 기
억함이 없이, 기억으로부터 옴(venir)이 없이 복종의 현재에 나타나
는 과거 속, 모든 가능한 현재 이전에 표명되었던(se formulait) 것처
럼. 이 복종 자체 내(內)에서 복종하는 자에 의해 진술되면서 말이
다."[32] 이러한 무시원적(anarchique) 책임은 현재 안에서 기원 없이
나를 소환한다. 가까움 안에서, 나의 책임에 지시되는 이웃은 의식

30　*AE*, p. 141. /『존재와 달리』, pp. 192~193.

31　*EDE*, p. 230.

32　*AE*, p. 28. /『존재와 달리』, p. 38.

을 거치지 않고 의식의 단계를 뛰어넘으면서 내 안에 이미 그의 흔적을 남긴다. 타자로서 이웃은 "그가 땅 위에 나타나자마자 이미 뿌리가 뽑힌 그리고 무국적인 자이다. 토착적이지 않은, 무한의 현전 자체인 부재(absence)에 의해, 문화, 법, 전망(horizon), 맥락에서 떼어진, 흔적의 장소-없음에 있는 이것은 여권 속에 나타날 수 있는 몇몇 속성들을 갖추지 않는다. 이것은 얼굴로부터 오고 나타남을 해체하면서 나타난다. 이것이 얼굴이다. (…) 현현이 가까움을 만드는 지점이다."[33] 얼굴은 나의 책임하에 그 자신의 부재를 나타내고 얼굴의 의미는 윤리적 언어의 비유들에 들어맞는다.

　　이웃의 얼굴은 그의 이방성(étrangeté)[34]에 의해 나를 사로잡는다. 그리고 나는 그의 얼굴을 회피하지 못하는 전적인 불가능성에 의해 꼼짝 못 하게 된다. 이것은 인간성 가운데 나타나는 무한의 명령 때문이다. 이러한 명령법의 힘은 당위(Sollen)와는 구분된다. 왜냐하면, 가까움은 끝도 목적도 아니기 때문이다. "내 안의 타자를 위한 책임은 우리가 응답함에 따라 증가하는 요청, 부채를 청산하는 불가능성, 따라서 적합함(adéquation)의 불가능성이다. 현재를

33　*EDE*, p. 231.

34　이방성은 "이웃을 내 쪽으로 바싹 밀어붙인다. (…) 이것은 공간의 빈자리, 빈자리를 의미하는 공간, 기하학적인 균질성(homogénéité)같은 아무도 없고 황량하고 거주할 수 없는 공간으로부터 오는 타자를-위한-일자의 세계, 지평, 조건들에서 떼어진, 맥락 없는 의미화 안에 끼워 넣어진 '구체적인 추상화'와 얼굴 속 표상의 탈퇴(défection)이다.", *AE*, p. 146. /『존재와 달리』, p. 199.

넘어선 초과(excédence). 이 초과는 영광을 의미한다. 이것은 무한이 사건으로 발생하는 영광과 더불어서이다. 현재를 넘어선 초과는 무한의 삶이다."[35] 레비나스적인 접근은 무한화 또는 무한의 영광을 의미한다. 타자로의 접근은 타자의 인질로서 대신하기까지 나를 타자에게 가까이하게 한다. 하지만, 나의 책임은 절대 과중하지 않다. 책임이 지워질수록 책임이 배가(倍加)된다. 마치 채무를 변제할수록 채무가 늘어나는 것처럼, 내가 타자에게 다가갈수록 그와 나 사이의 거리가 멀어진다. 타자로의 접근은 "거리가 주파될수록 점점 더 엄격해지는 의무이다. 마치 점점 더 멀어지게 될 어떤 것 또는 우리가 다가섬에 따라 멀어질 어떤 것처럼, 점점 더 뛰어넘을 수 없는 거리처럼. 의무의 증가를 만드는 것, 이것은 무한이고 영광이다. 또는 거리가 주파될수록 점점 더 주파해야 하는 거리가 남아있다는 사실이다."[36] 하지만 타자에 대한 채무를 전적으로 배상하는 것의 불가능성은 '할 수 있음(pouvoir)'이 된다. "무한의 긍정성(positivité). 이것은 주제화할-수-없는 무한에 대한 응답을 책임으로, 타인의 접근으로 전환한다. 영광스럽게 모든 능력을 넘어서고, 이웃의 접근 속에서 반대편 과도함(démesure)으로 나타난다."[37] 나는 나의 능력을 넘어서는 타자의 무게를 감내한다. 타자의 타자성

---

35 *DMT*, p. 227. /『신, 죽음, 시간』, p. 294.

36 *DMT*, p. 223. /『신, 죽음, 시간』, p. 288.

37 *AE*, p. 27. /『존재와 달리』, p. 36.

이 내 안에 내포되는가? 사실, 존재론적 용어로, 적음 속에 많음, 이것은 불가능하다. 예를 들어, 신적인 것은 인간 존재의 범주 안에 포함되지 않고 신과 인간은 서로 상호적이지도 않다. 하지만 윤리 안에서, 무한과의 관계는 가능하다. 무한의 역설은 윤리의 장을 그려낼 수 있다. "포함이 없는 관계, 그러나 윤리적 구성(intrigue)을 규정하는, 무한에 의한 유한의 넘침(débordement)과 같은 관계."[38] 무한이 유한을 지나가는 방식, 이것이 무한의 역설이다. 나는 모든 존재를 대신해서 그들의 삶의 무게를 짊어질 수 없음에도 불구하고, 나는 나의 의무의 한계들을 알지 못한다. 나는 타자를 위해 나를 망각하는 한에서 무한에 다가간다. 무한은 나를 타자를 위한 책임 속 타자를 위한 자로, 모두를 위해 고통스러워하고 걱정하고 대신 짐을 짊어지고 속죄하는 주체로 만든다. "체결된 계약 없이 의무 안 주체의 잠재적인 탄생 (…) 그러나 목적도 끝도 없이 가까움이 좁혀지면 더더욱 요구가 많아진다. 무시원(anarchie)의 시작-없음에서 그리고 마치 가까움에서 무한이 일어났던 것처럼 영광스럽게 증가하는 의무의 끝-없음 안 주체의 탄생. 주체의 절대적인 소환 속에서 무한은 수수께끼처럼 이해된다."[39]

---

38 *DMT*, p. 233. / 『신, 죽음, 시간』, p. 302.

39 *AE*, p. 219. / 『존재와 달리』, p. 302.

2. 타자의 흔적과 3인칭성(Illéité)의 편재(遍在)

　"무한은 내게 노출됨이 없이 얼굴로서 '이웃'을 내게 명한다. 그리고 가까움이 좁혀질수록 더욱 강압적으로 내게 명한다."[40] 나는 명령이 어디에서 오는지 알지도 못한 채, 내게 보내지는 명령에 복종한다. 나는 단지 명령 또한 얼굴이 오는 저편에서 온다는 사실만을 안다. 얼굴은 자신을 가리킴이 없이 비가시적인 가시성의 추상화이다. "이 추상화는 물론 경험론자들의 순수하고 감각적인 자료처럼은 아니다."[41] 명령은 내가 그것을 듣기도 전에 내게 오고 나를 구속한다. 명령의 근원으로서 무한을 찾기 위한 나의 시도는 명령과 얼굴의 비-현상성에 의해 실패할 수밖에 없다. 게다가 무한은 지향성이 미치는 범위를 초과한다. "장소로서 여기, 시간으로서 지금의 초과(excession), 동시대성과 의식의 초과 - 하나의 흔적을 남기는 초과. 무(無)가 아닌, 그러나 밤(nuit)처럼 존재하는 빈자리로써 공간에 반짝이는 빛처럼, 수수께끼처럼 이러한 무한의 흔적이 나타난다."[42] 무한은 자기를 찾는 모든 대담한 시도를 용인하지 않는다. 하지만 무한의 지명을 받은 얼굴은 그것의 흔적을 남긴다. 얼굴이 비록 세계의 저편에서 올지라도, 얼굴이 결코 모습을

40　*AE*, p. 234. / 『존재와 달리』, p. 324.

41　*EDE*, p. 197.

42　*AE*, p. 144. n° 2. / 『존재와 달리』, p. 197. n° 34.

나타낸 적이 없을지라도, 얼굴이 의식 안에 그 어떤 것과도 필적하지 않을지라도, 무한은 흔적으로서 의미한다. "이행의 흔적 또는 들어갈 수 없었을 것의 흔적, 초-과(ex-cession), 과도한 것(excessif), 포함될 수 없었을 것의 흔적, 모든 척도와 모든 역량에 합당하지 않는 비(非)-내용(non-contenu)의 흔적, 통시적으로 이러한 애매함(ambiguïté)에 따라 정확하게 의미를 나타내는 무한의 흔적."[43] 어떠한 공통의 기준도 없이, "의식의 아르케(l'αρχή)에 의해 부여됨이 없이"[44] 흔적은 '깊은 오래전'을 느끼게 한다.

원인은 결과에 선행하고 결과를 수반한다. 또한, 동일한 원인은 동일한 결과를 낳는다. 따라서 경험적인 사물들은 결과들을 야기한다. 하지만 그 자체로 흔적을 남기지는 않는다. "시간에 의해 분리된 원인과 결과는 동일한 세계에 속한다."[45] 흔적은 원인의 결과가 아니다. 흔적은 따라서 시간적 지평 안에서 이해되지 않는다. "흔적은 시간 속 공간의 삽입이고, 세계가 과거와 시간을 향해 기울어진 지점이다."[46] 이것은 세계질서의 흐트러짐이자, 단절이다. 흔적은 결코 세계에 의해 길들여지지 않는다. 즉, 흔적은 언어의 이해 안에서 분석의 대상이 될 수 없다. "진정한 흔적은 (…) 세

---

43   *AE*, p. 146. / 『존재와 달리』, pp. 199~200.

44   *AE*, p. 158. / 『존재와 달리』, p. 216.

45   *EDE*, p. 201.

46   *EDE*, p. 201.

계의 질서를 흐트러뜨린다. 이것은 다른 것과 동시에 지각되면서 (en sur-impression) 온다. 이것의 본래적인 의미작용(signifiance)은, 예를 들어 완벽한 범죄를 실행한 근심 속 범죄의 흔적들을 지우길 원했던 자가 남기는 자국(empreinte)에서 나타난다. 흔적들을 지우면서 흔적들을 남긴 자는 그가 남긴 흔적들에 의해 아무것도 말하거나 행하기를 원치 않았다. 그는 돌이킬 수 없는 형태로 질서를 흐트러뜨린다. 그는 절대적으로 지나갔다. 흔적을 남기는 한에서 존재하기(Être), 이것은 지나가기, 떠나기, 용서받기이다."[47] 누군가가 지나갔다. 그렇다고 해서, 그의 흔적이 그의 과거를 의미하지 않는다. 흔적은 지나간, 불가역적인 과거의 수수께끼 같은 흔적이다. 흔적은 부재의 현전이다. 이것은 "반박할 수 없는 중대성의 (…) 자국을 남기는 흐트러짐 자체이다."[48]

"세계를 초월하는 유일한 존재만이 흔적을 남길 수 있다. 흔적은, 엄밀히 말해, 절대 거기에 있지 않았던 것, 항상 지나간 것의 현전이다."[49] 흔적은 빛나는 타자의 얼굴 안에 남아있다. 즉, 타자만이 그의 흔적을 남길 수 있다. 그리고 얼굴은 그 자체로 초월이다. 하지만, 초월적 존재로서 타자는 이편의 존재에게 어떻게 흔적으로서의 흔적을 느끼게 하는가? 우선, 타자는 어떠한 개념에 의해

---

47 *EDE*, p. 200.

48 *EDE*, p. 202.

49 *EDE*, p. 201.

서도 구해지고 파악될 수 없다. 왜냐하면, 타자가 오는 저편은 불가역적이고 돌이킬 수 없는 과거이기 때문이다. 이 과거는, 레비나스가 말하길, '절대 현재인 적이 없었던 과거', '태곳적 과거' 또는 '모든 현재보다 더 오래된 과거'이다. 한마디로, 타자는 항상 현재 안에서 부재(不在)한다. "타자는 절대적인 부재자(Absent)에게서 유래한다. 그러나 타자가 도래하는 절대적인 부재와의 관계는 부재자를 가리키지도, 계시하지도 않는다. 그렇지만, 부재자는 얼굴 안에서 의미화(signification)를 갖는다. (…) 얼굴에서 부재자로 가는 관계는 모든 계시, 모든 은폐의 바깥에 있다."50 절대적으로 지나간 부재자의 흔적은 얼굴과 분리될 수 없다. 얼굴에 이르는 흔적을 가진 타자는 모든 계시와 은폐를 벗어나면서 불가역적이고 통합할 수 없는 절대적인 과거를 갖는다. 흔적의 의미작용은 과거를 드러내지 않으면서 의미하는 데 있다. 그렇다면, 얼굴이 현상과 구분되는 것처럼 흔적도 현상에 속하지 않을 것이다. 흔적은 신호(signe)로 환원되지 않는다. 왜냐하면, 신호는 의미된 것(le signifié)과 함께 주체 안에서 동시에 이루어지기 때문이다. "흔적은 신호의 역할을 한다. 흔적은 신호로 간주될 수 있다. (…) 하지만 다른 신호들과 관련하여, (…) 예외적인 것을 갖는다. 흔적은 신호하는 모든 의도 바깥에서 그리고 흔적이 겨냥할 모든 기획의 바깥에서 의미한다."51

---

50 *EDE*, p. 198.

51 *EDE*, p. 199.

만일 타자가 흔적을 남긴다면, 이 흔적은 "신호로서 의미를 띠기 전, (…) 얼굴 안에서, 돌이킬 수 없는 부재의 공백 자체일 것이다. 공백의 개방 상태는 부재의 신호일 뿐만 아니라 (…) 과거의 공백 자체이다."[52]

"흔적은 존재보다 작을 것과 관계를 맺지 않는다. 무한, 절대 타자에 대해 의무를 지우는 것과 관계를 맺는다."[53] 다시 말해, 흔적은 존재의 저편과 관계를 맺는다. 존재는 시간적 배열과 현전의 질서를 따른다. 존재는 존재 안에 포함되는 시간 개념 안에서만 머문다. 그리고 존재는 일반적 방식에 부합하는 사건들만을 다룬다. 하지만 현전과 재현의 질서 이편 과거 흔적과의 관계는 타자를 위한 나의 책임의 이례적인 사건에 포함된다. 따라서 "존재의 - 그리고 상관물인 의식의 - 역량은 타인의 얼굴에서 맺어지는 관계(intrigue)를 포함하기에 불충분하다. 그것은 한 시대의 불안(suspens) 속에 있는 것 이편에서 오고 저편으로 가는 책임을 불러일으키는 태곳적 과거의 흔적이다."[54] 그렇지만, 자기를 위해서가 아닌 타자를 위한 존재의 정립은 얼굴 안에서 무시원적으로(anarchiquement) 새겨진 무한의 흔적을 느낄 수 있다면 가능해진다. 타자를 대신함, 대신함을 위해 대체할 수-없는 자기의 유일성. 존재는 이렇게 자신을

---

52 *EDE*, p. 208.

53 *EDE*, p. 200.

54 *AE*, pp. 154~155. / 『존재와 달리』, p. 211.

초월한다.

"자아는 (…) 정면으로 내게 접근하는 과거의 심층으로부터 나타나는(se présenter) 너를 향해, 더욱이 나의 동시대인인 너를 향해 헌신적으로(généreusement) 다가가면서 무한에 가까이 간다."[55] 자아는 어떻게 너뿐만 아니라 동시대인을 향해서도 나아가는가? 이것은 삼인칭성(illéité)[56]의 흔적 때문이다. 레비나스는 불어의 il(그) 또는 라틴어의 ille(그, 바로 그)로부터 신조어인 삼인칭성을 만들어 냈다. 이 그(il)는 우리가 소유하는 대상의 객관성에서 벗어난다. 그리고 '절대적인 그(il absolu)'를 명명하는 그(il)는 존재와 비-존재를 가르는 구별을 벗어난다. "'너'와 대상의 주제화를 허용하지 않는 삼인칭성은 (…) 나와의 결합 안에 들어가지 않고 나와 연관되는 방식을 나타낸다."[57] 삼인칭성은 나-너 관계 속에 있지 않고 존재 저편에 있다. 그럼에도 불구하고, 이것은 나와 연관된다. "삼인칭성은 매우 명확한 방식으로 존재에서 배제된다. 그러나 책임과 관련하

---

55 *EDE*, p. 215.

56 이것은 레비나스가 무한의 삼인칭성(illéité)이라고 부르는 것이다. "매우 오래된, 고대의 권위자들에 의해 정해진 몇몇 기도문 안에서 신자(信者)는 신에게 '너'라는 말을 쓰며 시작하고 '그'라고 말하면서 시작된 명제를 마친다. 마치 '너'의 이러한 접근 가운데 '그'에서 초월이 갑자기 나타났던 것처럼." Emmanuel Levinas, *Ethique et Infini : Dialogue avec Philippe Nemo*, Le Livre de Poche, coll. 《biblio》, 2011, p. 102. /『윤리와 무한 : 필립 네모와의 대화』, 김동규 옮김, 도서출판 100, 2020, pp. 120~121.

57 *AE*, pp. 27~28. /『존재와 달리』, p. 37.

여 명령한다."[58] 삼인칭성에 의해 지시된 특별한 전환이 있다. 이 전환은 욕망할 수 있는 것이 욕망을 벗어나게 한다. 예를 들어, "선의 선함은 바람직한 것으로서의 선으로부터 선함을 떼어놓기 위해 그리고 선함이 타인을 향하게 하기 위해 선함이 일으키는 운동을 기울인다(incliner)."[59]

타자에게 나를 지정하는, 내게 영향을 미치는 타자의 비-현상성은 세 번째 사람의 삼인칭성이다. 삼인칭성은 내가 이웃을 향한 운동을 완수하도록 하는 출발을 의미한다. 다시 말해, 삼인칭성은 이웃을 위한 책임에서 분리되지 않는다. 이웃, 그는 "나에게서 너이다. 그러므로 '절대적인 그'[신]는 세 번째 사람 또는 삼인칭성이다."[60] 삼인칭성, '절대적인 그'는 대화 상대자도 아니고 대화 안에 있지도 않다. 삼인칭성은 어떠한 계시의 참조 없이, 나타남 없이 나타나는 방식으로 내게 명령한다. 삼인칭성은 "무-시원적인 방식으로, 정확히는, 결코 현전과 원리의 탄로가 이뤄지지 않은 - 절대 이뤄졌을 리 없는 - 방식으로"[61] 내게 책임을 명령한다. 이 명령은 지배나 강요는 아니다. 명령은, 나도 모르게, 마치 밤손

---

58   Emmanuel Levinas, *L'au-delà du verset : Lectures et discours talmudiques*, Paris, Les Éditions de Minuit, 1982, p. 157.

59   *DMT*, p. 257. / 『신, 죽음, 시간』, p. 335.

60   *DMT*, p. 236. / 『신, 죽음, 시간』, p. 307.

61   *AE*, p. 261. / 『존재와 달리』, p. 364.

님처럼 내 의식 안에 교묘히 스며든다. 삼인칭성은 내 목소리에서 내가 명령을 듣는 것으로 대화 속에서, 현상 속에서 발견되지 않는다. 역설적이긴 하지만 나는 명령을 들음에 앞서 복종한다. 왜냐하면, 명령은 기억할 수 없는 과거로부터 오기 때문이다. 이 명령은 내가 절대 파악하지 못하는 과거로부터 내게 명령한다.

삼인칭성은 "내 안에 새겨진 '떠돌아다니는 원인'의 순수한 흔적"[62]이다. 이것은 내게 수수께끼처럼 온다. 수수께끼는 초월의 양상[63]으로, "해독할 수 없는 무-의미"[64]를 단서로써 남겨 두는, 물러서야만 제시될 수 있는 본질적인 비밀이다. 수수께끼는 다만 우리에게 불가역적이고 돌이킬 수 없는 지난 과거를 참조케 한다. 즉, 흔적을 참조케 한다. 따라서 이것은 현상 가운데서 존재의 맥락과 지평의 관계를 중단한다. "빛 한가운데(en plein lumière)의 현상과 나타남, 존재와의 관계는 전체성으로서의 내재성과 무신론으로서의 철학을 보증한다. 수수께끼, 현상을 흐트러뜨리는 의미의 중재는, 그러나 우리가 멀어지는 발자취에 귀를 기울이지 않는 한, 원치 않는 이방인으로서 물러나도록 기꺼이 채비가 된 의미의 중

---

62 *AE*, p. 235. / 『존재와 달리』, p. 325.

63 "초월은 그 자신의 증명들(démonstrations)과 제시(monstration), 그것의 현상성을 중단해야만 한다. 초월에서는 단순히 불안정한 확실성이 아닌 항상 내재성이 초월을 이기는 초월적 지각(aperception)의 통일성(unité)을 깨뜨리는 수수께끼의 깜박임과 통-시성이 필요하다.", Emmanuel Levinas, *De Dieu qui vient à l'idée*, Paris, Vrin, 1982, p. 127. (이하 *DQVI*)

64 *DQVI*, p. 51. n°. 24.

재는 초월 자체이고 타자로서 타자의 가까움이다."[65]

수수께끼를 느끼기 위해 우리는 나타남과 현상에 근거한 앎에서 벗어나야 한다. 왜냐하면, 수수께끼는 초월이 현상성을 흐트러뜨리면서 의미하는 방식이기 때문이다. 레비나스는 현상성을 통한 존재의 본질의 드러남에 대해 비판적인 입장을 견지한다. 왜냐하면, 삼인칭성은 "그 현상 속 이해에서 열어 밝혀질 수 있고 해석에서 분류 파악될 수 있는 것의 형식적 장비가 (…) 드러나게 되는"[66] 실존론적 현상에 속하지 않기 때문이다. 수수께끼는 지나간 것의 흔적과 접근의 불가해(不可解)함에 의해 말해지는 삼인칭성을 중단과 암시의 이중적 방식으로 의미하는 지점이다. "수수께끼 안에서, 동시성(synchronisme)은 조화가 깨진다. 전체성은 다른 시간에서 자신을 초월한다. 태곳적 오래됨(ancienneté)을 향한 존재 또는 초월의 넘어섬(dépassement)의 과-도한(extra-vagant) 이 운동, 우리는 이것을 무한의 이념이라 부른다. 무한은 동화될 수 없는 타자성이다. 그리고 나타나는, 두드러지는(se signaler), 상징으로 나타나는(se symboliser), 알리는, 회상하는 또 거기에서(par là) 이해하는 자와 더불어 '동시대적이 되는(se contemporiser)' 모든 것과 관련한 차이이고 절대적인 과거이다."[67] 수수께끼에 소환된 나의 응답은 주도권

---

65 *EDE*, p. 213.

66 마르틴 하이데거, 『존재와 시간』, 이기상 옮김, 까치, 2000, p. 216.

67 *EDE*, p. 214.

의 이편에 있다. 왜냐하면, 수수께끼는 무한으로 가기 때문이다. 이 소환은 나를 도덕적 책임에 지정하기 때문에 나의 희생으로부터만 나는 무한에 다가갈 수 있다. 나의 응답은 따라서 알려진 것과 미지의 것을 넘어선 희생의 이타성이다. 나는, 수수께끼의 응답을 통해, 비로소 "존재를 방해하는 수수께끼와 초월의 파트너"[68]가 된다.

나는 이웃을 위해 이웃 앞에서 응답한다. 나의 응답은 윤리적 명령을 사적인 내면성 안에서 받아들이도록 하는 삼인칭성에 의해 가능해진다. 삼인칭성 안에서, 나는 나 자신에 매여 있기 전에 타자들과 매여 있다. 다시 말해, 수수께끼처럼 지나갔던 삼인칭성과 맺은 관계의 흔적은 내가 전혀 떠맡은 적이 없었던 모든 타자에 대한 책임에 나를 연관시킨다. 그리고 우리가 삼인칭성의 용어로 부재하는, 초월하는, 절대적인 그에 관한 기술을 기초로 하여 분석할 때, "삼인칭성은 신성(divinité)을 말하게 함이 없이, 신이라는 단어를 발음하게 한다."[69] 레비나스는 자아를 억압하는 타자성을 구성하는 부재와 초월을 명명하기 위해 삼인칭성의 용어를 사용한다. 삼인칭성은 어떤 이도 그 어떤 것도 아닌 것을 가리킨다. "그것은 정확히 말해 존재하지조차 않는 배제된 제삼자일 뿐이다. 하지만 거기에 그 어느 배후 세계가 한 번도 열어보지 못한 초월이

---

68 *EDE*, p. 213.

69 *AE*, p. 252. / 『존재와 달리』, p. 350.

있다."[70] 신을 존재의 존재성의 한 계기로 환원할 수 없다는 측면

에서 본다면, 증언하는 것을 주제화함이 없이 증언하기 위해 신이

라는 용어[71]의 사용은 불가피해 보인다. 레비나스에게, 신은 우선

증거 또는 추론의 과정 안에서 파악될 수 있는 개념의 이름이 아니

다. 또한, "신은 단순히 '최초의 타인' 또는 '대표적인 타인' 또는

'절대적인 타인'이 아니다. 타인과 다르고, 절대적으로 다르고, 타

인의 타자성에 앞선 타자성과 다르고, 이웃에 대한 윤리적인 강제

에 앞선 타자성과도 다르다. 그리고 모든 이웃과 다르고, 그저 있

음(il y a)의 소란과 함께 있을 수 있는 혼란에까지, 부재에까지 초월

적이다."[72] 타자와 나의 관계를 윤리적 책임으로써 지시하는 것은

---

70   Emmanuel Levinas, *Sur Maurice Blanchot*, Montpellier, Fata Morgana, 1975, p. 52. /
『모리스 블랑쇼에 대하여』, 박규현 옮김, 동문선, 2003, pp. 70~71.

71   우리는 여기서 '신'이라는 단어를 신중하게 이해해야 한다. 우선, 신은 주제화, 추상화
또는 신화로써 이해되기 쉽다. 하지만, '신'이라는 단어가 의미를 가질 수 있는 곳은 윤리적
경험 안(內)뿐이다. 그리고 이 특별한 단어는 단순히 발화된 채로 머무를 수 없다. 왜냐하면,
이 단어의 진술은 그것의 발화 행위의 조건들 안에 가둬지지 않기 때문이다. "삼인칭성의 전
복을 억누르는 '신'이라는 단어의 엄청난 의미론적 사건. 존재가 형성되는 단어 속에 갇히는
무한의 영광. 하지만 자신의 체류를 이미 해체하고 무(無) 안에서 사라짐 없이 취소하는 무한
의 영광. 속성들을 수용했었던(그리고 이 의미론적 모험이 여기서 주제화되는 바로 지금 수용하는) 계사
(copule) 자체 안에 존재를 임명하는(investissant) 무한의 영광. 단어(고유 명사도 보통 명사도 아닌)로
서 문법적 범주들과 밀접하게 일치하지 않는, 의미(존재와 무에서 제외된 제삼자)로서 논리적 규칙
들에 정확히 따르지 않는 그 부문에서 유일한 말해진 것.", *AE*, p. 236. / 『존재와 달리』, pp.
327~328.

72   *DQVI*, p. 115. 블랑쇼 또한 레비나스의 주장을 지지한다. "만일 레비나스가 '신'이라
는 단어를 발음하거나 쓴다면, 그 단어는 종교 또는 신학 안에 들어가지 않는다. 또한, 개념화
되지도 않는다. 하지만 항상 타인과는 다른, '절대적으로 다른' 타인을 위한 다른 이름이 존

바로 신의 부재(absence)이다. '부재에까지 초월적인', 우리는 이 정식(定式)을 "모든 윤리적 관계(intrigue)의 의미화로, 책임이 연루되는 신적인 희극으로 복원해야만 한다. 책임 없이 '신'이라는 단어는 생겨날 수 없었을 것이다."[73]

　"'신 덕분에' 나는 타자들을 위한 타자이다. (…) 상호적 상관관계는 초월의 흔적 안에서, 삼인칭성 안에서 나를 다른 사람과 연결한다. 도움 또는 은혜에 준거하는 것 외에 내가 다르게 말할 수 없는 신의 '이행'은 명백히 비교할 수 없는 주체에서 사회의 일원으로의 급변이다."[74] 재현의 바깥에서, 구조의 바깥에서 삼인칭성은, 그것의 초월의 절대적인 부재에도 불구하고, 타자들을 위한 윤리적 책임으로 전향하는 상황을 그려낸다. 삼인칭성의 흔적, 얼굴은 이 흔적 안에 있다. 따라서 나는 이 흔적 안에서 이름을 알지 못하는 타자들에 대해서조차 책임이 있다. 삼인칭성의 '그'는 모든 얼굴에 그의 지나간 흔적으로서 자신의 도장을 찍었다. 즉, 나에게 보내지는 명령은 모든 얼굴로부터이다. 이것은 내가 응답해야만 하는 의무를 가진 모든 얼굴 위에 흩뿌려진 삼인칭성의 흔적의 파

재함이 없이, 우리가 '신'에게 강요하는 무한한 초월 또는 무한의 초월이 '있음의 소란과 있을 수 있는 혼란에까지', 항상 부재로 변하는 것에 대비할 것을 우리에게 예감하게 한다.", Maurice Blanchot, "Notre compagne clandestine", *Textes pour Emmanuel Levinas*, édité par François Laruelle, Paris, Éd. Jean-Michel. Place, 1980, pp. 85~86.

73　*DMT*, p. 259. / 『신, 죽음, 시간』, p. 338.

74　*AE*, p. 247. / 『존재와 달리』, p. 343.

편 때문이다. 타자들을 위해 타자들 앞에 놓인 '제가 여기 있습니다(Me voici)', 자아는 삼인칭성의 편재(遍在) 안에 들어간다.

3. 감성과 주체성

주체는 어떻게, 타인의 얼굴에 의해 표현된, 그를 대신하라는 명령인 윤리적 명령을 받아들이는가? 이것은 무한 또는 삼인칭성에 의해서이다. 하지만 이것들은 의식 안에서 파악되지 않는다. 그렇다면, 주체는 무엇에 의해 그것들을 받아들이는가? 대상과는 반대로, 윤리적 명령은 내가 결코 의식 안에서 파악할 수 없는 것이다. 하지만 명령으로의 소환을 의식함이 없이 나는 어떻게 타자를 위한 책임을 지겠는가? 이것은 마치 내가 갑자기 일격을 당하는 것처럼 온다. "소환의 극단적인 긴급성은 명백히 의식의 균형과 평정을 해체한다."[75] 이러한 극단의 긴급성 안에서 나는 기억에 의해 회복할 수 있는, 선험적인 것에 의해 지배할 수 있는 모든 것보다 더 깊은 과거의 외상적 "감정(affection)의 충격"[76]을 받는다. 태곳적 과거에서 온 이 명령은 나를 엄습하기도 전에 내게 충격을 준다(me frappe avant de me frapper).

---

75 *AE*, p. 140. / 『존재와 달리』, p. 191.

76 *AE*, p. 140. / 『존재와 달리』, p. 192.

나를 엄습하기도 전에 내게 충격을 주는 것은 의식의 내부에서 파악될 수 있는가? 극단의 긴급성은 사유를 참조케 하는가? 외부에서 오는 이것은 긍정적이거나 부정적인 어떠한 참조에도 가담하지 않는 의미를 나타낸다. 타자성은 내 것이 되거나 내가 되는 대상이 아니다. 대상은 빛을 통해 의식 안으로 들어온다. "모든 대상은 의식의 언어로 말해질 수 있다. 다시 말해 모든 것은 빛 속에 포착될 수 있다."[77] 빛은 나를 대상과 만나게 한다. 왜냐하면, 빛이 대상을 비추기 때문이다. 하지만 대상은 비춰지기 때문에, 나는 대상을 내 마음속에서 끄집어 낸 것처럼 만난다. 대상의 초월은 내재성으로부터 아직 나오지 못했다. 왜냐하면, 비춰진 것은 소유되기 때문이다. 빛이 나를 세계의 주인으로 만들어 주었을지는 몰라도 "자기에 사로잡힌 자아를 해방시키기에는 빛의 외재성으로는 충분하지 않다."[78] 만약 삶의 일상적 초월이 항상 같은 지점으로 되돌아온다면, 존재자의 고독은 그 자체로 실현될 것이다. 하지만 삶의 일상적 초월의 동일한 되풀이를 방해하는 사건이 있다. "빛의 초월을 떠받치고 외부 세계에 현실적 외재성을 부여하는 이 초월을 알아차리기 위해, 향유 속에서 빛이 주어지는 구체적 상황으로,

---

77 Emmanuel Levinas, *Le temps et l'autre*, Paris, PUF, 1994(5ème édition), p. 48. (이하 *TA*) /『시간과 타자』, 강영안 옮김, 문예출판사, 2001, p. 69. (이하 『시간과 타자』)

78 *TA*, p. 47. /『시간과 타자』, p. 68.

즉 물질적 실존으로 돌아와야만 한다."[79] 이런 관점에서 볼 때, 나와 실존과의 관계는 앎 또는 이성 안 세계에 대한 나의 태도를 고려한다면 결코 고독으로부터 자아를 벗어나게 해 줄 수 없다. 즉, 타자로의 노출, 자기-자신의 열림은 불가능하다.

타자성은 내 앎의 척도와 기준에 따라 이해되거나 흡수되지 않는다. 다시 말해, 타자와의 관계는 의식의 지향성으로 환원되지 않는 구조를 지닌다. "관계란 사실 그 자체로 타자성을 중성화하지 않고 타자성을 보존한다."[80] 타자와의 관계는 따라서 인식하는 주체 안에서 시작하지 않을 것이다. 타자와의 소통을 위해 우선 외부로 향한 주체의 열림이 필요하다. 주체는 존재(esse)에 붙은 내재성으로부터 분리될 때까지 자신을 열어야만 한다. 열림은 여기서 나타나기 위해 열리는 존재의 본질과 다른 의미를, 열린 본질 그리고 의식에 위임된 본질의 현전에서 열리는 의식과 다른 의미를 지닌다. "열림, 이것은 상처와 모욕에 노출된 피부의 노출(dénudation)이다."[81] 레비나스는 존재의 본질로부터 나타날 수 있는 모든 것 저편에서 열림의 가능성을 본다. 이것은 고통으로까지 자신을 내맡기면서 피부를 노출시키는 감성 안에서이다. 이것은 "살아있는

---

79 *TA*, p. 49. / 『시간과 타자』, p. 69.

80 *TA*, p. 78. / 『시간과 타자』, p. 104.

81 Emmanuel Levinas, *Humanisme de l'autre homme*, Le Livre de Poche, coll. 《Biblio》, 2000, p. 104. (이하 *HAH*)

인간의 신체성에 따라, 아픔의 가능성으로서 - 본래, 아픔의 감응성인 감성으로서 - 피부 안에서 드러내는, 자신을 내맡기는, 고통을 겪는 자기로서 - 피부로서, 피부 속 아픔으로서, 자기에게 피부를 갖지 못하는 아픔으로서 - 상처받기 쉬움(vulnérabilité)으로서이다."[82] 이제부터 감성의 피부로 느끼는 직접성은 주체성 안에서 중대하게 여겨진다. "감각에 의해 맡겨진 인식형이상학의 역할로 환원되지 않는 감성적인 것의 직접성은 상처와 향유로의 노출이고 - 향유 안에서 상처로의 노출 - 상처를 자기 안에서 만족해하고 자기를 위해 놓인 주체의 주체성에 도달하도록 하는 것이다."[83] 주체의 주체성은 더 이상 주체성이 본질적으로 사유이고 개념이라는 관념론의 주장과 일치하지 않는다. 하지만 주체성은 감성적인 것의 직접성 안에서 맺어지고, 주체성은 감성을 그것의 본래 장소로써 내어준다.

『전체성과 무한』에서, 감성은 '향유의 방식'으로 이해된다. 향유는 '각자 자기를 위해'라는 표현처럼 자기를 위해, 자기의 배고픔만을 듣는 그런 배(腹)처럼 있다. 따라서 향유는 자기를 향한 운동으로써 자아의 자기성(ipséité)을 형성하게 한다. 아마도 주체성은 향유 안에서 그 기원을 가질 것이다. 하지만 향유는 외롭다. 왜냐하면, '자기 안으로 물러남'인 향유는 향유하는 존재를 그의 만족

---

82 *AE*, pp. 86~87. / 『존재와 달리』, p. 117.

83 *AE*, p. 104. / 『존재와 달리』, p. 142.

안에 가둘 수 있기 때문이다. 이러한 향유의 만족감은 타자로 통하는 것을 불필요하게 만든다. "향유 안에서, 나는 절대적으로 나를 위해 존재한다. 타인의 참조 없는 이기주의자 - 나는 혼자이다 (…) 별 뜻 없이 이기적이고 혼자이다. (…) 타인에게 완전히 귀를 닫은, 모든 소통과 소통하기의 모든 거부 바깥에"[84] 있다. 다시 말해, 향유는 자아가 자기-자신에 대해서만 움츠리는 이기주의의 운동으로, 자아는 자신의 둥글게 감김(enroulement) 속(內) 특이화(singulari-sation)로 기술될 수 있다. 따라서 자기 안에 유폐되는 대신에 타자와의 초월적 관계를 여는 가능성을 가지기 위해선 "향유가 파고드는 내재성 자체 안에서, 자기 안의 이러한 동물적인 만족감과는 다른 운명을 유발하는 타율성이 발생해야 한다."[85] 그렇지만, 향유는 "감성의 불가피한 계기"[86]로써 여전히 필요하다. 왜냐하면, 향유는 본래 "아픔(douleur)의 절박성(imminence)"이기 때문이다. "행복(bien-être)과 향유로서 체험된 감성 안에서 움트는 아픔으로서의 절박성."[87]

---

84 Emmanuel Levinas, *Totalité et Infini : Essai sur l'extériorité*, Le Livre de Poche, coll. 《Biblio》, 2009, p. 142. (이하 *TI*) / 『전체성과 무한 : 외재성에 대한 에세이』, 김도형·문성원·손영창 옮김, 그린비, 2018, p. 194. (이하 『전체성과 무한』)

85 *TI*, p. 159. / 『전체성과 무한』, pp. 217~218.

86 *AE*, p. 116. / 『존재와 달리』, p. 158.

87 *AE*, p. 93. / 『존재와 달리』, p. 127.

삶 자체를 누리는 삶 속에서 만족해하는 향유로부터 나와야만할 것이다. 하지만 향유 없이는 타자로의 노출로서 감성도 없을 것이다. 타자로의 노출이 타자에 의해 아무 이유 없이 살을 고사시키는 가시에 의해 고통을 겪기까지에 이르는 타자를-위함인 한에서, 자신의 존재를 즐기는 자아 안에서 "실타래의 감김과 같은 이기주의의 운동 자체"[88]가 없다면, 감성은 마비될 것이고 무력할 것이다. 고통이 의미를 지니기 위해선 그 자체로 만족하는 이기주의가 필요하다. "그 자체로 만족해할 줄 아는 가능성 속 향유, 변증법적 긴장들로부터 면제된 향유는 감성의 타자를-위함의 조건과 타인으로의 노출로서 상처받을 수 있음의 조건이다."[89] 먹어본 혹은 먹는 자만이 배고픔을 채우는 맛을 느낄 수 있다. 따라서 자기 입의 빵을 주는 것, 이것은 고통스런 줌(don)이다. 왜냐하면, 나는 향유의 만족에서 내 입의 빵을 떼어내야만 하기 때문이다. 더욱이 타자를 위함의 줌은 출혈에까지 이르는 나로부터 떼어냄이다. 그리고 나는 타자를 위해 고통과 함께 상처를 받아들여야만 한다. "고통은 줌(donner)의 형태로 의미한다."[90] "감성이 내가 살아가고 즐기는 빵의 증여 형태 아래에서 실현되는 이상, 의미화가 이 감성 자체인 이상, 입안의 빵을 주는 것, 이것은 의미를 주는 것이다. (…) 주체

---

88 *AE*, p. 118. / 『존재와 달리』, p. 161.

89 *AE*, p. 119. / 『존재와 달리』, p. 162.

90 *AE*, p. 85. / 『존재와 달리』, p. 115.

의 구현은 따라서 의미화, 의미의 증여, 그리고 증여의 의미의 가능성이다."[91]

"의미화(signification)는 감성이다."[92] 고통까지도 무릅쓰는 예민한 감성은 한 항에서 다른 항으로의 참조 없이 그 자신의 의미화를 갖는다. 따라서 "의미화는 앎을 메울 직관을 소환하는 앎의 단계가 아니다."[93] 예를 들어, 열 감각, 미각 또는 후각은 우선 고통, 맛 또는 향기의 앎이 아니다. "누구도 후각적인 것 또는 미각적인 것 안에서 ~에 대한 의식 또는 ~에 대한 경험이 지배적인 요소가 아니라는 것을 부인하지 않을 것이다. 이러한 감각들이 존재하는 향유 또는 고통은, 그것들의 의미화가 비록 앎(savoir) 속에서 나타날지라도, 앎으로서 의미하지 않는다."[94] 후설에게, "의미화는 그것의 대상, 직관, 특히 지각을 겨냥하고 지각에 도달한다."[95] 적어도 지향성에 초연한 것 같은 체험 혹은 감각조차 후설에게는 지향성의 도움으로 대상을 표상하는 요소들이 된다. 질료적으로 주어진 것들은 이미 의식에 고유한, 의식보다 더 깊은 지향성에 의해

91 Didier Franck, *L'un-pour-l'autre : Levinas et la signification*, op. cit., p. 63.

92 *AE*, p. 110. /『존재와 달리』, p. 149.

93 *AE*, p. 29. /『존재와 달리』, p. 39.

94 *AE*, p. 107. /『존재와 달리』, p. 145.

95 Emmanuel Levinas, *Théorie de l'intuition dans la phénoménologie de Husserl*, Paris, Vrin, 1984, p. 112. (이하 *TIPH*) /『후설 현상학에서의 직관 이론』, 김동규 옮김, 그린비, 2014, p. 141. (이하『후설 현상학에서의 직관 이론』)

구성되는 어떤 것이다. 후설에 따르면, 감각은 의식 가운데에 있는 지향성에 의해 고무될 때만이 이치(理致)적인 것에 가담할 수 있다. 그리고 이 이치적인 것은 "전적으로 소유된 것, 주어지고 채우고 만족시키는 것, 우리가 그것에서 기대하는 것과 같은 것, 파악되고 포함될 수 있는 것, 결과인 것이다."[96] 지향성의 구조는 앎, 사유 또는 이해의 구조이다. 생생함에 의해 특징지어지는 직관적 내용이 감각에 의해 구성될 수 있음에도 불구하고, "지각은 지각에 앞서 '직접(en chair et en os)' 그의 대상을 갖는다는 사실에 의해 특징지어진다. 그래서 지각은, 후설이 명명한 것처럼, 특권적 직관 행위(acte), 본질 직관이다."[97] 직관은 대상을 보편적인 것에 결부시키는 관념성이다. 그리고 직관의 특징은 지향성의 특징이기도 하다. 느끼는 자에 의한 느껴진 것의 적절한 소유 안에서, 직관 또는 지향성에 의해 둔감해진 것은 의식의 내재적 본질, 존재와 존재 표명의 일치, 관념으로 환원된다. 즉, 이것은 존재론에 속한다.

주체는 지향성에서 출현하는 앎과 분리될 수 없는가? 후설에게서, 주체는 진리를 의식에 본질적인 지향성 속 봄(vision)을 통해 발견한다. 달리 말해, 의식의 지향적 구조는 표상에 의해 특징 지어진다. 하지만 향유 혹은 고통의 지향성은 표상의 지향성과는 다르게 기술되어야만 하지 않는가? "~에 대한 의식에 의한 감성적

---

96 *DMT*, p. 130. / 『신, 죽음, 시간』, pp. 169~170.

97 *TIPH*, p. 108. / 『후설 현상학에서의 직관 이론』, p. 137.

인 의미화의 해석은 (⋯) 감성적인 것을 설명하지 못한다. "[98] 왜냐하면, 감각들을 의미하는 방식은 표상적이지 않기 때문이다. "이것은 주제화하는 의식으로서 ~에 대한 의식과 함께 동일시되기 전에 감각들의 마음의 현상(psychisme)을 기술하는 것이다. (⋯) 의식으로 복귀하는 표명(manifestation)의 특권적인 역할 속에서 주제화하는 의식은 의식이 다 소진되지 않은 그리고 적극적으로 기술되어야만 하는 마음의 현상 안에서 의미를 갖는다. 이것 없이, 존재론은 주제화하는 사유의 시작으로써뿐만 아니라 - 불가피한 것으로써 - 이야기의 종결로써 - 그러나 의미화 자체로써 강제된다. "[99] 인간적인 것의 가장 깊은 층으로써 마음의 현상은 통시적이다. 통시성은 "동일자가 동일자로 복귀하지 못하는 동일성의 분리이다. "[100] 따라서 표상(représentation)은 이 통시성을 포괄할 수 없다. 마음의 현상은 의식의 표현으로 사유될 수 없고, 동일자로서 기술될 수도 없다. "마음의 현상은 동일성의 - 긴장 또는 이완의 - 이상한 격차의 형태이다. 자기-자신과 일치하지 못하게 된 동일자, 짝이 없는 (dépareillé), 휴식에서 쫓겨난, 잠과 불면, 숨가쁨과 미동 사이의 동일자. 타자로부터 소외되고 타자의 노예가 된 동일자의 포기가 전혀 아닌, 타자에 대해 전적으로 책임이 있는 자기의 희생. 책임에

---

98   *AE*, p. 109. / 『존재와 달리』, p. 148.

99   *AE*, pp. 109~110. / 『존재와 달리』, p. 149.

100   *AE*, p. 88. / 『존재와 달리』, p. 119.

의해 그리고 타자를 위해 두드러지는(s'accusant) 동일성. 책임의 형태로, 영혼의 마음 현상 형태로, 이것은 내 안의 타자이다."101

주체성, 이것은 동일자 안의 타자이다. 마음의 현상은 타자에 의한, 타자를 위한 동일자의 요구를 의미한다. 따라서 이것은 기존의 존재질서와 존재의 동시성을 전복한다. "주체는 타자를 위해 있고, 그의 존재는 타자를 위해 떠나고, 그의 존재는 의미화 안에서 소멸한다."102 의미화는 육화(incarnation)로서만 가능하다. 주는 것의 가능성은 마음의 숨에 의해 활력이 불어넣어진 신체 안에서 이루어진다. "육화로서, 그의-살갗-속의-존재로서, 그의-살갗-안의-타자를-가짐으로써"103 동일자 안의 타자성을 의미할 수 있는 마음의 현상. 이런 의미에서, 주체성이 동일자 안의 타자로서 구성되는 양상은 인식하는 주체로부터 생길 수 없다. 존재는 앎으로부터 오지 않는다. 왜냐하면, 존재는 타자를-위한-일자로부터 의미되기 때문이다. 주체는 따라서 타자를 위해서만 자기-자신이 되고 그의 동일성은 타자에 의해 주어진다. 타자를-위한-일자의 의미화는 "모든 나의 내면성이 내-의지에-반하면서-타자를-위해 부여되는"104 것으로서 기술될 것이다. 의미화는 타자로의 노출로부터

---

101   *AE*, p. 111. / 『존재와 달리』, p. 151.

102   *AE*, p. 88. / 『존재와 달리』, p. 119.

103   *AE*, p. 181. / 『존재와 달리』, p. 249.

104   *AE*, p. 26. / 『존재와 달리』, p. 35.

이다. 그리고 이 노출은 상처받을 수 있음, 수동성, 증여로서 실현될 수 있다. 주체의 주체성으로서 감성은 맛보기, 향유로 시작하지만, 결국 타자를 위한 모든 희생의 가능성으로서의 염려로 되돌아온다. 의미화가 감성인 한, "의미화는 본질에 선행한다."[105] "의미화, 이것은 자기-자신과 일치하지 않는 동일성의 타자를-위한-일자이다. 생기 있는 신체의 중대함과 마찬가지인 것, 즉 타인에게 자신을 표현하면서, 토로하면서 제공되는 것!"[106]

4. 수동성과 주체성

감성은 동일자-안의-타자를 가능하게 한다. 하지만 "모든 의지, 모든 행위, 모든 선언, 모든 입장표명 이편의(en deçà)"[107] 감성이 어떻게 타자를 동일자 안에 들이도록 하는가? 우리는 "이것이 모든 수동성보다 더 수동적인 수동성에 따라, 즉, 떠맡을 수 없는 수동성에 따라 관련된 방식은 아닌지"[108] 자문해 볼 수 있다. 떠맡기, 이것은 수용성이고, 수용성은 "재장악(ressaisissement)"이다. 하

---

105 *AE*, p. 29. / 『존재와 달리』, p. 39.

106 *AE*, p. 114. / 『존재와 달리』, p. 155.

107 *HAH*, p. 104.

108 *DMT*, p. 131. / 『신, 죽음, 시간』, p. 170.

지만, 수동성은 "파열(éclatement)"이다. 따라서, 우리는 수동성과 수용성을 동일시할 수 없다. "파열(rupture)은 모든 수동성보다 더 수동적인 수동성이다. 이것은 외상(traumatisme)과 같다."[109] 외상의 가능성 자체로서의 육화(incarnation)에서, 동일자는 죽을 수 있는 상처, "상처와 모욕에 노출된 피부의 벗겨짐(dénudation)"[110]에까지 그의 신체적 삶을 타자를 위해 바친다. 이것은, 자기 뜻에 반하더라도(malgré soi), "타자에게 자기 입안의 빵과 어깨에 걸친 망토까지도 주는 의무에 있다."[111] "'육화'의 극단적인 수동성 - 질병, 고통, 죽음에 노출된 존재, 이것은 연민(compassion)에 노출되는 것이다. 그리고 자기는 비용을 치르는 줌(don)에 노출된다. 무기력과 무(無)의 제로(zero)인 이편에서, 존재 안에서가 아닌 그 자체로 존재함의 결핍인, 명백히 머리를 둘 장소 없는 비-장소(non-lieu)에서, 그리고 이처럼 조건 없이, 자기-자신은 세계의 담지자로 드러날 것이다. (또한) 지탱하는 자, 고통받는 자, 휴식의 실패와 조국의 결여, 그리고 박해와 관련된, 타자를 대신함으로 드러날 것이다."[112] 우리는 여기서 다시 한번 타자와의 관계가 의식에 의해 동일자로 환원될 수 없음을, 육체는 단지 이미지나 형상이 아님을 깨닫는다.

---

109 *DMT*, pp. 250~251. / 『신, 죽음, 시간』, p. 326.

110 *HAH*, p. 104.

111 *AE*, p. 93. / 『존재와 달리』, p. 127.

112 *AE*, p. 172. n° 2. / 『존재와 달리』, pp. 236~237. n° 14.

타자를 위한 일자로서의 의미화는 수동성 안에서 "타자에 편
입된 헌신 속에서 의미하는 의미 한 가운데에 순수한 광기"[113]의
가능성을 가정한다. 죽을 수밖에 없는 일자는 죽을 수밖에 없는 타
자를 위한 의무 안에 있다. 나의 필멸성(必滅性)에도 불구하고 내가
우선적으로 타자의 죽음에 대해 의무 혹은 책임이 있다는 것은 얼
마나 불합리한가? 사실, 이러한 불합리는 "본질을 전도시키는 사
면(absolution)이다. 본질의 부정이 아닌 탈-존재사건, '타자를 위해'
떠나는 '존재와 다르게', 여기서 자기를 위한 모든 지위의 토대들
을 소진하는 그리고 이 소진(consumation)에 따라 실현될 모든 실체
화의 토대들을 소진하는, 모든 것이 다시 살아날 위험이 있는 이
소진의 재까지 타자를 위해 불태우는 '존재와 다르게'"[114] 이다.
일자(一者)는 그의 존재를 벗어버리는 데에 있다. 죽는다는 의미에
서가 아닌, 변한다는 의미에서, '존재와 다르게'라는 의미에서. 만
일 일자가 이 같은 광기 없이 냉정을 유지한다면, 일자는 타자와
의 거리를 두고 타자를 잃게 될 것이다. 즉, 타자와의 가까움은 없
을 것이다. 어떻게 보면, 타자를 위한 이러한 비상식적인 의무 혹
은 책임은 존재 안에서의 인간적인 소명은 아닐까? 만일 그렇다면,
이 소명은 주체가 참조됨이 없이, 주체가 자발적으로 결정함이 없
이 주체에게 일어날 것이다.

---

113 *DMT*, p. 133. / 『신, 죽음, 시간』, p. 174.

114 *AE*, pp. 85~86. / 『존재와 달리』, p. 116.

수동성은 "타인에 대한 주체의 노출"[115]이고 이 노출은 고통 (douleur)[116]이다. 고통은 단순히 겪는 것에 있지 않다. 고통이 격화 될수록 고통은 견딜 수 없고 힘든 동의가 된다. 이것은 자신이 겪는 것을 떠맡지 못하는 수동성이다. 이것은 마치 시간이 손안에 움켜쥐지 않고 빠져나가듯 흐르는 것과 같다. 시간은 흐른다. "시간의 경과 - 시간의 상실 - 로서 시간화는 명백히 자아의 주도권도 아니고 행위의 어떤 목적(telos)을 향한 운동도 아니다."[117] 모든 의지를 벗어난 시간의 시간화는 지향성의 반대이다. 예를 들어, 늙어감은 수많은 시간이 걸리는, 시간의 지속 자체인 인내 안에서 일어난다. 그런데, 우리는 이 늙어감을 기다리지 않는다. "왜냐하면, 기다림은 지향적이기 때문이다. 기다림은 기다림 속에서 자신이 기다리는 것과 동등한 지향성이다. 모든 지향성에서처럼, 기다림 속에 사유된 것과 사유를 채우는 것 사이의 같음이 있다."[118] 인내는 기다림이 아니라, "기다려짐이 없는 기다림, 기다림의 지향이 없는 기다림이다. (⋯) 인내는 그 자신의 지향을 삼켜버린다. 시

---

115   *AE*, p. 92. / 『존재와 달리』, p. 125.

116   우리는 여기서 하이데거가 Georg Trakl의 시 '겨울 저녁'을 해석하면서 분석한 '고통'을 참조해 볼 수 있다. 마르틴 하이데거, 『언어로의 도상에서』, 신상희 옮김, 나남, 2012, pp. 25~53. 참조.

117   *AE*, pp. 87~88. / 『존재와 달리』, p. 118.

118   *DMT*, p. 162. / 『신, 죽음, 시간』, p. 211.

간은 순종하면서 관계한다(se référer). 시간은 무한에 순종하고(se déférer) 무한을 향해 초월한다. 그리고 기다려짐이 없는 기다림은 (…) 타인을 위한 책임으로 바뀐다."[119] 따라서, 타자를 위한 책임은 타자에 의해 가해진 모든 고통에 대한 역경의 인내를 지닌다.

　　나는 책임의 관계 안에서 타자를 위해 있다. 그리고 타자에 대한 책임의 관계 안에 있는 주체는 시간의 수동성으로부터 기술된다. 이 수동성 안에서, 주체는 "소환된 자의 유일성으로서"[120] 유일하고 대체할 수 없는 동일성을 갖는다. 주체는 더 이상 자기에 대해 완전한 지배를 하지 못한다. 주체의 동일성 구성은 이제부터는 자기-자신으로부터 구성될 수 없다. 왜냐하면, 주체는 그가 책임져야 하는 타자에 의해 임명되기 때문이다. 즉, 나는 내게 책임의 임무를 부여하는 타자로부터 나의 동일성을 받는다. "나는 피고인으로서 목적격에 놓인다. 즉, 나는 모든 자리를 잃는다. 이런 의미에서, 나는 정립되는(se poser) 것이 아니라, 타인을 위해 그리고 심지어 타인의 잘못들을 위해 대신하고 고통받고 벌을 받을 정도로 그리고 속죄 자체로까지 면직된다. 이것은 자기에 대한 반성의 행위와는 전혀 관련되지 않는다. 이것은 능동성에 반대되는 수동성이 아니다. 왜냐하면, 이것은 단지 행위의 이면일 수동성의 저편

119　*DMT*, p. 159. / 『신, 죽음, 시간』, p. 208.

120　*AE*, p. 88. / 『존재와 달리』, p. 119.

에 있기 때문이다."[121]

　　존재자로서 주체는 주격에 놓이지 않고 목적격의 입장에 처한다. 주체는 주체가 능동적이 되는 것으로부터, 주격이 되는 것으로부터 시작하지 않는다. 주체는 단번에 목적격에서 자기를 묘사한다. 주체는 항상 자신의 자리를 양보하는, 스스로를 문제 삼는, 응답해야만 하는 첫 번째 사람으로 이끌린다. 다시 말해, 주체는 "항상 관계 안에서 전환 가능한 항으로 놓인다. (…) 주체는 타자들을 위한 책임 안에서 풀리지 않게(indénouable) 맺어진다. 이것은 어떤 자유의 이면도 아닌, 현재 또는 상기할 수 있는 과거 안에서 파악된(pris) 어떤 자유로운 연루(engagement)의 이면도 아닌, 노예의 자기 상실(aliénation)도 아닌 무-시원적(an-archique) 얽힘(intrigue)이다. (…) 자기-자신은 타자들로부터 가능한 회피(démission)없이 대체할 수 없는 자로서, 바쳐진 자로서 선동된다."[122] 주체는 자발성으로 전환되지 않는 수동성 안에서 타자를 위한 책임으로 소환된 유일자로서 선출된다. 주체의 유일성은 어떠한 회피도, 어떠한 대체도 허용하지 않는 소환을 의미한다. 왜냐하면, 나는 "선출을 받아들임 없이" 선출되었기 때문이다. "선출을 선택함이 없이 선출된, 받아들여진 지명 없이 선출된 자로서 - 일자는 겪음(subir)의 모든 수동성보다 더 수동적인 수동성이다. 일자의 수동성은 - 그의 책임

121　*DMT*, p. 188. /『신, 죽음, 시간』, p. 243.

122　*AE*, pp. 166~167. /『존재와 달리』, p. 228.

또는 그의 고통 - 의식 안에서 시작하지 않는다. 즉, 의식의 이편에서(en deça) 시작하지 않는다. 이것은 일자에 대한 선의 전-근원적인(pré-originel) 지배 안에서 구성된다."[123] 자유로운 모든 연루 이전의 책임, 이것은 나의 존재를 넘어선 의무이다. 그리고 주체를 선출한 선은 존재 이전의 선이다. 따라서 본질의 이편에서 일자에게 요구되는 책임은 "'태곳적 시간' 이래로 - 무-시원적으로 - 주체성 안에서, '타자에 의함'이 또한 '타자를 위함'이기 때문에 가능한 방식"[124]이다. 항상 현재를 위해 대응하는 자기의식은 자기를 위함으로 돌아온다. 하지만 존재로부터 분리된 일자는 의식으로 평가할 수 없다. 그는 의식의 흐름을 끊는 수동성 안에 있다.

　"수동성은 끝까지(타자의 볼모로까지) 밀고 나간 타자를-위한-일자에서만 의미를 갖는다."[125] 나는 타자에 대해 책임이 있고, 나 외의 다른 누구도 나를 대신할 수 없고 내 입장에 서서 응답할 수 없기에 선출되었다. 더구나 나는 볼모의 처지를 수용하기까지, 타자의 과오를 속죄하기까지 타자를 대신한다. 나의 전부는 타자에 의해 사로잡힌다. 존재의 본질을 뒤집고 자신을 이면으로 놓는 이와 같은 사건은 수동성의 표현이다. 주체는 관계에 대한 결정이 있기 전에 사로잡힌 관련성 안에 놓인다. "'자유롭게 숙고하는' 주체에

123　*AE*, p. 95. / 『존재와 달리』, p. 130.

124　*AE*, p. 199. / 『존재와 달리』, pp. 273~274.

125　*DMT*, p. 218. / 『신, 죽음, 시간』, p. 281.

의해 취해진 결정들에 기원을 두지 않는 책임들에 사로잡힌, 따라서 무고(無辜) 속에 기소된 자기 안의 주체성은 자기에 대한 거부(re-jet)이다. 구체적으로 말하자면, 타자들이 행하거나 겪는(souffrir) 것으로부터 기소되거나 혹은 그들이 행하거나 겪은 것에 대해 책임을 지는 것이다."[126] 수동성 안에서 주체의 주체성은 "자기를 위해 놓인 자아의 '선(先)역사(préhistoire)' 안에서 (…) 에고(Ego)보다 더 옛날의, 원리들 이전의"[127] 책임을 가리킨다. 레비나스가 말하는 주체는 타자를 위함에서 타자를 위한 인질로까지 가는 타자에 대한 복종을 감수한다. 본질 밖에서, 대체할 수 없는 볼모로서의 주체의 주체성을 위해, 수동성이 진술된다. "수동성의 수동성이 필요하다."[128] 모든 수동성보다 더 수동적인 수동성.

　　회피할 수 없는 소환의 수동성 안에 놓인 주체는 자신에 대한 모든 확신을 포기한다. "주체의 주체성은 책임 또는 문제의-존재이다."[129] 의식의 휴식을 방해하는 타자에 의한 문제 제기는 매 순간 나의 이기주의를 상기시키고 내가 저지르지 않은, 원하지도 않은 잘못 때문에 나를 기소한다. 이 같은 방식으로 나를 어떠한 원칙도 없이 일방적으로 몰아붙이는 것은 일종의 박해이다. 만일 박

126　*AE*, p. 177. / 『존재와 달리』, p. 243.

127　*AE*, p. 186. / 『존재와 달리』, p. 256.

128　*AE*, p. 223. / 『존재와 달리』, p. 308.

129　*AE*, p. 176. / 『존재와 달리』, p. 242.

해라는 말이 어떤 것이 외부에서 내게 영향을 끼치는 것을 암시한
다면, 타자가 나의 뜻에 반해 내게 영향을 미치는 방식, 이것은 박
해이다. 우리는 왜 이러한 방식을 박해로 이해해야 하는가? 레비
나스에 따르면, 주체는 그 자신의 행동의 모든 가능성 이전에 타자
들에 의해 영향을 받는다. 다시 말해, 행위 또는 선택의 모든 가능
성 이전 수동성 안에서 설립된 타자와의 관계를 통해 주체는 즉위
한다. 따라서, 나는 내가 했던 것에 대해 책임이 있을 뿐만 아니라,
내가 원하지 않았던 것에 대해서도 책임이 있다. 나는 나도 모르게
책임의 관계 안에서 타자와 연루된다. 이 얼마나 박해적인 상황인
가! 나는 본래부터 박해받고 포위당하고 점유된다. 그렇지만, 나는
고통받기 위해 그리고 주기 위해 나 자신을 내맡긴다. 역설적이게
도, 이것은 내가 나에 대해 갖는 의미의 시작이다. "나는 책임을 거
부할 수 없다. 이미 주체의 지위는 폐위(dé-position)이고, 자기 보존
(conatus essendi)이 아닌, 곧장 박해 그-자체의 폭력을 속죄하는 볼모
의 대신함이다. 주체의 탈-실체화(dé-substantiation), 탈-물화(dé-réifi-
cation), 탈존재사건(désintéressement), 예속에까지 주체의 주체성을 사
유해야만 한다."[130]

　책임은 의지의 실현 문제가 아니다. 이것은 오히려 자기를 염
려하기보다 타자를 우선적으로 염려하는 것과 관련한다. 타자의
상처받기 쉬운 노출 때문에 나는 그에게 무관심할 수 없다. 따라서

130　*AE*, p. 202. /『존재와 달리』, p. 278.

나는 상처받기 쉬운 타자를 홀로 둠이 없이 응답해야 한다. 우리는 우는 아이를 두고서 차마 발걸음을 뗄 수 없다. 자기 안에서 휴식을 갖지 못하는 걱정은 늘 '타자를 위함'을 향해 있다. 이것은 "모성성의 변형(modification), 마음 깊은 곳에서 가질, 가지게 될 것들에게서 상처 입은, '마음 깊은 곳(entrailles) 신음'의 변형이다."[131] 타자를 위한 삶의 전부로서, 모성성은 박해, 노출, 기소, 속죄, 볼모에 연결된다. 그리고 주체의 탄생을 위해 필요한 이 모든 것은 "어떠한 '정상적인' 의지도 원할 수 없는 수동성"[132]에 의해서만 가능하다. "주체성은 수임(assomption)없는 수동성에 이른다."[133] 이것은 주체성이 주어진 것을 떠맡는 수용성 안쪽의 내재성으로 돌아가지 않는다는 것을 의미한다. "주체성은 모든 수동성보다 더 수동적인 수동성에 의해, 물질보다 더 수동적인 수동성에 의해, 상처받을 수 있음에 의해, 감성에 의해, 벌거벗음보다 더 벌거벗겨진 벌거벗음에 의해, 이 벌거벗음 자체가 말하게 하는 진실한 벌거벗김(dénude-ment)에 의해, 책임의 말함에 의해, 책임이 끝까지 말해지는 대신함에 의해, 자기의 주격이 없는 목적격에 의해, 근거 없는 기소의 충격(traumatisme)에 대한 노출에 의해, 타인을 위한 속죄에 의해 의미

131　*AE*, p. 121. /『존재와 달리』, p. 165.

132　*HAH*, pp. 109~110.

133　*AE*, p. 255. /『존재와 달리』, p. 355.

를 전한다."[134]

5. 타자를 위한 헌사 : '제가 여기 있습니다'

"나(Je)라는 단어는 온갖, 모든 것에 대해 응답하는 '제가 여기 있습니다'를 의미한다."[135] 타자가 나를 부를 때, 나는 "회피하기 좋은 은밀한 구역 없이"[136], 나에 뜻에 역행해 그에게 응답해야만 한다. 내가 타자에게 행하는 응답은, 책임의 응답으로써, 나의 자발적인 응답이 아닌, 타자 앞에서 응답하라는 타자의 소환에 의한 응답이다. 이 소환은 자기를 대체하거나 혹은 회피하는 어떠한 가능성도 허락하지 않는다. 소환 속에서, 나는 "대명사 '내'가 목적격에 속하는, 모든 격변화 이전에 격변화 된, 타자에 의해 사로잡힌(possédé), 아픈, 동일한"[137] '제가 여기 있습니다'라고만 대답할 수 있다. 그리고, '제가 여기 있습니다'를 발화하는 순간, 나는 내 안의 인간적인 것을 일깨울 것이다.

인간적으로, 나는 책임을 거부할 수 없다. 왜냐하면, 책임은

---

134 *HAH*, p. 122. n° 8.

135 *AE*, pp. 180~181. / 『존재와 달리』, p. 248.

136 *AE*, p. 229. / 『존재와 달리』, p. 316.

137 *AE*, p. 222. / 『존재와 달리』, p. 306.

내게만 부과되기 때문이다. 이것은 내가 결코 타자에게서 벗어나지 못한다는 것을 의미한다. "그리고 이 절대 벗어나지 못함 속에서, 무한의 '연출'과 고갈되지 않는 구체적인 책임이 있다. '아니오'라고 말하는 것의 불가능성. 하지만 이것은 타인을 향해 '제가 여기 있습니다' 혹은 '제게-보내세요'라고 내게 말하게 하는 무시원(anarchie)이다. (…) 항상 새로운 미래에의 책임. 내가 노출되었고 나-자신에게 바쳐지기 전에 바쳐진 숙고(délibération) 이전의 책임."[138] 책임은 선출 안에서 정해지는 의무가 아니다. 자유에 앞선 책임이 있다. 무시원은 - 원리 없는, 시작 없는 - 내가 떠맡지 않은 것에까지 나를 인도한다(extrader). 나는 따라서 곧장 '제가 여기 있습니다'에 종속되는 수동성 안에 놓일 수 있다.

　　타자 앞에서 '제가 여기 있습니다!'라고 신호로서 말함은 이미 신호의 증여(donation) 자체인 신호이다. 비록 내가 어떠한 태도도 취하지 않을지라도, 이것은 어떤 상황과 관련한다. "침묵의 불가능성." 이것은 "진솔성의 스캔들"이다. "줌(donner)과 결합해야만 하는 진솔성. 진솔성은 줌과 분리될 수 없다. 왜냐하면, 곳간을 여는 것이 진솔성이기 때문이다. (…) 주는 손은 어느 것도 감출 수 없

138 Emmanuel Levinas, *Altérité et transcendance*, Le Livre de Poche, coll. 《biblio》, 2010, pp. 114~115. (이하 *AT*) / 『타자성과 초월』, 김도형·문성원 옮김, 그린비, 2020, pp. 126~127.

이 곳간을 비운다."[139] 주는 손은 자기를 위해 어떤 것을 비축해 두어서는 안 된다. 나는 타자에게 마음은 물론 몸까지도 다 헌신해야 한다. "자기-입의-빵을-타자에게-줌-안에서 타자를-위해-자기로부터-떼어내기."[140] 따라서 '제가 여기 있습니다'는 "줌(donner)으로의, 가득한 손으로의, 신체성으로의 수렴을 의미한다. 신체는, 줌에 드는 비용 모든 것과 함께, 줌의 조건 자체이다."[141] '제가 여기 있습니다'는 마지막 물 한 방울까지 줄 정도로 대단히 극단적인 책임짐으로 이해되어야 한다.

　'제가 여기 있습니다'는 신의 이름으로 신을 증언하는 것이 아니다. 신은 진술되지 않는다. 이것은 무한의 증언이다. 무한이 언어에 기입되는 첫 번째 말, '제가 여기 있습니다'. 그렇지만, 무한이 증언하는 것은 주제화되지 않는다. 왜냐하면, 무한은 너무나 높은 속-마음(arrière-pensée)이고 절대 현재하지 않기 때문이다. 어떠한 현존도 무한을 담아낼 수 없다. 따라서 무한의 경험은 있을 수 없다. 무한은 윤리적 요청 안에서만 나타난다. 윤리는 경험 자체너머에 있고 명령의 모든 들음에 앞선 복종에 대해 복종하는 주체를 요구한다. 따라서 타자 앞에서 '제가 여기 있습니다'를 말하는 주체는 그에게 과해진 책임을 떠맡기를 인정한다. "타인에게 보낸 신호

139　*DMT*, p. 224. / 『신, 죽음, 시간』, p. 290.

140　*AE*, p. 222. / 『존재와 달리』, p. 307.

141　*DMT*, p. 220. / 『신, 죽음, 시간』, p. 285.

안에서 - 주제화되지 않은 - 증언된 무한은 타인을 위한 책임으로부터, 타자를 위한 일자로부터, 모든 것을 짊어지는 주체로부터 - 모든 것에 속한 주체 - 즉 모두를 위해 고통받는, 그런데 모든 것에 책임이 있는 주체로부터 - 의미한다."[142]

타자에게 나를 부여하는 윤리적 요청에 복종하는 '제가 여기 있습니다'에서, '나'는 "존재 밖의 존재가 아닌, 의미화, 타자를 위한 존재의 본질의 퇴거(évacuation), 자기(soi), 타자를 대신함이다. 모든 것에 예속되는 것으로서, 순전(純全)한 지지자로서 그리고 모든 것의 지지자로서의 주체성이다."[143] 복종하는 주체의 수동성 안에서, 복종에 복종하는 가능성이 있다. "복종 자체에서 명령을 탈연대기적으로(anachroniquement) 발견하는 가능성과 자기-자신으로부터 명령을 받아들이는 가능성 - 타율성에서 자율성으로의 이 전환은 무한이 발생하는 방식이다."[144] 이것은 영감이다. 영감은, 타자를 위한 죽음에로까지, 타자를 위한 삶의 커다란 바람을 내 안에 일으킨다. 영감은 따라서 윤리적 의미로 이해되어야 한다. 또한, 이것은 주체가 어떻게 그가 따르는 의무의 장본인이 되는지를 아는가에 대한 대답으로 이해되어야 한다. 무한이 타자에게 나를 부여하는 방식인 의무의 명령은 결코 제시될 수(représentable) 없다. 그

142 *AE*, p. 232. / 『존재와 달리』, p. 321.

143 *AE*, p. 255. / 『존재와 달리』, p. 354.

144 *AE*, p. 232. / 『존재와 달리』, p. 321.

럼에도 불구하고, 주체는 명령을 따르지 않을 수 없고, 감내하지
않을 수 없다. 여기에는 어떤 타율성 같은 것이 있다. 하지만 명령
은 복종하는 자의 입안에서만 울려 퍼진다. 다시 말해, 명령은 복
종 안에서만 들리고, 명령에 응답하는 목소리에 의해서만 진술된
다. 나는 "나도 모르게 내게 불어 넣어진 것의 장본인(auteur)"[145]이
된다. 타율성은 자율성으로 돌아선다. 이러한 전환은 윤리의 양상
이다. 복종, 의무 그리고 명령의 응답과 증언의 목소리는 '제가 여
기 있습니다'에서 응축된다. 그리고 '제가 여기 있습니다'에서 주체
는 타자에 의해 촉발된다. '제가 여기 있습니다'는 나의 책임이 회
피되었을 수도 있을 어둠으로부터 나를 나오게 한다.

　　무한의 증언인 '제가 여기 있습니다'는 '내'가 나의 목소리를
듣는 응답이다. 나는 따라서 타자에 대한 책임의 요청을 내 안에
서만 들을 수 있다. 게다가 나는 응답의 전(前)-반성적인 '제가 여기
있습니다'에서 구체적이게 된다. 즉, 타자의 얼굴과의 만남이 일어
나는 '제가 여기 있습니다'에서 나는 선택 받은 자의 유일성을 갖는
다. 타자의 소환에 대한 노출, 나는 타자의 시선하에서 노출된다.
어느 누구도 내 자리에서 나 대신 응답할 수 없다. 교환될 수 없는,
대체할 수 없는 나의 책임은 본래 상호성을 갖지 않는다. 하지만
한편으로, "각 개인이 잠재적으로 선출된 자인 사람들, 자기 차례
에 - 또는 자기 차례를 기다림 없이 - 자아의 개념으로부터 나오도

145　*AE*, p. 232. / 『존재와 달리』, p. 321.

록, 군중 속 개인의 확대로부터 나오도록, 책임에 대해 응답하도록 소환된다. 근본적으로 자기의 자리를 잃는, 또는 존재 안에서 그의 안식처를 잃는, 또한 유토피아의 편재성(ubiquité) 안에 들어가는 타자들을 위한 '저요' 다시 말해, '제가 여기 있습니다'."146 본래적이고 양도할 수 없는, 선출된 주체의 유일성은 다수성에 관한 질문을 대수롭지 않게 여길 수만은 없다. 그렇지만, 서로 책임이 있는 개인들 사이에서도 나와 마주한 타자와의 비대칭적 관계는 여전히 유지된다. 즉, 나와 나의 타자 사이의 상호성은 복구되지 않는다. 대신에, 정의의 명령이 있다. 왜냐하면, 타자 옆에 제삼자가 있기 때문이다.

---

146 *AE*, p. 283. / 『존재와 달리』, p. 391.

6장

제삼자의 개입
: 정의의 발생과 정치적 공간의 열림[1]

1. 제삼자의 등장 : 문제의 발생

만약 아담과 이브처럼 혹은 로빈슨 크루소와 프라이데이처럼
나와 타자만 있다면, 나는 타자를 위해서만 헌신할 수 있을 것이
고 타자를 위해서만 살아갈 수 있을 것이다. "하지만 이 세계에, 나
와 타자만 있지 않다. 항상 제삼자가 있다. 나를 에워싼 사람들"[2]
이 있다. 만일 사라져가는 언어를 사용할 줄 아는 자가 나와 타자

---

1 이 글은 필자가 『범한철학』 제97집(2020.06)에 실은 「레비나스와 정의 그리고 정치 : 제삼
자의 개입에 의한 정의의 발생과 정치적 공간의 열림」을 수정·보완한 것임.

2 Emmanuel Levinas, "Entretien avec Emmanuel Levinas", *Répondre d'autrui : Emmanuel Levinas*, textes réunis par Jean-Christophe Aeschlimann, Editions de la Baconnière, Boudry-Neuchâtel(Suisse), 1989, p. 10.

뿐이라면, 이 희귀 언어의 사용자가 세상에 둘 뿐이라면, 나 외에 누구와도 대화할 수 없는 그를 위해서만 나는 응답할 것이다. 만일 내가 그와의 관계를 끝낸다면, 그는 전할 수 있는 한마디 말을 남기지 못한 채 죽어갈 것이다. 따라서 나는 "아무와도 대화할 수 없는 언어가 모국어인 사람의 고독"[3]을 생각하면, 그를 혼자 죽음에 내버려 둘 수 없다. 하지만 나는 그의 모국어뿐만 아니라 공용어도 사용할 줄 안다. 내가 그와 단둘이 있을 때, 나의 언어적 재능은 그를 위해서만 발휘된다. 하지만 나와 공용어를 공유하는 제삼자가 있다. 제삼자 또한, 마찬가지로 나와 대화하길 원하는 자이다.

얼굴과 얼굴을 마주한 상황에서, 나는 한 사람을 상대로 한다. 이 경우, 타자를 위한 나의 무한 책임은 문제가 되지 않는다. 하지만 나는 절대 오직 한 사람만 상대하지 않는다. 왜냐하면, 나는 다수의 사회 안에 살기 때문이다. 실제로, "[나]를 보는 얼굴은 공공의 질서의 백일하에 놓인다. 비록 내가 대화 상대자와 함께 사적인 관계의 공모와 은밀함을 추구하면서 공공의 질서와 분리될지라도."[4] "제삼자는 타인의 눈에서 나를 본다."[5] 제삼자는 타인의 얼

---

3 김영하, 『오직 두 사람』, 문학동네, 2017, p. 12.

4 Emmanuel Levinas, *Totalité et Infini : Essai sur l'extériorité*, Le Livre de Poche, coll. 《Biblio》, 2009, p. 234. (이하 *TI*) / 『전체성과 무한 : 외재성에 대한 에세이』, 김도형·문성원·손영창 옮김, 그린비, 2018, p. 316. (이하 『전체성과 무한』)

5 *TI*, p. 234. / 『전체성과 무한』, p. 316.

굴과 눈 안에 이미 있었다. 즉, 제삼자의 계시는 타인의 얼굴의 현현과 함께 동시에 나타난다. 얼굴에 의해 지시된 타인의 현전은 사실 꾸준하게 얼굴을 넘어서는 다수성을 참조케 한다. 다수성은 공적인 영역을 나타낸다. 따라서 암묵적으로 제삼자를 향해 열려있는 얼굴은 보편적인 영역을 단번에 도입한다. 레비나스가 얼굴이라고 부르는 타자는 우리를 제삼자, 제사자, 제오자, 제육자와 관계 맺도록 해준다. 다시 말해, 타자의 얼굴 안에서 모든 타자들이 표상된다. 그렇다면, 타자를 위한 나의 책임은 처음부터 그 자체로 모든 타자를 위해서였던가? "얼굴의 현현은 (…) 나를 보는 눈 안에서 제삼자와 온 인류(humanité)의 현전을 증언한다."[6]

어떻게 보면, 모든 타자들은 제삼자의 이름 아래 가리켜진다. 제삼자는 문법적인 세 번째 사람보다는 오히려 다른 사람들 전체를 가리킨다. 제삼자는 이 수준에서는 아직 실체적이지 않고 추상적이다. 하지만 만약 제삼자가 세 번째 사람으로서 나와 타자 사이의 대면을 방해한다면, 레비나스의 체계에 따른 타자를 위한 직접적인 나의 책임의 사로잡힘은 완벽하게 작용하지 않을 것이다. "다른 사람을 위한 책임은 직접성 안에서 모든 질문에 앞선다. 하지만 만일 제삼자가 주체로서의 나의 복종이 이웃에 대한 복종인 둘 사이의 외재성을 방해한다면, 책임은 어떻게 의무를 지우는가? 제삼자는 이웃과는 다르다. 그러나 또한 다른 이웃 그리고 타자의

---

6 *TI*, p. 235. / 『전체성과 무한』, p. 317.

다른 이웃, 단순히 그와 동류가 아닌 耆이다. 내가 해야 하는 것은 무엇인가? 그들이 서로 했던 것은 무엇인가? 나의 책임 속 타자에 앞서 누가 지나가는가? 타자와 제삼자, 타자와 관련한 일자, 그래서 그들은 무엇인가? 문제의 발생이다."[7] 책임은 대면 안에서 타자에 의해 호명된 주체에게 가능한 회피 없이 강제된다. 타자만이 있는 경우, 내가 그를 위해 그가 원하는 모든 것을 들어 주는 것은 실제로 어렵지 않을 것이다. 그렇지만, 제삼자의 고려와 함께 상황은 복잡해진다. 우선, 책임이 제한된다. 이것이 문제의 발생이다. "문제의 발생", 이것은 제삼자이다. "발생, 왜냐하면, 제삼자는 기다리지 않기 때문이다. 제삼자는 얼굴과 대면의 기원에서 온다. (…) 문제로서 문제의 발생, 왜냐하면 대면은 곧장 중단되기 때문이다. 대면은, 대면으로서, 두 단수성들(singularités)의 쌍으로서, 중단됨이 없이 중단된다. 제삼자의 불가피함은 문제의 법칙이다. 타자에게 그리고 타자로부터 보내진 것으로서 문제의 문제, 타자의 타자, 물론 첫 번째는 아닌 문제의 문제(문제는 타자에 대한 긍정(oui) 이후에 그리고 타자의 긍정 이후에 온다)이지만 아무것도 선행하지 않는 문제의 문제. 아무것도, 특히 어느 누구도."[8]

---

7   Emmanuel Levinas, *Altérité et transcendance*, Le Livre de Poche, coll. 《biblio》, 2010, p. 146. (이하 *AT*) / 『타자성과 초월』, 김도형·문성원 옮김, 그린비, 2020, pp. 164~165. (이하 『타자성과 초월』)

8   Jacques Derrida, *Adieu à Emmanuel Levinas*, Paris, Galilée, 1997, p. 63. (이하 *Adieu*) / 『아듀 레비나스』, 문성원 옮김, 문학과 지성사, 2016, p. 67. (이하 『아듀』)

제삼자는 대면의 단수적인 관계 밖에 있었다. 거꾸로 얘기하면, 비대칭적 대면은 타자와 내가 제삼자와 함께 나란히 놓일 동류들(semblables)의 모든 공동체와 떨어져 있었다. 하지만 제삼자는 대면의 내면성 안에서 순전히 부재함이 없이 지속적으로 공-현전(co-présente)했었다. 비록 제삼자가 나를 바라보는 타인처럼 나를 직접적으로 보지는 않을지라도, 타인의 눈 안에서, 그는 나를 봄이 없이 나를 본다. 그는 나와 관련되지 않을 수 없다. 제삼자의 현존은 이제부터 나를 타자와 동시에 제삼자에 결속시키는 새로운 관계의 전개로 이끈다.[9] 달리 말해, 나는 이제부터 나의 책임이 제삼자뿐만 아니라 모든 사람의 공동체로까지 확장될 수 있음을 숙고해야 한다. 왜냐하면, 제삼자를 통한 다수성의 참조, 다수성으로의 이행은 제삼자의 현전을 한 사람만으로 제한하지 않기 때문이다. 나는 다수의 사람을 대한다. 따라서 나는 사람들 사이의 관계들과 상황들의 전체를 고려해야만 한다.

9 "만일 우리가 둘이었다면 (…) 나는 타자에 결속된다. 하지만 불행히도 우리는 셋이다 - 적어도 - 항상 도래하는 제삼자가 있다. ", Emmanuel Levinas, "L'intention, l'événement et l'Autre : Entretien avec C. von Wolzogen", *Philosophie*, Paris, Les Éditions de Minuit, 2007/1 - n°93, p. 15.

레비나스에게 "대면은 윤리이다."[10] 윤리는 두 일자(一者)들의
관계에서 다른 한 일자를 위한 한 일자의 무한한 책임을 나타낸다.
따라서 윤리는 비대칭적이다. 나의 책임은, 대면 안에서, 타자를
향해 한계 없이 있다. 하지만 제삼자의 등장은 이러한 윤리적 관계
를 역설적이고 이중적이게 만든다. 레비나스에 따른 윤리는 전환,
상호성, 호환성 없는 이원성(dualité)의 형태에 가장 잘 들어맞는다.
그런데, 이 이원성은 다수성을 이미 전제하지 않는가? 그렇더라도,
다수의 제삼자들은 이 이원성을 혼란스럽게 하고 흐트러뜨릴 것
이다. 예를 들어, 만일 내가 두 번째 사람에게만, 둘의 대면 관계에
서만 주의를 기울인다면 그리고 만일 내가 그의 요청에 나를 절대
적으로 허락하면서 끝까지 행한다면, 나는 세 번째 사람, 즉 윤리
적 대면 밖의 타자, 이 타자의 타자를 향해 깊은 불의(injustice)를 저
지를 위험이 있다. 하지만 만약 내가 곧장 제삼자들의 부름에 따른
다면, 나는 두 번째 사람의 얼굴에 돌이킬 수 없는 불이익을 끼칠
위험이 있다. "타자에 대해 책임져야 하는 유일자로서 나의 예외
적인 지위는 따라서 모두에게 적용되는 법규들의 일반성으로부터
이해된다. 왜냐하면, 실제로 사회적 다수성 안에서 우리는 응답해
야 하는 '나'의 이웃과 함께 둘만 있지 않다. 제삼자, 제사자 등등
과 함께 있다. 나에게 각자는 타자이다! 이웃에 대한 나의 전유적

10 Gérard Bensussan, *Éthique et expérience : Levinas politique*, Strasbourg, La Phocide,
2008, p. 64.

인 관계는 수정된다. 실제로, 어떻게 모두에게 책임을 지는가?"[11] 나는 어느 누구도 소홀히 대할 수 없다. 하지만 두 번째 사람과 세 번째 사람 모두에게 동시적으로 득이 되는 책임은 없다. 타자를 위한 전유적인 책임은 다른 타자, 타자의 타자를 희생시켜야 가능하다. 나는 이제부터 비-윤리적 관계 안에 연루되어 처한다. 즉, 제삼자에 의한 사로잡힘은 윤리적 대면의 관계를 중단시킨다. 그러므로 나는 타자와 제삼자 혹은 타자와 제삼자들을 위한 책임의 조정(correction)과 제한을 염두에 놓쳐서는 안 된다. 제삼자의 시선 아래에서 나와 타자는 규합된다. 나는 여러 얼굴들 가운데 하나이다. 그의 시선 아래에서 우리는 동등하다. "역할들은 더 이상 고정되지 않고 서로 뒤바뀐다. 제삼자는 나의 이웃이고 마찬가지로 나의 이웃은 제삼자가 되고 나로부터 멀어진다."[12] 나는 더 이상 윤리적 대면의 관계에서처럼 타자가 될 수 없이 있지 않다. 나 또한 내 차례에 "타자의 타자, 특별한 것(le différent), 익명적으로 다른 모든 사람들과 똑같은 권리의 주체 (…) 모든 사람들과 같은 사람"[13]이 될 수 있을 것이다. 이것은 내게 일어나는 전환이다. "타인이 내게 겪

11　Augusto Ponzio, *Sujet et Altérité sur Emmanuel Lévinas suivi de Deux dialogues avec Emmanuel Lévinas*, Paris, L'Harmattan, 1996, p. 145.

12　Michel Vanni, "Pour une praxis asymétrique l'incomparable pluralité des réponses à l'appel d'autrui", *Les Cahiers Philosophiques de Strasbourg*, 2002(nˈ 14), p. 22.

13　Gérard Bensussan, *Éthique et expérience : Levinas politique*, op. cit., p. 66.

게 하는 박해의 제한으로서 제삼자. 타인에 의한 자기의 박해를 제한해야만 한다. 나의 삶이 견딜 수 있기 위해서."14

　　제삼자, "이것은, 본래, 책임의 한계이자 문제의 발생이다."15 타자를 위한 책임 안에서, 나는 나와 짝을 이룬 첫 번째 온 자를 위해 대신하고 희생한다. 나와 타자에게 공통된 자기성(ipséité)은 없다. 달리 말해, 내가 타자의 타자일, 타자가 다른 자아일 관계는 없다. 따라서 나는 유일하고 거부할 수 없는 책임의 특권을 지닌 주체로서 선출된다. 타자는 점점 더 가까워지는 가까움 안에서 나를 짓누르고 "절대 충분히 가깝지 않은" 가까움 안에서 나를 사로잡는다. "가까움 안에서 타자는 의미화의, 타자를 위한 일자의 절대적 비대칭성에 따라 나를 사로잡는다. 나는 타자를 대신한다. 반면에, 어느 누구도 나를 대신할 수 없고 타자에 대한 나의 대신함이 나에 대한 타자의 대신함을 의미하지 않는다."16 만일 가까움이 나를 홀로인 타인에게만 명령한다면, 나는 그가 나를 괴롭히고 박해할 때조차 그에 대해 책임이 있다. 이것은 문제가 되지 않는다. "타자를 위한 책임은 질문에 선행하는 직접성이다. 정확히 말하

14　François-David Sebbah, *Lévinas : Ambiguïtés de l'altérité*, Paris, Les Belles Lettres, 2003, 2e tirage, p. 189.

15　Emmanuel Levinas, *Autrement qu'être ou au-delà de l'essence*, Le Livre de Poche, coll. 《Biblio》, 2013, p. 245. (이하 *AE*) / 『존재와 달리 또는 존재성을 넘어』, 문성원 옮김, 그린비, 2021, p. 340. (이하 『존재와 달리』)

16　*AE*, p. 246. / 『존재와 달리』, p. 342.

면 가까움이다. 타자를 위한 책임은 제삼자의 등장으로부터 동요되고 문제가 된다."[17] 타인 옆 제삼자의 현전, "한-장소-안에 함께 함"[18]은 인접한 공간의 가까움에 새로운 의미를 부여한다. 예를 들어, 나는 타인과 상호 인간적 관계를 맺을 뿐만 아니라 타자들과도 이 관계를 맺는다. 존재론적 차원에서, 나는 공현존, 동시대성, 연합의 땅 위에 놓인다. 즉, 나의 존재와 모든 타자들의 존재는 동일한 지평 위에서 객관화하고 주제화하는 동일화를 겪는다. 나는 따라서 양립할 수 없을 가까움을 심리(審理)해야 한다. 어디에 가장 가까운 가까움이 있는가? "책임져야 하는, 사랑해야 하는 첫 번째 사람이 누구인가?"[19] 둘 사이의 가까움은 내가 제삼자의 현전을 의식하는 순간 모든 타자를 위한 책임으로 확대된다. "나는 타자를 위한 일자를 저버리는 것이 아닌가? 가장 가까운 이웃에게 유리하게 하려고 모든 타자들에게 끼칠 불성실을 피하기 위해, 나는 이웃을 위한 나의 절대적인 책임에서 불가피하게 나를 떼어놓아야 할 것이다. 비교하고 평가하고 다시 말해, 일반성과 주제화의 세계 안에 나를 위치하게 할 것이다."[20] 인간 다수성의 가까움! 모든 타자들

---

17 *AE*, p. 245. / 『존재와 달리』, p. 340.

18 *AE*, p. 245. / 『존재와 달리』, p. 341.

19 Emmanuel Levinas, *À l'heure des nations*, Paris, Les Édition de Minuit, 1988, p. 204.

20 Stéphane Mosès, "Autour de la question du tiers", *Emmanuel Levinas et les territoires de la pensée*, sous la direction de Danielle Cohen-Levinas, Bruno Clément, Paris, PUF,

이 나를 사로잡는 상황은 나를 윤리적 대면에서 나오게 한다.

인간은 정치적 동물이다. 즉, 사회적 존재이다. 하지만 비대 칭적 이중주의 의미에서, 우리는 마치 우리가 단지 둘만 있었던 것 처럼 생각한다. 이것은 선-정치적, 선-사회적이다. 대면은 인간 사 회의 구축을 사유하도록 하지 않는다. 하지만 "도시(Cité)를 건설하 기 위해 또는 정치적 질서를 구성하기 위해 제삼자의 질문을 도입 해야 한다. 즉, 인간 다수성을 존중하고 조직하는 모집단을 숙고해 야 한다. 타인은 절대 나와 유일하게 마주하지 않는다. 나는 또한 자아 '옆' 제삼자에 대해서도 응답해야만 한다. 그때부터 나에게 우선권의 질문들을 자문해야 하고 비교하고 판단해야만 한다."[21] 나에게 또 다른 타자인 제삼자는 내게 단수성의 시간 이후 보편성 의 시간을 개방한다. 다시 말해, 그는 내게 공동체 내에서 각각의 개인이 모든 타자들과 얽혀있는 객관적인 지평을 내보인다.

"제삼자가 필요하다. 여하튼, 타인과의 관계 안에서 나는 항 상 제삼자와의 관계에 있다. 그 또한 나의 이웃이다. 이 계기로부 터 가까움은 문제를 일으키게 된다. 비교하고 검토하고 생각해야 한다. 이론의 근원으로 쓰이는 정의를 행해야 한다. '정의'라는 단 어는 실제로 타인에 대한 나의 '종속'이 아닌 '공정(équité)'을 필요

2007, p. 239.

21 Catherine Charlier, *Lévinas : L'utopie de l'humain*, Paris, Albin Michel, 1993, pp. 109~110.

로 하는 자리에 훨씬 더 많이 자리한다. 만일 공정이 필요하다면, 비교와 평등이 필요하다. 비교되지 않는 것 사이의 평등. 따라서 '정의'라는 단어는 타인과의 관계보다 제삼자와의 관계에 훨씬 더 잘 들어맞는다."[22]

사실, 타인과의 관계가 오로지 타인과의 관계만은 아니다. 타인에게서 이미 제삼자 혹은 제삼자들이 드러나 있었다. 이제부터는 정의의 시간이 필요하다.

2. 책임에서 정의로

제삼자가 현전한다는 사실이 정의를 세운다. 윤리적 대면의 직접성은 항상 나와 마주한 타자를 위해서만 나를 빚지게 했다. 그리고 나의 빚은 상호적일 수 없는 사로잡힘으로써 가까움에 나를 가져다 놓는다. 이것은 내게 의무를 지우는 타자와의 관계이다. 하지만 타자와 나의 관계 외부에 제삼자가 있다. 타자는 나의 이웃이다. 제삼자 또한 나의 이웃인가? "나는 나의 이웃과 제삼자가 관련한다는 것을 아는가? 나는 제삼자가 나의 이웃과 무슨 사이인지 혹

---

22 Emmanuel Levinas, *De Dieu qui vient à l'idée*, Paris, Vrin, 1982, pp. 132~133. (이하 *DQVI*)

은 그의 희생자인지 아는가?"[23] 제삼자는 타자 옆에 자리한 그의 자리 때문에 희생자였을 수 있다. 따라서 나는 제삼자의 간청 역시 외면할 수 없다. 거기엔 제삼자에 의한 사로잡힘이 있다. 내가 이웃과 제삼자 앞에 있다는 사실에 의해, 나는 그 둘을 비교하고 재고 판단하지 않을 수 없다. 나는 책임의 우선성을 고려하지 않을 수 없다. "거기에서 이론적인 것의 탄생이 있고 이론적인 것의 근거인 정의의 관심이 탄생한다. 하지만 이것은 항상 얼굴로부터, 타인을 위한 책임으로부터이다. 이것은 판단과 비교, 원칙적으로 비교할 수 없는 것의 비교를 포함하는 정의가 나타나는 것이다."[24] 나는 제삼자와 함께 시민들의 세계에서 살기 위해 정의를 행해야만 한다. "정의의 관심은 (…) 사회 안의 정신이다."[25]

사회는 가역적이고 대칭적인 그리고 통분할 수 있는 한에서 교환이 가능한 관계들의 체계로 향하는 합리적인 질서에 따라 움직인다. 따라서 나는 타자들 사이에서 평가되고 사회의 일원으로서 여겨진다. 나의 주체성은 "의무의 경합과 권리의 경쟁에 의해

23 Emmanuel Levinas, *Éthique et infini : Dialogues avec Philippe Nemo*, Le Livre de Poche, coll. 《Biblio》, 2011, p. 84. / 『윤리와 무한 : 필립 네모와의 대화』, 김동규 옮김, 도서출판 100, 2020, p. 100.

24 Emmanuel Levinas, *Entre nous : Essai sur le penser-à-l'autre*, Paris, Grasset, 1991, p. 122. (이하 *EN*) / 『우리 사이 : 타자 사유에 관한 에세이』, 김성호 옮김, 그린비, 2019, p. 160. (이하 『우리 사이』)

25 *AE*, p. 249. / 『존재와 달리』, p. 346.

평형을 이룬 혹은 서로 보완되는 자아가 고려되는(compter) 측정된 그리고 측정할 수 있는 모든 의무와 권리와 함께"[26] '시민'이라는 표현으로 말해질 수 있다. 시민이 있기에 사회가 있다. 이것은 비교할 수 없는 주체에서 사회의 일원으로의 전환이다. 이것은 또한 상호성 없는 관계에서 상호성과 평등이 있는 관계로의 이행이다. 즉, 고유한 얼굴(들)의 비가시성은 사회 안에서 가시적이 된다.

> 비교할 수 없는 것의 비교에서, 표상(représentation), 로고스, 의식, 노동, 중성적 개념인 존재의 잠재적인 탄생이 있을 것이다. 모든 것이 함께 있다. 우리는 일자에서 타자로 그리고 타자에서 일자로 갈 수 있다. 관계를 맺고 판단하고 ~에 대해 사정이 어떤지 알고 묻고, 물질을 변형시킬 수 있다. 표상으로부터 타자에 대한 나의 대신함을 완화하고 조절하는(mesurant) 그리고 자기를 셈에 돌려주는 정의의 질서가 나타난다. 정의는 표상의 동시대성을 요청한다. 이렇게 이웃은 가시적이 되고 빤히 쳐다봐지게(dévisagé) 되고 모습을 나타낸다.[27]

26 *AE*, p. 250. / 『존재와 달리』, pp. 347~348.

27 *AE*, p. 247. / 『존재와 달리』, p. 343.

타자는 더 이상 나와 관련한 모든 특권을 누릴 수 없다. 왜냐하면, 그를 위한 나의 책임의 절대성은 수정되어야만 하기 때문이다. 즉, 타자를 위한 나의 책임이 다른 타자, 타자의 타자에게 불편·불이익·해를 가하지 않기 위해 불가피한 수정과 제한이 필요하다.

"존재의 나타남(l'apparoir)은 존재하는 존재의 형세(train) 자체에 속한다. 존재의 현상성은 본질적이다. (…) 존재는 나타남이 행해진 누군가에게 의식을 필요로 하지 않을 수 없다."[28] 의식의 문제가 있다. 제삼자의 등장, 이것이 바로 의식의 사실이다. 이것은 내 이웃들의 얼굴이 가시적이 되기 때문이다. 이것은 또한 연합과 공시성, 지향성, 지성, 주제화의 함축을 의미한다. 따라서, 의식의 질문은 정의 안에 놓인다. "의식의 근거는 정의이다."[29] 정의는 유(類)들의 공동체 안에서, 나와 타자들에게 공통인 터 안에서 행해진다. "하지만 정의는 만일 자아가 - 내가 - 항상 자아의 개념에서 탈주하고 항상 존재에서 탈위치하고(désitué) 면직되고 항상 타자와 함께 상호적일 수 없는 관계에서, 항상 타인을-위함에서, 내가 타자들로서 타자가 될 수 있는 경우에만 확립될 수 있다."[30] 정의는 제삼자를 위한 타인의 책임 혹은 타인을 위한 제삼자의 책임을 가

---

28 *AE*, p. 206. / 『존재와 달리』, p. 285.

29 *AE*, p. 249. / 『존재와 달리』, p. 346.

30 *AE*, p. 250. / 『존재와 달리』, p. 348.

능하게 한다. 나 또한 관심을 나의 운명 쪽으로 끌어당길 수 있다. 그렇지만, 정의의 모든 담화는 타인을 위한 책임의 이름으로 움직인다. 왜냐하면, 정의를 정당화하는 것은 윤리이기 때문이다. "이것은 궁극적으로 모든 것이 내가 정의를 추구하지 않을 수 없을 윤리에, 타자와의 관계에 근거를 두게 되는 것이다. 정의는 내가 타자와 함께 세계에 홀로 있지 않은 얼굴에 응답하는 이러한 방식이다."[31] 따라서 나를 위한 정의가 있다면, 나의 구원이 의미를 갖는다면, "이것 역시 나의 책임으로부터이다."[32]

윤리적 책임은 모든 사회적 관계 안에서, 사회적 정의 안에서 쇠퇴의 위험을 겪지 않겠는가? 정의 안에서 타자를 위한 특권을 완화할 필요가 있다면, 이것은 윤리적 관계의 비대칭성이 폐지되는 것 아닌가? 이러한 우려에도 불구하고, 레비나스는 그것을 불식시킨다.

> 인간적인 것으로서의 모든 인간관계는 탈존재사건(désintéresse-ment)에서 발생한다. 가까움의 타자를-위한-일자는 왜곡하는 추상화가 아니다. 가까움 안에서 의미화의 의미작용에서 태어난, 의미화의 타자를-위한-일자에서 태어난 정의가 곧장 나타

---

31 Emmanuel Levinas, "Le paradoxe de la moralité : Un entretien avec Emmanuel Levinas", *Philosophie*, 2011(n° 112), p. 17.

32 *AE*, p. 250. / 『존재와 달리』, p. 348.

난다. 구체적으로 또는 경험적으로 말하고자 하는 바는 정의가 적대적인 힘들을 조화롭게 하는 '사회적 평형'의 기술이 해결한(se tirer) 인간 전체를 지배하는 합법성은 아니라는 것이다.[33]

어느 누구도 타자를 위한 일자의 책임의 관리에서 벗어날 수 없을 것이다. 왜냐하면, 정의는 가까움 안에서 곧장 나타나기 때문이다. "정의는 사로잡힘의 약화도, 타자를 위함의 쇠퇴도, 무근원적인 책임의 감소, 제한도, 무한의 영광의 '중성화'도 아니다. 경험적인 이유로, 원래의 이중주가 삼중주가 될 것에 따라 발생할 퇴화도 전혀 아니다."[34] 다수의 동시대성은 둘의 대면 관계를 중심으로 맺어진다. 정의는 가까운 자들과 멀리 있는 자들 사이의 구분 없이, 모두의 평등이 나의 불평등에 의해, 나의 권리보다 의무의 과잉에 의해 나타나는 사회 안에서만 정의로 남는다.

"정의는 타자를 위한 나의 책임 안에서, 내게 탄압을 가하는 자와 관련한 나의 불평등 안에서 정의를 작용시킨다."[35] 즉, 정의는 윤리적 명령이 표현되고 펼쳐지는 가까움에서 생겨난다. "타자를-위한-일자의 (…) 가까움의 묘사는 사회의 기초가 된다. 이것은 세 번째 사람의 등장으로부터 시작하고 모든 문제에 선행하는 나

---

33 *AE*, pp. 247~248. / 『존재와 달리』, p. 344.

34 *AE*, p. 248. / 『존재와 달리』, p. 345.

35 *AE*, p. 246. / 『존재와 달리』, p. 342.

의 응답, 즉 나의 책임이 폭력에 빠져들지 않는 한 문제로 제기되는 시초로부터 시작한다. 이것은 따라서 비교, 척도, 앎, 법, 제도 - 정의에 호소한다. 하지만 정의의 공정(公正)함 자체에 조건 지었던 의미화를 포함하는 것이 중요하다."[36] 제삼자는 대면 안에서 얼굴의 현현으로부터 정의를 불러낸다. 기다림 없는 제삼자의 갑작스런 출현은 어떻게 보면 타자의 단일성을 위한 나의 윤리적 책임을 중단시킨다. 왜냐하면, 나는 관계로 환원할 수 없는 항에서 관계로 환원할 수 있는 항으로 이행하기 때문이다. 달리 말해, 가까움은 모든 연루(engagement)에 선행하고 이것은 무시원적(anarchique)이다. 그러나 정의는 질서를 세우고자 한다. 그렇다면, 가까움과 정의는 분리해서 생각해야 하는가? "비록 제삼자의 경험이 얼굴-대-얼굴의 중단으로서 (…) 정의와 문제화된 문제의 기원으로서 규정될지라도, 이것은 부차적인 끼어들기가 아니다. 제삼자의 경험은 최초의 순간부터 불가피하고 얼굴에서 불가피하다. 제삼자의 경험이 대면을 중단할지라도, 이것 또한 대면에 속한다."[37] 가까움과 정의는 이분법적으로 나뉠 수 없다. 정의는 가까움의 의미작용을 절대 파기하지 않는다. 정의는 가까움의 의미작용을 탯줄로써 가지고 나온다. 그리고 이 탯줄은 정의 전체를 물들인다. 정의는 가까움의 의미작용으로부터 발원한다.

36   *AE*, p. 146. n° 1. / 『존재와 달리』, p. 199. n° 36.

37   *Adieu*, p. 190. / 『아듀』, p. 205.

대신함, 가까움의 부조리함은 문제 아닌 문제를 야기한다. 그리고 모두를 위한 나의 책임은 제한된다. 그러므로 무제한의, 최초의 책임은 잊혀질 수 있다. 하지만 책임의 무관심하지-않음은 정의를 위해, 정의 안에서 여전히 나타난다. 정의 안에서의 셈, 검토 그리고 판단은 인간의 인간적인 것을 유지하는 한에서만 쓰여진다. 정의는 아무도 배고픔의 비참함을 모르게 하는 것을 목표로 한다. "책임에서 문제로 - 이것이 길(voie)이다. 문제는 다른 한편으로 직접적인 것 자체로서 문제없이 있는 가까움 자체에 의해 제기된다. 제삼자에 대한 타인의 비-상한(extra-ordinaire) 연루(engagement)는 통제, 정의의 추구, 사회와 국가, 비교와 자산(avoir) (⋯) 그리고 무시원 밖 원리의 추구에 호소한다. 철학은 가까움의 타자를-위한-존재의 무한에 기울여진 이 척도이고 사랑의 지혜이다."[38] 정의의 내용은 시대에 따라 변화한다. 그리고 우리는 더 좋은 정의를 항상 기대한다. 왜냐하면, "우리는 더욱 좋은 정의를 필요로 할 사회 안에 살기"[39] 때문이다. 정의는 따라서 개선될 수 있는 내용들로 끊임없이 채워져야 한다. 그렇더라도, 이 내용들의 핵심은 타자의 얼굴 앞에 무상으로, 본래적이고 원초적인 사랑(charité)으로 '타자를 위함'의 사유여야만 할 것이다. 즉, 정의의 근본은 사랑이다. 그리고

---

38 *AE*, p. 251. / 『존재와 달리』, p. 349.

39 François Poirié, *Emmanuel Levinas : Essai et Entretiens*, Arles, Actes Sud, 2006(2ème édition), p. 112.

철학은 최초 사랑의 토대 위 지혜의 출현일 것이다. 명확히 말해서, "타자를 위한 일자로서, 타자를 위한 무관심하지-않음으로서 - 철학은 사랑을 위한 사랑의 지혜"[40]이다.

정의는 인간적인 의미화 없이 사유될 수 없다. 의미화로부터 사유될 수 있는 정의는 따라서 "비인격적인 전체성을 지배하는 '인간적인 힘들'의 익명적인 법으로 간주되어서는 안 된다."[41] 정의는 타자를 위한 책임을 버리지 않는다. 정의는 그것이 탈존재사건(désintéressment) 안에서 비교하고 모으고 사유하는 한에서 가까움의 인간애(humanité)를 전제한다. "잊을 수 없는 무한, 항상 부드럽게 해야 하는 준엄함. 윤리적 탈-존재-사건(un dés-intér-essement)에서 (…) 존재하기를 지속하려는 원시적인(brut) 존재의 서로-존재하려는(inter-essé) 노력이 멈추는 타자를 향한 인간의 본래적인 선함을 생각하면서, 선함의 이름으로 항상 더 박식하게 되는 정의. 항상 자신의 냉혹함에 맞서 완전해지는 정의."[42] 정의는 내가 타자에 대해 가져야만 하는 너그러움의 과잉이 흘러드는 곳이다. 정의 안에서 평가하고 판단해야 함에도 불구하고, 다시 말해, 계산할 수 있는 비교가 정의 안에서 생김에도 불구하고, 정의는 항상 타자에 대한 나의 종속을 나타낸다. 왜냐하면, 나는 처음부터 바깥에서 타인

---

40 *AE*, p. 253. /『존재와 달리』, p. 351.

41 *AE*, p. 251. /『존재와 달리』, p. 349.

42 *EN*, p. 260. /『우리 사이』, pp. 338~339.

들을 주시하면서 시작하지 않기 때문이다. "타자를-위한-일자의
일자는 존재 밖의 존재가 아니라, 의미화, 타자를 위한 존재 본질
의 퇴거, 자기, 타자를 대신함이고 모든 것에 복종으로서, 온전한
지지자로서 그리고 모든 것을 지지하는 자로서 주체성이다."[43]

　　모든 이는 정의 앞에서 동등해야만 한다. 평등의 발생을 허용
하면서, 동시에 권리와 의무의 상호성, 처지와 임무의 가역성, 윤
리적 비대칭성의 교정이 발생한다. 이것은 다수성의 나타남에 의
한 존재의 조화와 질서의 문제에서 비롯한 필연적인 결과이다. 따
라서 정의는 모든 이에게 공정한 행위를 요구한다. 왜냐하면, 동질
의 공간과 동일한 시간 안에 모두의 가능한 기입은 공정한 행위를
이끄는 체계에 의해 보증되기 때문이다. 그래서 정의는 제도를 실
행하고 사회규범을 개입시킨다. 상당수 구체적 상황들은 나 - 타
자의 윤리적 비대칭성에 속하지 않는다. 수많은 대중은 전반적으
로 법과 도덕에 의해서, 규범(들), 가치(들), 문화적 코드(들)에 의해
서 규제된다. 사랑이 없는 위험을 무릅쓰는 대신에, 비교할 수 없
는 자들, 모든 유일자들을 비교하는 데에 동의해야만 한다. 또한,
판단을 내리기 위해 "정의 앞에 펼쳐진 다양성 위에 놓인 상부의
시선"[44]을 허락해야만 한다. 바로 그러한 이유로, 정의를 지지하는

43　*AE*, p. 255. /『존재와 달리』, p. 354.

44　Michel Vanni, "Pour une praxis asymétrique l'incomparable pluralité des réponses à
l'appel d'autrui", art. cit., p. 28.

불가분의 정치와 국가가 필요하다.

3. 정치와 국가의 정당성의 근원

"타인의 얼굴이 우리를 제삼자와의 관계에 놓는 한, 나와 타인의 형이상학적 관계는 '우리(Nous)'의 형태 안에 스며들고 보편성의 근원인 국가, 제도, 법을 열망한다."[45] '우리'라고 말하는 집단은 "자기와 마주한 타자가 아닌 자기 옆 타자를 지각한다. 이것은 또한 중재의 역할을 하는, 공동체의 공통적인 것을 제시하는 제3항을 중심으로 필연적으로 수립되는 집단이다."[46] 제삼자의 현전에 의해 나와 타자 사이의 관계는 모임이 된다. 즉, 국가는 나와 타자의 한 쌍 옆에 제삼자가 등장하자마자 시작한다. 인간의 다수성은 대면의 관계를 이루는 것을 거의 불가능하게 한다. 왜냐하면, 국가의 목표는 인간의 다수성을 조직하고 계산하는 데에 있기 때문이다. 따라서 국가는 유(類) 안에서 제도들을 통해 개인을 고려한다. 반면에, 개인 상호 간의 책임은 고유한 자로서 개인을 다룬다. 이것은 책임지는 자로서 유일성 안에서의 개인적인 활동이다. 책

---

45 *TI*, p. 334. / 『전체성과 무한』, p. 451.

46 Emmanuel Levinas, *De l'existence à l'existant*, Paris, Vrin, 1993, pp. 161~162. / 『존재에서 존재자로』, 서동욱 옮김, 민음사, 2003, p. 160.

임은, 볼모의 처지처럼, 절대 행하지 않았던 것에 대해, 절대 현재였던 적이 없는 과거에 대해 응답해야만 한다. 그런데, 고유한 자들이 국가에 의해 유(類) 아래로 들어가야 한다면, 우리는 인간을 다른 인간의 볼모가 아닌 '인간에 대한 늑대'라는 인간의 정의로부터 국가가 추론되지는 않은지 주의 깊게 살펴야 한다. 어떻게 보면, 만인의 만인에 대한 투쟁이 법적인 국가의 설립을 지지하는 것은 합리적인 듯하다. 왜냐하면, 우리가 순응하는 보편적인 규범들은 법적인 국가에서 기원하기 때문이다. 따라서 국가는 만인의 만인에 대한 위협에서 만인의 안전을 보장하기 위해, 그들의 상호적인 폭력을 끝내기 위해 필연적이다. 홉스는 이렇게 국가가 인간들의 행동들을 다스리고, 자연적인 잔혹성을 제한하는 필연성에서 생긴다고 주장한다. 이것은 홉스에게 국가의 첫 번째 기능이 인간들의 폭력을 다스리고 제한하는 데 있음을 의미한다. 하지만 국가의 절대적 권력은 항상 그 자신의 폭력을 남용할 위험이 있다. 다시 말해, 국가는 전체주의적인 경향에 의해 항상 위협을 받는다. 국가는 전제적인 폭력을 도입하려 하고 "국가의 익명적 보편성"[47]은 타자의 고유성을 등한시하면서 개인에게 폭력을 행사하려 한다. 홉스의 세계에서, 국가는 타인을 위한 사랑을 고려함 없이 타인을 향한 두려움의 발로인 폭력에만 주목한다. 국가는 더 많은 권력을 절대 권력 안에 집중시키기 위해 나와 마주한 타자를 잠재적

---

47 *TI*, p. 342. /『전체성과 무한』, p. 462.

인 적으로 간주하게 하면서, 국가만이 안전을 보장한다고 자임하면서 시민을 사로잡는다.

우리는 타인에 대해 늑대가 아닌 인간을 먼저 생각해서는 안 되는가? 레비나스는 국가가 폭력의 제한에서 나온다고 생각하지 않는다. 레비나스의 사유는 홉스의 사유의 대척점에 있다. 레비나스가 좇았던 관점에서 보면, 국가 또한 근본적으로 타자를 위한 일자의 책임에서 발생한다. 그리고 책임은 명백히 계약 없는 관계이다.

> 우리가 상호주관적인 공간의 비대칭이라고 불렀던 것에서 '인간들 사이의 평등'의 윤리적 불평등으로의 이행은 국가 안에서 시민들의 정치적 질서로부터 올 것이다. 윤리적 명령으로부터 국가의 탄생은 내가 내 이웃 '옆' 제삼자에 대해 응답해야만 하는 한에서 이해하기 쉬울 것이다. 그러나 누가 누구 옆에 있는가? 이웃과 나의 관계의 직접성은 그들 사이에서 인간들을 비교하고 판단하는 필연성에 의해 수정된다. 보편적 원칙들의 행사, 정의의 객관성의 장소. 시민권은 '나'의 중심성을 멈추게 하지는 않는다. 시민권은 '나'의 중심성을 새로운 의미로, 철회할 수 있는 의미로 표현한다. 국가는 존재의 법칙에 따라 움직일 수 있다. 이것은 국가의 정당성을 평가하는 타인을

위한 책임, 즉, 정의이다.[48]

정의를 가능케 하는 국가 안에서 나는 나의 책임을 양도할 수
도 있다. 그렇지만, 정의 추구의 강요, 정의 요청의 근거는 내가 다
른 사람에 대해 책임이 있다는 사실이다. 정의가 가까움의 제한 안
에서 구성될지라도 윤리는 정의 안에서 사라지지 않는다.

만일 국가가 그 자신의 필연성에 맡겨진다면, 그래서 만일 국
가가 스스로 자신이 중심임을 믿는다면, 국가는 국가의 고유한 결
정론에 의해 운영될 것이다. 이것은 상호 인간적인 관계가 불가능
한 국가, 잠재적으로 폭력을 내재한 국가이다. 국가는 인간 대중을
지배하는 데에 있지 않다. 국가는 오히려 전체 안에서 상호 인간적
인 관계를 보증해야만 하고 인간의 인간성을 가능하게 하는 터전
이 되어야 한다. 국가는 따라서 논리적으로 연역된 불변의 정의를
고집스럽게 주장할 수 없다. 정의는 그것의 엄격성에도 불구하고,
무한히 책임지는 유일자를 위해, 항상 엄격한 정의의 이 엄격성 저
편에 무언가를 찾는 가능성을 남겨 둔다. 즉, 정의는 자유주의 국
가 안에서 항상 더 올바른 정의를 위해 기존의 정의에 저항할 수
있다. 정의는 따라서 자유주의 국가에서 결정적인 것으로 자처할
수 없다. "정의는 항상 원해지고, 항상 더 좋아지려고 노력한다.
자유주의 국가는 순전히 경험적 개념이 아니다. 이것은 대부분의

---

48   Emmanuel Levinas, *Hors sujet*, Le Livre de Poche, coll.《Biblio》, 1997, p. 62.

법 아래에 놓인 인간들이 그들의 책임의 의미를 보존하는 윤리의
범주(catégorie), 즉, 응답하려고 선출된 유일성의 범주이다."[49] 정의
의 판결이 법의 보편성 안에서 선고될 때, 비록 이것이 각자의 몫
일지라도, 국가라는 테두리 안에 모인 시민들 각자의 인간적인 유
일성을 위해, 개인적 호소를 듣는 더 많은 어떤 것을 찾기 위한 가
능성이 남아있다. 이것은 나의 실존보다 다른 사람의 실존을 먼저
지나가게 할 수 있는 다른 사람을 위한 사랑(charité)이다.

최초의 선함(bonté)에서 나온 정의는 그것의 엄격한 판결과 모
순됨 없이 고통받는 타자에게 다가가는 길을 제시해야만 한다. 이
에, 레비나스는 랍비들이 토라(Torah)의 상반된 두 개의 구절을 주
해한 탈무드의 교훈적인 우화를 인용했다. 하나는, 신은 "그의 얼
굴을 돌리지 않는다."(신명기, 1 : 17) 다른 하나는, 신은 "그의 얼굴
을 돌린다."(민수기, 6 : 25)이다. 그리고 랍비들 중 한 명(Aquiba)이 결
론을 내린다. "첫 번째는 판결 이전에, 두 번째는 판결 이후에." 첫
번째는 정의의 엄정한 엄격성과 공정함의 가르침과 관련하고 두
번째는 판결 이후의 사랑과 관련한다. 정의 이후에 사랑을 위한 여
지가 있다. 따라서 사랑은 정의의 실행 이후, 적절한 시기에 필연
적으로 도래한다. 판결 이후에는 얼굴을 보아야만 한다. "왜냐하
면, 만약 제도적인 계기(moment)가 절대자와 혼동되고 용인되지 않

---

49   Guy Petitdemange et Jacques Rolland, *Autrement que savoir : Emmanuel Levinas*,
Osiris, Paris, 1988, p. 62.

는다면, 제도적인 계기가 모든 자비(miséricorde)를 무시하고 죄지은 자를 유일한 사람으로 대우하지 않는다면, 그것의 불공정성에도 불구하고, 제도적 전제정치의 가능성은 가능하게 되고, 이 경우 정당성의 진정한 근원인 이웃의 가까움을 무시하는 국가가 되기 때문이다. 따라서 정의에 부합하기 위해, 국가는 매 순간 얼굴을 잃은 인간들에 대한 권력의 도취를 뿌리쳐야만 한다."[50] 국가는 이웃의 얼굴에 의해 영감을 받은 사랑에 의해 스스로를 점검해야만 한다. 정의로운 국가는 자비(miséricorde) 또는 사랑(charité)과 결코 분리되지 않는다. 따라서 이러한 국가는 잘못한 자에 대한 호의적인 생각의 표출을 위한 자리를 항상 남겨 둔다.

"국가는 법체계다. 이것은 공동의 목표를 위한 다수의 행위다. (…) 국가는 보편적인 법에 의해 공통적인 것을 향해간다. (…) 국가는 자기에 대해 의식하는 그리고 보편적인 것에 이르는 이성에서 나온다."[51] 보편적 법칙들, 법적 절차들이 필요하다. 이것은 국가의 필연성이다. 하지만 국가 법체계의 이러한 보편성은 인간적인 관계보다 전체를 구성하는 항들의 총합을 위한 유용성에 더 관심을 가진다. 그리고 보편성을 유효하게 만든 법체계는 법 앞의

---

50 Catherine Charlier, *Lévinas : L'utopie de l'humain*, op. cit., p. 117.

51 Emmanuel Levinas, *Dieu, la mort et le temps*, Le Livre de Poche, coll. 《Biblio》, 1995, p. 95. /『신, 죽음 그리고 시간』, 김도형·문성원·손영창 옮김, 그린비, 2013, pp. 124~125.

복종의 강력한 토대를 마련하게 된다.[52] 하지만 "국가와 위계질서
안에서의 부정적 요소, 폭력의 요소는 위계질서가 완벽히 작동할
때, 모든 사람이 보편적 이념에 따를 때조차 나타난다. 가혹한 잔
인성이 있다. 왜냐하면, 잔인성은 명백히 이성적 질서의 필연성으
로부터 나오기 때문이다."[53] 그러므로, 인간의 법은 인간적인 관계
에 고유한 가까움으로부터 고안되어야 할 것이다. 인간의 법은 자
연상태의 호전적인 힘들의 전개로부터 공통의 안전을 보증하기 위
한 합의의 단순한 산물이어서는 안 된다. 그것은 인간들의 가까움
의 사실로부터 생겨나야 한다. 즉, 얼굴을 가진 모든 이들을 책임
져야만 한다. "재판관은 갈등의 외부에 있지 않다. 하지만 법은 가
까움 내부에 있다."[54] 재판관과 재판받는 자는 동일한 질서에 속하
는 사회 안에서 존재한다. 하지만 인간 법정 앞에서의 재판관은 공
정성뿐만 아니라 모두를 위한 일자의 책임 안에 놓인 법의 적용을
잊어서는 안 된다. "재판관들은, 일단 판결이 내려진, 설령 이것이
매우 엄격하더라도, 대체할 수 없는 유일성 안에서, 필멸성의 임

---

[52] "법을 정초하고 창설하고 정당화하는 작용, 법을 만드는 작용은 어떤 힘의 발동, 곧 그
자체로는 정당하지도 부당하지 않은 폭력으로, 이전에 정초되어 있는 어떤 선행적인 정의,
어떤 법, 미리 존재하는 어떤 토대도 정의상 보증하거나 반박할 수 없는 또는 취소할 수 없
는, 수행적이며 따라서 해석적인 폭력으로 이루어져 있다.", Jacques Derrida, *Force de loi*,
Paris, Galilée, 1994, pp. 32~33. / 『법의 힘』, 진태원 옮김, 문학과 지성사, 2005, p. 31.

[53] Emmanuel Levinas, "Transcendance et Hauteur", *Cahier de l'Herne : Lévinas*, dirigé
par Catherine Chalier et Miguel Abensour, Paris, l'Herne, 1991, p. 105.

[54] *AE*, p. 248. / 『존재와 달리』, p. 344.

박 안에서 각각 자기와 함께 사회 안에 사는 얼굴들의 기억을 간직
하기 위해, 행동을 벌해야만 했던 자들을 향해 자신들의 얼굴을 돌
려야만 한다. 이것은 형을 치르는 자가 그의 인간성을 잃은 자로서
간주되어서는 안 되고, 반대로 인간성을 실천하기에 불려진 자로
간주 되어야만 하는 것을 의미한다."[55] 재판관의 결정은 단지 법의
규칙 또는 일반적인 법만을 따르는 데 그쳐서는 안 된다. 그의 결
정은 타자를 기준으로 해야 한다. 그의 결정은, 마치 이전에 법이
존재하지 않았던 것처럼, 타자를 기준으로 하여 고안되어야 한다.
사랑(charité) 또는 자비(miséricorde) 그리고 정의는 보편적 이성의 명
령에서가 아닌, 윤리적 책임의 명령에서 생긴다. 책임의 의무는 사
실 법의 이름으로 예속되지 않는다. 다시 말해, 책임의 의무는 법
에서 오지 않는다. 법은 오히려 책임을 "합법성의 모든 형태로 환
원할 수 없는 것"으로, "이미 표현된 어떠한 언어 안에서도 진술되
지 않는 예외 혹은 비(非)-일반으로"[56] 선언한다. 타자의 눈물을 볼
수 있는 책임은 "무지의 베일"[57] 뒤에서 흐릿한 얼굴들을 보는 법

---

55   Catherine Charlier, *Lévinas : L'utopie de l'humain*, op. cit., p. 117.

56   Maurice Blanchot, *La communauté inavouable*, Paris, Minuit, 1983, p. 73. / 『밝힐 수
없는 공동체 / 마주한 공동체』, 박준상 옮김, 문학과 지성사, 2011, p. 71.

57   롤즈(John Rawls)의 '무지의 베일'은 공정으로서의 정의에 있어 평등한 원초적 입장을 만
들기 위해 동일한 원칙이 선택되어야 하는 조건을 충족시키는 데 유효하다. 이것은 확실히 최
소 수혜자에게 더 많은 이득을 가져다줄 것이다. 하지만 비록 각자가 상호 동등한 관계에 있
는 원초적 입장이 정의의 원칙을 논리적으로 구성할지라도, 무지의 베일 뒤의 얼굴들은 서로
무관심한 채 있다. 자신의 이익 증진에 관심을 갖는 합리적인 인간들은 각자 그들의 목적에

으로부터 절대 나올 수 없다. 법은 "다른 사람을 위하는 한 인간의 삶에 기인하는 윤리적 법칙"[58]에서 나와야 책임을 펼칠 수 있다. 그러므로, 인간 법정은 모든 법률에 앞서 타자에 의한 책임으로부터 고무되지 않고선 모든 책임을 떠맡을 수 없다.

타자가 내 편에서 부정해야 할 대상인 한에서, 정치적 행위는 차갑고 척박할 것이다. 투쟁이 상호주관적인 관계의 첫 번째 양상이기 때문에, 정치는 필연적으로 폭력과 결부될 것이다. 정치가 적대의 억제를 위한 실행인 한에서, 정치는 결코 국가 안에서 실현된 인간성의 소환을 불러오지 못할 것이다. 레비나스에 따르면, 정치적 공간은 제삼자에 의해 열린다. 이러한 사유는 마찬가지로 국가 탄생의 사유, 즉, 국가의 발생이 투쟁이 아닌 책임에 연유한다는 생각과 연결된다. 정치의 필연성은 따라서 폭력에서 유래되기보다 정의와 공정의 관심에서 야기될 것이다. 다시 말해, 정치적 필연성은 타자와 제삼자를 비교하고 그들의 우선권을 결정하는 정의 또는 의무의 관심에서 야기될 것이다. 아마도, 이러한 사유를 정치철학의 전통 안에 포함시키는 것은 불가능할 것이다. 왜냐하면, 윤리적 위치에서 동류들과 함께 계약을 이행하는 정치를 향한 공동

도달하기 위한 최선의 수단을 공정으로 정의하는 데 합의한다. 하지만 이 정의 안에서, 그들의 눈물은 보이지 않는다.

58 Emmanuel Levinas, *Au-delà du verset : Lectures et discours talmudiques*, Paris, Les Éditions de Minuit, 1982, p. 84.

체를 추론하는 것은 불가능하기 때문이다. 정치적인 영역이 윤리
안에서 사유될 수는 없다. 따라서 나를 안락하게 평화 안에 두지
않는 타자성들을 조직하고 통합하는 데에는 어려움이 따른다. 조
직과 통합, 이것은 정치의 기능이다. 그런데, 레비나스에게 이러한
정치는 없다. "레비나스 작품에서 윤리에서 정치로의 관계는 중단
이라는 용어에서 사유해야만 한다."[59] 그렇지만, 여기서 중단은 문
자 그대로의 중단을 의미하지 않는다. 중단은 윤리와 정치 사이의
공백(hiatus)을 의미할 것이다. 그리고 이 공백은 우리에게 정치를
다르게 사유하라고, 정치 안에 윤리 구현의 가능성을 찾으라고 요
구한다. 이에 레비나스는 "이웃에 대한 고유한 책임의 윤리에 종
속된 정치적인 것의 문제를 엿보려고 노력했다."[60]

만일 정치가 자기-자신에게 남겨진다면, 정치는 "그 안에 전
제정치를 지닌다."[61] 왜냐하면, 정치적인 것은 힘과 지배에 필연적
으로 결부되기 때문이다. 예를 들어, 정치는 법, 평화, 도덕을 모든
냉정한 정치적 사유를 방해하기 위해, 정치적 야심을 정당화하기
위해, 상대방을 타락시키기 위해, 정치적 힘 또는 경제적 이득을

---

59 Michel Vanni, "Pour une praxis asymétrique l'incomparable pluralité des réponses à l'appel d'autrui", art. cit., p. 22.

60 Guy Petitdemange et Jacques Rolland, *Autrement que savoir : Emmanuel Levinas*, op. cit., p. 61.

61 *TI*, p. 335. /『전체성과 무한』, p. 451.

안정시키기 위해 그 자신의 정치적 목적으로써 사용할 수 있다. 정치는 모든 차원에서 사회적 삶의 제어 형태들의 전체로써 우선하여 놓일 우려가 있다. 따라서 정치를 그-자신에게 두어서는 안 된다. 정치는 자신의 미망에서 깨어나야 한다. 그리고, 이것은 윤리에 의해서 가능하다. 윤리만이 정치에 영감을 줄 수 있다. 윤리는 기존 정치를 전복할 정도로, 정치를 반정치적인 어떤 것으로 만들 정도로까지 제시된다. "윤리는 (…) 주체성의 이전 단계에서, 어떻게 보면, 전-본래적인(pré-originelle) 그리고 무-시원적인(an-archique) 응답 안에서, 자기의 태곳적 선행에서 주체성과 연루되는 주체성의 전-본래적인 구조를 가리킨다."[62] 이러한 비대칭적 구조는 사실 보편성을 지향하는 정치 안에서는 불가능할 것이다. 따라서 윤리와 정치 사이에는 환원할 수 없는 공백 또는 간격이 있다. 하지만 우리는 어떻게 이 간격이 메워지는지를 고찰해야 한다. 우리는 레비나스와 함께 관계없는 관계, 불규칙한 연쇄의 관계, 인간이 무한히 인간을 넘어서고 정의가 무한히 정의를 넘어서는 바와 같은 관계로서 윤리와 정치를 사유해야 한다.

---

62   Gérard Bensussan, *Éthique et expérience : Levinas politique*, op. cit., p. 43.

"윤리에 의한 정치의 영감"[63]이 있다. 윤리적 영감은 타자에 의한 동일자의 영감이다. 그리고 이것은 윤리와 정치 사이의 간격에서 발생한다. 정치적인 것은 "그것의 틈(interstices)"을 갖는다. 그리고 그것은 이 틈 안에서 윤리 본연의 계기를 함축한다. 따라서 응답하는 구조는 영감에 의한 둘 사이의 사회성 확장 양상에서도 그 적용이 묘사될 수 있다. "정치적인 것은 (…) 다수성, 이의(contestation), 다양성 안에서, 유동적인 집합 가운데서, 더구나 제도적으로 민주주의에 부합하는 약간 불안정한 집합 가운데서 정치적인 것의 '틈(interstices)'을 보도록 할 것이다. 따라서 윤리적 사회성과 둘 사이의 실질적 관계 속 인간 사이의 모든 관계의 전-기원화(pré-origination)는 부분적으로 통합적인 구조를 흐트러트리고 자율적이지 않게 할 것이고 다른 경험론자들처럼 통합적 구조가 넘어설 부분들을 망각하지 못하게 할 것이다."[64] 하지만 정치적인 것이 틈을 감추고서 보여주지 않는다면, 정치적인 것은 일반적으로 인간들이 서로 하는 경쟁, 적대, 무관심의 관계들을 앞설 선(善)을 사유하기를 멈춘다. 설사 평화의 상태가 확립되기에 이를지라도, 이것은 폭력에 의해 폭력을 다스리는 형국일 것이다. 정치는 "매듭을 푸는 것이 아닌 자르듯이"[65] 행한다. 이것은 평화를 보증하기에

---

63 Gérard Bensussan, "Levinas et la question politique", *Noesis*, 1999(n° 3, automne), p. 95.

64 Ibid., pp. 95~96.

65 *AE*, p. 264. / 『존재와 달리』, p. 367.

충분치 않고 폭력이 온전히 반복될 위험이 있다. 그러므로 "좋은 정치란 (…) 적어도 한발 물러서서, 윤리적 영감에 대해 활력을 부여하는 전개를 허락할 또는 더 잘 용이하게 할 그리고 부정적으로라도 조건들을 보장할 정치일 것이다."[66] 만일 우리가 이성적 합리주의의 정치적 성격, 논리만 앞세우는 정치에 실망을 금치 못했다면, 윤리의 정치, "정치적인 것에서 정치적인 것의 너머"[67]가 필요할 것이다.

우리는 인간 사이의 관계를 보증할 제도의 힘에 의지한다. 국가의 활동은 전체 사회에 관해 분쟁들을 재고 비교하고 해결하는 보편적 제어의 구조 안에서 주로 연루된다. 따라서 국가의 활동이 이타성의 구조 안에 머무르긴 어렵다. 왜냐하면, 국가의 활동은 흔히 나와 나의 모든 이웃들을 부재하는 것으로 판단하면서, 그들의 단수성을 잊어버리면서 구성되기 때문이다. 바로 그 때문에, 국가의 활동은 그 자신의 목적을 위해 그것의 비인간적 사용의 유혹을 쉽게 뿌리치지 못한다. 따라서 윤리적 영감이 국가 활동의 장(場) 곳곳에 있는 유혹의 암초들 사이로 물을 대듯 관개(灌漑)하는 것이 필요하다. 그렇더라도, 정치가 도덕적이 될 수는 없다. "도덕을 실현할 정치는 없다. 하지만 확실히 도덕과 더 먼 혹은 더 가까운

66　Gérard Bensussan, "Levinas et la question politique", art. cit., p. 97.

67　*Adieu*, p. 201. / 『아듀』, p. 217.

정치는 있다."[68] 레비나스는 도덕에 더 가까운 국가의 활동을 위
해 도덕적 노력을 요청한다. 따라서 국가의 활동은 우선 "닫힌 그
리고 매끈한 전체성의 아름다운 원형성 안에서 남김없이 국유화하
기"[69]를 멈추어야 한다. 그리고 법적-정치적 규범은 항상 더 선한
것을 목적으로 개선되고 고안되고 갱신되어야 한다. 우리는 레비
나스 윤리에 의해 영감을 받은 정치의 지평 안에서 실천을 향한 방
침을 어렴풋이 느낄 수 있다. 활동[70]은 "현재를 위해서가 아닌 현
재 안에서의 작업(travail)이다. (…) 멀리 있는 것들을 위한, 내가 더
이상 있지 않을 미래를 위한 (…) 비대칭성과 함께, 영감(inspiration)
과 함께, 활동의 개념은 내게 행동(agir)을 강제하는 듯하다. 또는
동일자에게 절대 돌아갈 수 없을 타자를 향한 동일자의 운동을 무

---

68   Emmanuel Levinas, "Le paradoxe de la moralité : Un entretien avec Emmanuel Levi-
nas", art. cit., p. 20.

69   Gérard Bensussan, "Levinas et la question politique", art. cit., p. 99.

70   "타자를 향한 절대적인 방침(orientation)으로서 - 의미로서 - 활동은 인내 안에서만 가능
하다. 끝까지 떠밀린 인내는 행위자(Agent)를 위해 의미한다. 결말의 동시대적인 것이 되기를
단념하기, 약속의 땅에 들어감이 없이 행동하기. 이러한 행위가 작용하는(agir) 미래는 곧장 나
의 죽음에 초연한 것으로 자처한다. 운(jeux)과 동시에 예측과도 구분되는 활동, 이것은 나의
죽음의 저편을 위한 존재이다. 행위자에게 개인적인 불멸성의 시간이 주어지면서, 인내는 행
위자의 이타성을 잊게 하는 데 있지 않다. 활동의 승리의 동시대적인 것이 되기를 단념하기,
이것은 이 승리를 내가 없는 시간 속에서 엿보는 것이고 나 없는 이 세계를, 나의 시간의 지
평 너머 시간을 겨냥하는 것이다.", Emmanuel Levinas, *Humanisme de l'autre homme*, Le
Livre de Poche, 《coll》. Biblio, 2000, p. 45.

한한 향성(tropisme)과 완성 없이 내게 강제하는 듯하다."[71] 레비나스는 활동이 '시간으로의 이행'이라고 말한다. 윤리에 의해 영감을 받은 정치에 대해, 항상 그리고 여전히 윤리에 의해 중단된 정치에 대해, 우리는 이것을 내가 더 이상 존재하지 않을 시간과 세계의 승리를 향한 부단한 이행, 이행됨이 없이도 되는 이행이라 할 수 있다.

4. 정의의 구조와 인류애/형제애(fraternité)

대면은 평등한 두 사람의 마주 보기로서 묘사되기보다, 나보다 높이 있는 타자를 향해 나의 머리를 뒤로 젖혀야만 하고 눈을 들어 올려야만 하는 것으로 묘사될 수 있다. 따라서 2차원의 평면에서, 나와 타자를 잇는 직선은 항상 기울어져 있을 것이다. 나와 타자는 대체 가능할(interchangeable) 수 없다. 윤리적 관계는 결코 수평이 되지 않는다. 이것은 논리 이전이다. 하지만 제삼자의 등장에 의한 나-타인-제삼자의 삼각 편대는 논리를 거치고 차원을 이동시킨다. 2차원에서 3차원으로. 삼각 편대는 역삼각형의 형태를 띠고 각 항들의 거리는 가까움의 정도에 따라, 호소의 긴급성에 따라 멀어지거나 가까워진다. 3차원의 공간에서, 방위(方位) 없이는 위·아

---

71 Gérard Bensussan, *Éthique et expérience : Levinas politique*, op. cit., p. 71.

래의 구분도 없다. 따라서 나는 제삼자의 관점에서 타자 혹은 타자의 타자가 될 수 있고 제삼자는 책임의 주체가 될 수 있다. 항들 사이의 상호성은 유지되고 책임은 저마다 스스로 주체라고 믿는 각 항들에 의해 사라지지 않는다. 이것은 또한 책임의 직선에서 정의의 면(面)으로의 전환이다. 이 정의의 면은 세계 안의 수많은 또 다른 정의의 면과 만날 것이다.[72] 따라서 만약 우리가 분자 구조의 모형으로 이러한 결합을 상상해본다면, 세계는 정의의 구조식에 의해 완벽히 뒤덮일 것이다. 이것은 보편적, 지구적 책임의 가치를 실현할 수 있을 출발점을 예고한다. 우리는 정의가 지나는 길 위에서 개별적인 책임의 무한한 확대를 생각해 볼 수 있다. 책임은 단지 타자만을 대상으로 하지 않는다. 책임은 마찬가지로 모든 타자를 향해 개방되어 있다.

"안면도 없고 아무런 교제도 없으며 아무것도 모르는 사람들, 그런 모든 사람들에게 뻗쳐야 하는 인류애, 이런 보편적 인류애는 시대들의 공허하지만 특징적인 발명이다."[73] 인류애는 보편적 사랑이다. 만약 우리가 친구는 집에 맞아들이는 반면, 이방인은 맞아들이지 않는다면, 이것은 다른 어떤 것에 맞선 적의(敵意) 때문이다.

72

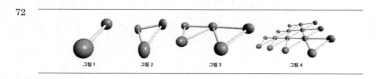

그림 1   그림 2   그림 3   그림 4

73   G. W. F. 헤겔, 『기독교의 정신과 그 운명』, 조흥길 옮김, 철학과 현실사, 2003, p. 127.

적의가 극복되지 않는 한, 인류애는 불가능하다. 따라서 우리는 낯선 이들 속에서 형제, 자매, 부모 그리고 아들, 딸 또는 선조나 후손들의 어떤 친족 관계를 볼 수 있어야 한다. 데리다는 "레비나스는 - 형제애, 인류애, 환대 - 세 개념의 등가를 향해 그의 해석을 방향 지운다."[74]고 말한다. 형제애로서 인류애, 이것은 "타인은 곧장 모든 사람들의 형제이기"[75] 때문이다. 생물학적 유(類)의 공동체는 충분히 사람들을 가까이 둘 수 없다. "타인 안에서 나를 사로잡는 모든 타자들은 닮음 또는 생래적(de nature) 공동체에 의한 나의 이웃과 함께 결합된 동일한 유(genre)의 '표본들'로서 나와 관계되지 않는다. (…) 타자들은 곧장 나와 관련된다. 형제애는 여기서 유의 공동체를 선행한다. 이웃으로서 타인과 나의 관계는 모든 타자들과 나의 관계에 의미를 부여한다."[76] 모든 사람의 형제애는 내가 오로지 나의 이웃에 대해서만 책임이 있는 것이 아니라, 제삼자를 위한 나의 이웃의 책임에 의해 모든 사람에 대해서도 책임이 있음을 뜻한다. 형제애의 개념은 따라서 타자와 제삼자를 전체성 안에서 생각하지 않고 모든 사람을 그들과 함께 결합시킨다.

---

74 *Adieu*, p. 121. / 『아듀』, p. 130.

75 *AE*, p. 246. / 『존재와 달리』, p. 342.

76 *AE*, p. 247. / 『존재와 달리』, pp. 343~344.

형제애는 가까움을 향해 나아간다. 하지만 우리는 어떻게 수십억의 사람들과 가까워질 수 있는가? 어떻게 우리는 가까운 사람들에 대해서만큼 낯선 이들에게 의무를 가지는가? 나는 나와 가장 가까운 사람들을 위해 더 많은 의무를 가질 것이다. 먼 나라의 가난한 사람들에 대한 나의 근본적인 의무가 무엇이든 간에, 그들이 나의 가족, 친구, 조국에 대해 갖는 염려 위에 있을 수 없는 것은 어쩌면 당연하다. 이것은 내가 낯선 이들을 위해 모든 부담을 져야만 한다는 게 아니다. 더욱이 이것이 내 자신의 삶을 갉아먹는 부담이라면, 나는 수용하지 않을 수 있다. 하지만 내가 선출되는 상황이 있다. "형제애는 나의 선출과 평등이 동시에 성취되는 얼굴과의 관계 자체이다."[77] 나의 선출은 인종과 국적을 불문하고 어떤 장소나 어떤 시간에 구애됨이 없이 이루어진다. 비록 우리 각자가 공평한 분담에 자기 몫을 다 해야만 할지라도, 만일 타자가 나를 그를 대신하기 위한 최선의 적임자라고 여긴다면, 나는 그가 누구이건, 그를 위한 나의 절대적인 책임 안에서 행해야 하는 특별한 역할을 가진다는 것을 받아들여만 할 것이다.

그가 낯선 이이건 아니건, 나의 책임이 그에게 이르지 못할 이유는 없다. 낯선 이라는 한가지 이유로, 그는 오히려 환대받아야 한다. 그가 낯선 이인 한 나의 형제이다. 따라서 환대가 필요하다. 이 환대는 본래적인 가치를 갖는다. 예를 들어, 세계시민주의자들

---

77 *TI*, p. 312. / 『전체성과 무한』, p. 424.

이 말하는 환대는 우리가 낯선 이에게 가진 마음의 빚으로부터 시작된다. 이러한 생각 또한 우리 마음 한 곳을 훈훈하게 해 줄 것이다. 하지만 이것은 동정심과 같은 감정의 전이일 뿐이다. 또한, 모든 세계시민주의자들이 모든 인간 존재는 중요하다고 믿을지라도, 낯선 이들에 대한 그들의 도움은 정치적 그리고 법적, 국가적 그리고 시민적인 틀 안에서 제한될 것이다. 즉, 세계시민주의는 타자로서 이방인에 대한 우리의 의무를 인간의 삶 속에서 의미 있는 사태들의 다양성에 따라 무-조건적이 아닌 것으로 만든다. 우리는 "타자의 수용 또는 이웃 그리고 낯선 이, 이방인, 인간 그리고 형제로서의 이웃으로서 얼굴의 수용"[78]을 제외하고 다른 어떤 것도 고려할 수 없다. 가치판단은 이해에서 비롯된다. 하지만 책임은 그렇지 않다. 레비나스는 세계시민주의라는 말을 쓰지 않는다. 그리고 "자신이 고려할 바로도 여기지 않는다."[79] 순수한 환대는 무(無)에서 나온다. 다시 말해, 순수한 환대의 경험은 무로부터(ex-nihilo)의 창조 안에서, 이성이 도덕 법칙을 따르기 전에 가능하다. 이것은 돌봄의 윤리적 행위를 넘어선다. 이것은 "'안으로 오라' '내 안으로 오라', 내 쪽으로만이 아니라 내 안으로 오라. 요컨대 나를 점령하라, 내 안에 자리를 잡아라. 동시에 이러한 것이 의미하는 바는 나를 향해 또는 '내 집'에 오는 것으로 만족하지 말고 숫제 나의

---

78   *Adieu*, p. 124. / 『아듀』, p. 134.

79   *Adieu*, p. 156. / 『아듀』, p. 167.

자리도 차지하라는 것이다. 문지방을 넘는 것, 이것은 접근하는 것이거나 가는 것에 불과하지 않고 들어가는 것이다."[80] 이것은 마치 낯선 이가 주인이 되는 것 같고 주인이 그렇게 하도록 부추기는 것 같다. 물론, 이 비상식적인 논리에 대해 다소 현실성이 떨어지는 것 같다는 실천적 비판이 있다. 하지만 환대는 인간적인 것과 비인간적인 것 사이, 실천 가능한 것과 실천 불가능한 것 사이의 양자택일적인 문제가 아니다. 이것은 전-근원적이고 "본질 너머에 있는 것으로의 열림"[81]이다.

한편으로, "이방인은 인간 주체성의 불가능한 자기 집(chez soi)의 이름이다."[82] 낯선 이에게 그의 자리를 제공해야만 한다. 이 자리는 타자의 초월을 향한 욕망의 자리이다.[83] 탈-존재-사건의 욕망으로서 욕망은 이기주의적 자아가 울타리 치는 과정에 포함되지 않는다. 이것은 낯선 이에 대한 사랑, 척도를 벗어난 태도(démesure)이다. 따라서 무엇보다도 닫아서는 안 되고, 열어야 한다. 그러고

---

80 Jacques Derrida, *Anne Dufourmantelle invite Jacques Derrida à répondre De l'hospitalité*, Paris, Calmann-Lévy, 1997, p. 109. / 『환대에 대하여』, 남수인 옮김, 동문선, 2004, p. 134.

81 *AE*, p. 274. / 『존재와 달리』, p. 378.

82 Gérard Bensussan, *Éthique et expérience : Levinas politique*, op. cit., p. 78.

83 "타인에게 열린 집 안으로 들임(recueillement)은 - 환대 - 인간적인 들임과 분리의 구체적인, 최초의 사실이다. 이것은 절대적으로 초월적인 타인의 욕망과 일치한다.", *TI*, p. 187. / 『전체성과 무한』, p. 256.

나서, 한 장소 안에 함께 존재하기 위해, 한 지붕 아래 함께 지내기 위해 분리가 필요하다. 분리는 환대의 조건이다. 따라서 동일자는 낯선 이로서 타자 혹은 타자로서 낯선 이와 분리를 전제하면서 함께 존재한다. "낯선 이는 (…) 동시에 동일성 안에 있다. 그는 동일자-안의-타자이다. 그리고 그가 가장 뛰어난 형상을 제공할 제삼자들이 사는 무대 위에 있다."[84] 주체 안에 자리 잡은 낯선 이, "레비나스가 주체성의 구조를 가리키기 위해 사용한 표현(formule)에 따른 '동일자-안의-타자'는 따라서 주체의 자기에 대한 이방성(étrangeté)을 의미할 것이다."[85] 주체는 자기 안 이방성의 취임을 애초부터 거부할 수 없고 축출할 수 없다. 오히려 주체는 자기의 이방성에 참여하기를 욕망하고 폭력을 행사하는 대신에 이방성을 적극적으로 맞아들인다. 여기에 내가 책임져야 하는 다른 사람을 향한, 나에 대한 타인의 책임에 관심을 두지 않는, 주체의 방향 전환이 있다. 주체는 내적 이방성의 인질이 되는 것에 동의할 정도로 그것을 환대할 때, 이방성이 동일성에 우선할 때, 주체성의 윤리적 구조 혹은 응답하는 구조를 형성하면서 다른 삶들에 대해 책임질 수 있다. "나의 형성이 내 안에 타자를 포함한다는 것, 다름 아닌 나 자신에 대한 나의 이방성이 역설적이게도 나와 타자들의 윤리

---

84 Gérard Bensussan, *Éthique et expérience : Levinas politique*, op. cit., p. 87.

85 Ibid., p. 79.

적 관계의 출처라는 것을 나는 알고 있다."[86]

형제애의 요청은 "절대적인 이방인으로서 나를 쳐다보는 얼굴 맞은 편 나의 책임"[87]에서 생긴다. 나는 나를 쳐다보는 타자와 무관하게 책임감이라는 문제를 생각할 수 없다. 따라서 나는 나와 마주한 어떤 얼굴에 무관심할 수 없다. 하지만 만일 내가 무관심을 용인한다면, 이것은 다른 사람의 삶을 무화시키는 것이고, 타자를 지우는 것이다. 만일 그렇다면, 나는 증오, 기근, 전쟁, 학살의 희생자들을 위해 애도할 수 없을 것이다. 우리는 타자들과 함께 구성하는 관계 속에 있다. 따라서 "얼굴이 나의 맞아들임(accueil)에서 나타나는 올바름 - 특히 가까움 - 에 상응하기 위해 사회는 형제 같은 공동체여야 한다."[88] "형제애는 타자에 대한 나의 섬김(service) 안에서 모든 타자들을 섬겨야만 하는 나의 책임을 이미 항상 가리키는(pointer) 시금석(épreuve)이다. 형제애, 서로 달리기, 이미 각자의 타자, 즉 수많은 타자들을 향해 출발해야만 하는 책임."[89] 형제애는 분명 공적 공간에 대한 우리의 이해를 변화시킬 것이다. 그리

86 주디스 버틀러, 『불확실한 삶 : 애도와 폭력의 권력들』, 양효실 옮김, 경성대학교 출판부, 2012, p. 79.

87 *TI*, p. 235. / 『전체성과 무한』, p. 318.

88 *TI*, p. 236. / 『전체성과 무한』, p. 319.

89 François-David Sebbah, "La Fraternité selon Lévinas", *Les Cahiers Philosophiques de Strasbourg*, 2002(n° 14), p. 52.

고 이 변화는 얼굴을 보는, 목소리를 듣는 환대의 실천들을 필연적
으로 동반할 것이다.

3부

윤리적 소통과
책임의 길(道)

7장

윤리적 언어와
소통의 말함[1]

1. 언어의 본래적 대면

인간은 말한다(spricht). 우리는 깨어 있을 때도 말하고, 꿈속에서도 말한다. 우리는 언제나 말한다. 우리가 아무 말도 소리 내지 않고 경청하거나 읽을 때에도 우리는 말하며, 심지어 특별히 경청하거나 읽는 것이 없다고 하더라도, 어떤 일에 몰두하거나 한가로이 여가를 즐길 때에도 우리는 말한다. 우리는 어떤 식으로든 끊임없이 말한다. 말한다(Sprechen)는 것은 우리에

1　이 글은 필자가 『현상학과 현대철학』 제84집(2020.03)에 실은 「레비나스의 윤리적 언어와 소통의 말함」을 수정·보완한 것임.

게 자연스러운 일이기 때문에 우리는 말한다. 말한다는 것은 특별한 욕구에서부터 비로소 발원하는 것이 아니다. 사람들은 인간이 천성적으로 언어를 가지고 있다고 말한다(sagt).[2]

하지만 인간이 언어를 지닌 존재라는 것, 이것은 언어를 이성에 참조케 하는 것 아닌가? 만일 언어가 "사유와 말 사이의 깊은 결속"처럼 이성의 표출과 불가분적이라면, 언어는 언어에 연결된 "합리적 사유의 명백한 우월성"[3]만 눈에 띄게 할 것이다. 그렇다면, 언어는 인간 사유의 조건 자체인가? 언어는 눈앞에 놓인 대상들을 겨냥하는 사유에 의해서 표현된다. 표상 속에 고정된 지식의 언어에 우리가 길들어져 있는 것은 바로 이 때문이다. 현대 문명의 눈부신 발전은 언어에 의한 정보와 경험을 공유하는 데 있었을 것이다. 따라서 언어는 오로지, 세계를 공통적이게 만들고 공통적인 장소들을 만들어 내기 위한 사고와 정보의 소통으로서 여겨진다고 보는 것이 충분치 않은가? 다시 말해, 언어는 대화자들 사이의 공통된 기호로써 맡은 바 소임을 다하는 것이 아닌가? 우리는 지금까지 생각, 개념, 내부를 나타내는 언어에 도달하기 위해 언어의 틀

---

2 마르틴 하이데거, 『언어로의 도상에서』, 신상희 옮김, 나남, 2012, p. 15.

3 Emmanuel Levinas, *Totalité et Infini. Essai sur l'extériorité*, Le Livre de Poche, coll. 《Biblio》, 2009, p. 225. (이하 *TI*) / 『전체성과 무한 : 외재성에 대한 에세이』, 김도형·문성원·손영창 옮김, 그린비, 2018, p. 304. (이하 『전체성과 무한』)

안에서 명백한 설명을 덧붙이지 않을 수 없었다. 사유하면서 언어를 고안하기 또는 다루기, 이것은 의식하는 것과 다름이 없다. 이것은 다른 사람들을 위해서가 아닌, 나의 상황을 주기 위해서이다. 그리고 전달의 현상 또한, 존재론적 의미에서, 단순한 발화의 전달이다. "함께 나누는 어떤 것에 대한 말은 모두 동시에 자기를 밖으로 말함[자기표명]의 성격을 띠고 있다. 현존재는 말하면서 자기를 밖으로 말한다. 그런데 그것은 현존재가 처음에 외부에 대한 '내면적인 것'으로서 캡슐 속에 들어 있기 때문이 아니라, 도리어 현존재가 세계-내-존재로서 이해하며 이미 '밖에' 있기 때문이다. 밖으로 말해진 것은 바로 이 밖에 있음"[4]이다. 하이데거에게서, "언어는 세계 내 존재로서의 이해 가능성"이다. "언어는 인간 실존인 존재 이해에 의해 그려진다. 언어는 존재에 속한다."[5]

레비나스는 언어가 정보 전달의 중성성으로 환원되거나, 합리성으로서 로고스 안에 주어지는 것에 그친다고 보지 않는다. 게다가, 하이데거처럼 "언어가 존재의 집"이라고 생각하지도 않는다. 레비나스는 "언어의 본질은 타인과의 관계"[6]라고 말한다. 왜냐하

---

4 마르틴 하이데거, 『존재와 시간』, 이기상 옮김, 까치, 2000, p. 223.

5 Emmanuel Levinas, *Dieu, la mort et le temps*, Le Livre de Poche, coll. 《Biblio》, 1995, p. 105. (이하 *DMT*) / 김도형·문성원·손영창, 『신, 죽음 그리고 시간』, 김도형·문성원·손영창, 그린비, 2013, p. 136. (이하 『신, 죽음, 시간』)

6 *TI*, p. 227. / 『전체성과 무한』, p. 306.

면, 만일 언어가 모든 의미화와 모든 객관성을 가능하게 한다면, 객관성은 "담화 안에, 세계를 제시하는 대-화 안에"[7] 놓일 것이고 의미화는 그것의 궁극적인 단일성 안에서가 아닌, 그 자신과 관계된 다른 의미화와의 차이 안에서 그 의미를 획득할 것이기 때문이다. 다시 말해, 언어의 본질은 **cogito**의 차원에서 찾아져서는 안 되고, 타인과의 관계 안에서 찾아져야 한다. 예를 들어, 우리는 누군가에게 말을 한다.[8] 누군가에게 건네는 첫 번째 말은 '안녕하세요' 일 것이다. "축복으로서 그리고 다른 사람을 위한 나의 개방성(disponibilité)으로서" 안녕하세요! "이것은 표현한다 : 나는 당신에게 평화를, 좋은 하루를 기원한다. 타인을 염려하는 자의 표현. 이것은 소통의 나머지 모든 것, 모든 담화(discours)를 나타낸다(porter)."[9] 이것은 사유의 언어 이전 표현일 것이고 "순수한 기원, 순수한 찬미"[10]의 언어일 것이다. 이것은 단순히 사유를 위해 주어진 누군

---

7 *TI*, p. 97. / 『전체성과 무한』, p. 133.

8 "누군가에게 말을 건넨다는 것은 내 안에, 내 존재의 지속의 평온 속에, 필수적 단계로서 나의 이기주의의 고요 속에, 'conatus essendi(자기 보존 경향)'의 중단이 일으키는 윤리적 동요를 나타낸다.", Emmanuel Levinas, *Altérité et transcendance*, Le Livre de Poche, coll. 《biblio》, 2010, p. 108. / 『타자성과 초월』, 김도형·문성원 옮김, 그린비, 2020, pp. 118~119. (이하 『타자성과 초월』)

9 François Poirié, *Emmanuel Levinas : Essai et Entretiens*, Arles, Actes Sud, 2006(2ème édition), p. 104.

10 Jacques Derrida, *L'écriture et la différence*, Paris, Seuil, Points, coll. 《Essais》, 2014, p. 218. / 『글쓰기와 차이』, 남수인 옮김, 동문선, 2007, p. 236.

가의 조형적 형태 앞에서 말을 하는 것이 아니다. 이것은 동일성에
관계하지 않는, 동일자에게 호소하는 어떤 얼굴에게 말하는 것이
다. 우리는 얼굴 없이 말할 수 없다. 이런 의미에서, 언어의 시작은
얼굴에 있다. 따라서 만약 우리가 얼굴에게 첫 말을 뗀다면, 그것
은 윤리적 언어일 것이다. 그리고 얼굴은 이러한 윤리적 태도 안에
서만 나를 부를 것이다. 그렇기 때문에 언어는 우리가 주는 공통의
기호들[11], 불투명한 단어들[12]로 절대 시작할 수 없다.

　　"우리가 요청하는 윤리적 언어는 특별한 도덕적 경험에서 생
기지 않는다. (…) 이것은 앎과 뚜렷이 구별되는 접근의 의미 자체
에서, 현상과 뚜렷이 구별되는 얼굴의 의미 자체에서 온다."[13] 윤
리적 언어는 타자에게서 직접 내게 온다. 즉, 이것은 의식 내부에
서 타자를 흡수함이 없이 내가 타자에게 건넨 담화 속에 타자를 처
하게 한다. "얼굴과 담화는 연결된다. 얼굴은 말한다. 여기서 모든
담화를 가능하게 하고 시작하는 것은 얼굴이다."[14] 얼굴 안 타자의

11　"기호는 침묵하는 언어, 억제된(empêché) 언어이다.", *TI*, p. 199. / 『전체성과 무한』, pp.
270~271.

12　"단어는 창이다. 만일 단어가 가림막(écran)을 한다면, 단어를 거부해야만 한다.", *TI*, p.
225. / 『전체성과 무한』, p. 304.

13　Emmanuel Levinas, *En découvrant l'existence avec Husserl et Heidegger*, Paris, Vrin,
1994, p. 234. (이하 *EDE*)

14　Emmanuel Levinas, *Éthique et Infini : Dialogues avec Philippe Nemo*, Le Livre de
Poche, coll. 《Biblio》, 2011, p. 82. (이하 *EI*) / 『윤리와 무한 : 필립 네모와의 대화』, 김동규
옮김, 도서출판 100, 2020, p. 97. (이하 『윤리와 무한』)

표명(manifestation), 진술(présentation), 초월 (transcendance)에 참여하는
것, 이것은 담화의 문턱에 들어섬이다. 즉, 대면이다. 얼굴은 그-자
신의 표현으로서 나타난다. 표현 안에서, 얼굴은 책임에 간청하고
호소하는 방식으로 나타난다. 하지만 이것이 직접적이지 않다면,
나는 연루될 수 있겠는가? "표현은 거리를 통해, 전체성 안 부분들
의 인접(côtoiement)을 통해 수립하기 위한 항들 사이의 항들을 연결
할 이해 가능한(intelligible) 형태의 나타남(manifestation)으로 발생하
지 않는다."[15] 표현은 타자의 내재성을 줌이 없이 "우리가 붙잡을
모든 이미지에 외재적으로 있다."[16] 즉, 표현은 우리에게 익숙한
언어 바깥에 있다. 따라서 표현은 그것이 나타내는 내용이나 그것
이 야기하는 효과에 의존하지 않는다. 표현은 이해의 원형(cercle)을
선행하는 불러세움(interpellation)이다.

　만일 언어가 우리의 입술 위에서만 맴돈다며, "미리 꾸민 내
부의 논리"[17] 안에서만 전개된다면, 우리는 이 언어와 내적 독백
사이의 차이를 발견할 수 있는가? 일방적인 담화는 가능한가? "자
기 자신과 침묵하는 담화가 정말로 가능한가?"[18] 언어는 대화자들

15　*TI*, p. 220. /『전체성과 무한』, p. 297.

16　*TI*, p. 330. /『전체성과 무한』, p. 445.

17　*TI*, p. 70. /『전체성과 무한』, pp. 96~97.

18　Emmanuel Levinas, *Autrement qu'être ou au-delà de l'essence*, Le Livre de Poche,
coll. 《Biblio》, 2013, p. 265. (이하 *AE*) /『존재와 달리 또는 존재성을 넘어』, 문성원 옮김, 그

의 복수성(pluralité)을 전제해야만 한다. 하지만 "대화자들과의 교제(commerce)는 언어의 공통 지평에서의 서로의 표현(représentation)도, 보편성에의 참여도 아니다. 그들의 교제는, 우리가 곧 말할 윤리이다."[19] 한마디로, 그들의 교제는 전체화, 주제화에 저항한다. 왜냐하면, 분리된 존재로서 상대자들은 전체화될 수도 주제화될 수도 없기 때문이다. "언어는 분리된 항들의 관계이다. 일자에게 타자는 하나의 주제로서 나타날 수 있다. 하지만 타자의 현전은 그의 주제의 규정(statut) 속에 흡수되지 않는다. 주제로서 타인을 대상으로 하는 말은 타인을 포함하는 듯 하다. 그러나 이미 말은 대화 상대자로서 타인을 통합했었던 주제를 떠나 타인에게 말해지고 필연적으로 말해진 것 뒤에(derrière) 나타난다(surgir)."[20] 언어는 본질적으로 나에게서 분리된 타자와의 관계를 요구한다. 그리고 이 타자는 사유가 막 파악하려고 한 자(者)의 뒤편에서 나타난다. 언어가 사고와 단절할 때, 타자는 의미를 갖는다. 그리고 타자가 언어에 이를 때, 언어는 담화(discours)[21]가 된다. 이것은 대면이다. 따라

린비, 2021. p. 368. (이하 『존재와 달리』)

19   *TI*, p. 70. / 『전체성과 무한』, p. 96.

20   *TI*, p. 212. / 『전체성과 무한』, p. 287.

21   담화는 "나와 타인 사이의 거리를 유지하고, 전체성의 복구를 방해하고, 초월 안에서 주장하는(prétendu) 급진적 분리를 유지한다.", *TI*, p. 29. / 『전체성과 무한』, p. 38.

서 "담화의 본질은 윤리적이다."[22]

담화 속에서, 타자는 나의 주제로서 있지 않고 대화 상대자로서 있다. 따라서 "자기는 타자들에게 무관심하지-않음이고 타자들에게 주어진 신호(signe)이다. 모든 담화는 내적으로 말해진 것조차도 가까움 안에 있고 전체성을 포괄하지 않는다."[23] 나의 언어는 타자를 위한 환원할 수 없는 염려에 속한다. 그리고 이것은 타자의 호소에 응답하는 언어이다. 마치 내가 타자에 대한 염려 없이는 언어를 가질 수 없었던 것처럼, 언어는 항상 이미 타자와의 가까움 안에 있다. "언어는 지각하는 들음(écoute) 또는 가까이하는 접촉인가? 나타남(manifestation)과 폭로, 또는 소통과 이웃의 가까움 그리고 폭로에 환원 불가능한 윤리적 사건[24]인가?"[25] 레비나스에 의하

---

22 *TI*, p. 238. / 『전체성과 무한』, p. 322.

23 *AE*, p. 265. / 『존재와 달리』, p. 368.

24 "윤리적인 것은 인간 주체를 보편적 질서에 포함시킬 그리고 생각으로써 모든 합리적인 존재를 목적의 왕국(règne) 안에 규합할 열정적(passionnel) 자기중심주의(particularisme)의 무해한 약화를 나타내지 않는다. 이것은 존재들을 향해 열린 주체성의 전환을 가리킨다. 그리고 항상 어느 정도 존재들이 다시 나타나는(se représentant), 존재들이 놓이는 그리고 존재들을 이러저러하게 주장하는(prétendant) 주체성의 전환을 가리킨다. 관념적인 것(idéal) 안에서 동일화와 양립할 수 없는(excluant), 주제화 그리고 재현(représentation)과 양립할 수 없는 단수성, 절대적인 단수성 그리고 이 재현할 수 없는 것(irreprésentable)으로서의 단수성과 접촉하는 주체성으로의 주체성의 전환을 가리킨다. 이것은 바로 본래적 언어, 타자의 근거(fondement)이다. 지향적인 것에서 윤리로의 이러한 변화가 행해지고, 계속해서 행해지는 명백한 지점, 접근이 의식을 관통하는(percer) 명백한 지점은 살갗 그리고 인간의 얼굴이다.", *EDE*, p. 225.

25 Emmanuel Levinas, *Noms propres*, Montpellier, Fata Morgana, 2014, p. 141.

면, 그렇다. 언어는 얼굴의 특성(originalité)을 가정한다. 언어는, 언어가 본질적으로 타자와의 관계인 한에서, 그리고 타자가 "언어의 본원적 대면의 내부에"[26] 놓이는 한에서, 언어에 참여하는 벌거벗은 상대에게 옷을 입힌다. 만약 언어가 가까움과 접근의 용어로 기술된다면, "거리의 제거로서 가까움이 ~에 대한 의식의 거리를 제거하(기)"[27] 때문에, 언어는 필연적으로 감성을 참조하지 않을 수 없다.

2. 언어 : 감성적인 것과 시간화

언어는 내가 주는 것이다. 그리고 줌(donation)이 어떤 것이든 이것은 접촉이다. 접촉은 개념 또는 사고의 가능한 모든 중재에 의한 양상이 아니다. 왜냐하면, 개념과 사유는 타자를 주제나 대상으로 만들기 때문에, 즉 동일자로의 환원을 나타내기 때문이다. 접촉은 간접적이지 않은 관계의 양상이다. 접촉은 손으로 만짐으로 생각하지 않을 수 없다. 이것은 앎의 작업에 속하지 않는다.[28] "이것

---

26 *TI*, p. 227. / 『전체성과 무한』, p. 306.

27 *AE*, p. 142. / 『존재와 달리』, p. 194.

28 이 점에서, 레비나스는 조금 칸트적이다. 칸트에게서, 감성적인 것은 초보적인 앎도, 앎의 근원도 아니다. 그러나, 칸트에게서, 이것은 도식화의 중재에 의한 그-자체로 오성이 없는

은 '순수한 직접성'의 유형이 발견될 감성 안에서이다. 왜냐하면, 감성적인 것은 우선 손을 대는 것으로 해석되어야만 하기 때문이다. 그리고 손을 대는 것(le toucher)은 순수한 접근, 순수한 가까움이다. 달리 말해, 접근과 가까움의 모든 경험으로 환원할 수 없는 관계를 나타낸다(présenter)."[29] 인간의 피부로부터, 감성적인 것은 그 자체 어루만짐이다. 이것은 타자의 상처를 어루만짐이다. "어루만짐은 이 의미화가 어루만짐의 경험으로 변화됨이 없이 접촉 안에서 이루어진다(s'esquisser). 어루만짐에서, 가까움은 어루만짐이 표현적인 행위가 되고 메세지의 전달자가 됨에도 불구하고 어떤 것에 대한 지향이 이루어지지 않고서 가까움으로 남는다."[30] 언어가 접촉, 어루만짐, 가까움으로서 이해되는 것, 이것은 언어가 본질적으로 감성적이라는 것을 의미한다. 감성적인 것으로부터 언어의 의미화가 나타난다면, 이것은 감성에 대한 현행의 주지주의적 해석에 의해서는 아닐 것이다. 왜냐하면, 이것은 감성의 새로운 양상이기 때문이다.

하지만 어떻게 언어는 감성적이게 되는가? 감성적 특성은 사

개념들을 채울 것과 오성의 활동을 수행할 앎에 허용할 것을 받아들이는 수용성(réceptivité)으로 이해된다. 레비나스는 감성적인 것을 타자의 현상적이지 않은 타자성에 의한 정감으로 본다. 이것은 수용성보다 더 수동적이다.

29 Silvano Petrosino et Jacques Rolland, *La vérité nomade : Introduction à Emmanuel Levinas*, Paris, la Découverte, 1984, p. 44.

30 *EDE*, p. 227.

물의 속성들과 관계하지 않는가? "소리, 색깔, 단단함, 물렁함의 감성적 특성들은 - 감성적 특성들, 사물들의 속성들 - 길게 이어지거나 혹은 감기는 심리적 삶으로서의 시간 안에서, 그리고 단지 물리학자의 측정 가능한 시간 속에서 지속하거나 변할 뿐만이 아닌 시간적 상(相)들의 연속 안에서 체험될 것이다. 후설은 이것을 인정한다."[31] 접촉 안에서, 사물들은 가까이 있다. 하지만, 감성적 특성들은 단지 느끼는 것이 다가 아니다. "사물들이 꺼칠꺼칠하고 무겁고 검고 마음에 들거나 혹은 동일한 존재자이거나 아니거나, 이런 것과는 전혀 다른 의미"[32]가 있다. 후설에게, 체험과 감성적 특성들은 여전히 지향성[33] - 느끼는 것과 느껴진 것 사이의 상관관계 없이 생각할 수 없는 지향성 - 안에 있다. 따라서 지향성에 대한 후설적 개념만을 따른다면, 우리는 정신 현상 자체가 반영되는 감성적인 것을 설명할 수 없을 것이다. 왜냐하면, 지향적 분석이 설명하지 못하는 지향성 저편의 가까움이 있기 때문이다. "감성적인 것은 이것의 인식 역할 안에서만 피상적이다. 현실과의 윤리적 관

---

31 *AE*, p. 56. / 『존재와 달리』, p. 74.

32 *EDE*, p. 227.

33 "지향성은 후설이 이론적인 표본과 함께 유사성을 명시하기(affirmer)를 즐겼던 비-이론적인 양상들에까지 앎의 구조를 보존할 것이다. 지향성은 확실히 사물들에 대한(auprès) 어떤 현전을 가리킨다. 하지만 지향성이 언뜻 보게 될 수 있었을 가까움의 약속은, 후설에게서, 곧장 세계를 향한 열림으로, 이미 비추는 빛, 앎의 밑그림인 의미를 제공하는 의식으로 변한다.", Étienne Feron, *De l'idée de transcendance à la question du langage : L'itinéraire philosophique de Levinas*, Grenoble, Milon, 1992, p. 126.

계 안에서, 즉 감성적인 것이 수립하는 가까움의 관계 안에서, 본
질적인 것이 연루된다(s'engager). 거기에 삶이 있다. (…) 우리는 만
지듯이 듣는다."[34] 명백히 후설의 개념만 가지고서 이러한 감성적
인 것을 서술하기엔 불충분하다. 그렇지만, 우리는 언어가 시간으
로서 사유될 수 있다는 것을 감지할 수 있다.

　　사물들은 느껴지는 자와 느끼는 것 사이의 순간적인 체험 속
에서 지나간다. 이것은 모든 인식 이전의, 모든 포착 이전의, 심지
어 모든 손으로 만지기 이전의, 과거가 밑그림을 그리는 흔적 안에
서이다. "감성의 본질적인 것이 표현되었다. 즉 감성이 행하는 시
간화이다. 접촉이 지나갔던 과거와의 관계, 접촉 안에서 더욱 깊어
지는 미래와의 관계, 감성은 시간화이다."[35] 사건들 또한 이와 비
슷하다. 사건은 동사에 의해 말해진다. "사건을 가리키는 명사로
서, 시간의 시간화에 적용된 명사로서 이해된 동사는 시간화를 사
건으로 울리게 할 것이다."[36] 예를 들어, 동사 존재하다(être)는 'A
는 A이다' 혹은 'A는 B이다'에서와 같이 동일성을 지시하고 시간
을 그러모은다. 따라서 만약 우리가 언어는 동사의 부속물이라고
말할 수 있다면, 이것은 동사가 "감성적인 삶 - 시간화와 존재의 본
질 - 을 가질 것이[고], 체험된 감각 - 존재와 시간 - 은 동사 안에서

34　*EDE*, p. 228.

35　Étienne Feron, *De l'idée de transcendance à la question du langage*, op. cit., p. 127.

36　*AE*, p. 60. / 『존재와 달리』, p. 80.

이미 이해되[기]" 때문이다. "지각된 사물들의 특성들이 시간과 의식 안에서 떠나는 감성은 무언의 세계에서 전개되는 모든 외양(apparence)을 갖는 무음의(insonore) 공간과는 독립적이다. (⋯) 감성 안에서 진술된 동사로부터 감성의 질적 변화들은 '어떻게'를 이해하게 하지 않는가?"[37]

동사의 동사성(verbalité)에서 야기된 언어는 술어 절에 영향을 미친다. 즉, 언어는 술어적 서술 속에서 그것의 본질과 시간을 드러낸다. 하지만 명사들도 이처럼 이해되지 않는가? 동사 '존재하다(être)'와 명사 '존재(être)'의 차이는 어디에 있는가? 명사에 의해 동일시된 존재자는 다양한 조합에도 불구하고 동일자의 관념성만을 나타낼 것이다. 그리고 동사로서 존재는 먼저 행위 또는 변화의 사건들을 나타낼 것이다.

> 'A는 A이다'는 단지 A가 그-자신의 고유성임을 또는 A가 A의 모든 특징들을 소유한다는 사실을 의미하지 않는다. 'A는 A이다'는 '소리가 울린다' 또는 '붉음이 불그스레한 빛을 띤다'처럼 이해된다. 'A는 A이다'는 A가 a로 실현되는 것처럼(a-oie) 이해하게 된다. '붉음이 불그스레한 빛을 띤다'에서, 동사는 사건을, 동사 '붉다'의 특성(qualité)의 정지(repos)에 상반되는 붉음의 어떤 역동(dynamisme)을 의미하지 않는다. 붉음의

---

37 *AE*, p. 61. / 『존재와 달리』, pp. 81~82.

어떤 활동(activité)을, 예를 들어 붉지-않음에서 붉음 - 붉어지
기 - 으로의 이행 또는 덜 붉음에서 더 붉음으로의 이행, 변화
를 의미하지 않는다. 불그스레한 빛을 띠다(rougeoyer)라는 동사
에서, 특히 동사에 의해 가리키게 되는 권리를 가질 행위의 역
동과 함께 유비에 근거를 둔 행위 또는 변화의 어떤 은유도 진
술되지 않는다.[38]

동사는 기호의 기능과 지시에 그치지 않는다. 술어 기능은 특
별히 시간화를 이해하게 하는 데 있다. 붉음의 본질은 시간화로
서 이해될 수 있다. "동사로서 말해진 것은 본질의 본질이다. 본
질, 이것은 주제, 현시(ostension), 억견(doxa) 또는 로고스가 있고 거
기에(par là) 진리가 있다는 사실 자체이다. 본질은 단지 표출되지(se
traduire) 않는다. 본질은 술어적 진술 안에서 시간화된다."[39] "시간
화는 진술(apophansis) 속에서 본질로서 울린다."[40]

술어절 속에서 자신들의 본질을 울리는 감성적인 것의 특성
들은 - "색조, 그리고 음계, 그리고 단어들의 체계, 그리고 형태들
의 굴곡"[41] - "색(couleur)과 연필의 터치(touche), 단어들의 비밀, 소

---

38 *AE*, pp. 67~68. / 『존재와 달리』, pp. 90~91.

39 *AE*, p. 69. / 『존재와 달리』, p. 92.

40 *AE*, p. 69. / 『존재와 달리』, p. 93.

41 *AE*, p. 70. / 『존재와 달리』, p. 94.

리들의 음색"[42]으로서 시간화된다. "언어는 실체들이 존재의 양
태들로, 시간화의 양태들로 해체되지만, 언어가 존재자들의 존재
를 배가하지(doubler) 않는, 언어가 본질의 소리 없는 울림을 드러내
놓는(exposer) 술어절 속에서 동사로서 이해된다."[43] 체험으로서 감
성적인 것은 시간의 경과, 시간의 변형을 거친다. 그리고 이 감성
적인 것 안에서 동일시가 나타나고 현상이 만들어진다. 바로 거기
서, 명사들에 의해 또는 명사들 안에 고정된 존재자들의 모든 속성
들이 존재의 양상들로 이해될 수 있다. "로고스[44]는 존재와 존재자
가 이해되고 동일시될 수 있는 혼동(amphibologie) 속에서, 명사가 동
사로서 울릴 수 있고 진술(apophansis)의 동사가 명사화될 수 있는 혼
동 속에서 맺어진다(se nouer)."[45] 혼동 속에서, "동일화는 어떤 단

---

42 *AE*, p. 71. / 『존재와 달리』, p. 94.

43 *AE*, p. 70. / 『존재와 달리』, p. 93.

44 하이데거는 『존재와 시간』에서 '로고스의 개념'을 다루고 있다. 로고스가 담화 혹은 진
술인 한에서, 로고스는 판단을 의미하지 않는다. 그것은 참이거나 거짓일 수 있다. 왜냐하면,
로고스는 담화 속에서 단지 말해지는 것을 드러나게만 할 뿐이기 때문이다. "로고스는 어떤
것을 보이게끔 해준다. 즉 그것에 대해서 이야기되고 있는 그것을 이야기하는 사람(그리스어의
중간태)에게 또는 서로 이야기를 나누는 사람들에게 보이도록 해준다. 말은 그것에 관해서 이
야기되고 있는 그것을 그것 자체에서부터 '보이도록 해준다.' 말에서는 - 그 말이 진정한 말
인 한 - 이야기된 그것[내용]이 그것에 대해서 이야기되는 그것[대상]에서부터 길어내져야 하
며, 그래서 이야기하는 함께 나눔이 그것의 말함 속에서 그것에 대하여 이야기되고 있는 그것
을 드러나게 하여 접근 가능하게 해야 한다. 이것이 아포판시스로서의 로고스의 구조이다.",
마르틴 하이데거, 『존재와 시간』, 이기상 옮김, 까치, 2000, p. 54.

45 *AE*, p. 72. / 『존재와 달리』, p. 97.

계에서든지 체험의 시간화, 본질을 함축한다. 사물들, 모든 기반 (substrat)은 이야기에서 오고 로고스로, 말해진 것으로 되돌려 보내 진다. 이미 지명된(nommé) 존재자는 본질을 밝히는 진술(apophansis) 속에서 울리는 본질의 시간 속에서 용해된다(se dissoudre). 로고스는 존재와 존재자의 애매함 - 최초의 혼동(amphibologie)이다. '시간적 변화' 속에서 체험된 모든 '체험 상태(Erlebnis)', 본질의 연속(égrène-ment)은 기억할 수 있고 따라서 명명될 수 있고 동일시될 수 있고 나타날 수 있고 재현될 수 있다. 명사화에 저항하는 동사는 실재하 지 않는다."[46]

정체성을 구성하고 지시하는 동사의 명사화는 존재와 존재자 사이의 혼동(amphibologie) 속 발화와 다르지 않다. 의미의 발화는 어 떤 것을 이것으로 혹은 저것으로 명명하는 데 있을 것이다. 저것 으로 이것을 선언하고 내어주는(consacrer) 것은 말해진 것(le Dit)이 다. 말해진 것의 구조는 동일한 실체(entité) 혹은 존재자들을 드러 나게 한다. 이것은 또한 말해진 것의 명사화된 관계의 모호함으로 써 존재에 대해 말하는 것이기도 하다. 존재론은 존재와 존재자 사 이의 혼동 속에서 진술된다. 하지만 말해진 것의 지위와 관련해서, "이것은 언어의 전-존재론적 무게를 측정하는 것이다. (…) 이것은 또한 (…) 말함에 대해 말해진 것에 우선권을 주지 않는 것이다. 이 것은 우선 말해진 것 안에서 거기에 흡수되는 그리고 그처럼(ainsi)

---

46 *AE*, p. 73. / 『존재와 달리』, p. 98.

말해진 것을 받아들이게 하는(imposer) 역사 속에 흡수되어 들어가는 말함을 깨우는 것이다. 말함이 말해진 것의 이러한 진술과 다른 의미를 갖지 않을 한에서, 말함이 엄밀하게 말해진 것의 '상관항(corrélatif)'일 한에서, 말함은 존재의 주체 참조의 의견(thèse)과 마찬가지로 존재에 대한 주체의 의존의 의견을 정당화할 것이다. 이 상관관계 이편으로 거슬러 올라가야만 한다."[47] 말함과 말해진 것 사이에 세워진 단순한 상관관계 저편에, 능동과 수동 너머, 전혀 다른 울림(résonnance)이 있다. 그리고 이 울림이 언어를 감성적인 것에 이르게 할 것이다.

3. 말함(le Dire)과 말해진 것(le Dit)

말함과 말해진 것 사이의 구분은 불분명하다. 이것은 언어의 어떤 본질적인 불투명성 때문인가? 말함은 항상 말해진 것을 내포한다. 또한, 말함은 항상 어떤 말해진 것의 말함이다. 어느 것이 말함이고 말해진 것인가? 우리는 이미 존재와 존재자 사이의 구분조차 말해진 것의 혼동에 의해 이끌릴 수 있음을 검토했다. 그러나 여하튼 말함은 말해진 것이 아니다. "모든 말하기(parler)는 수수께

---

47 *AE*, p. 74. / 『존재와 달리』, p. 99.

끼이다."[48] "이 간결한 주장은 타인과의 관계의 의미를 나타내는 말(parole)이 존재의 나타남에 정연한(ordonné) 모임의 활동으로, 즉 로고스로 여전히 이해될 수 있을 것을 함축한다. 이것은 한편으로 로고스 자체 안에서 이미 초월적 의미가 열릴 수 있음을 의미한다. 달리 말해, 말함은 말해진 것 안에서 로고스로 나타나면서 드러날 것이다(trahirait). 하지만 말함을 드러내는(trahissant) 말해진 것은 여전히 말해진 것을 표현할 것이고 말함을 가리면서 말함을 내보이거나 또는 부재로서 말함을 내보일 것이다."[49] 말해진 것은 명백히 주제에 관련되는 것을 가리키고 말함은 이 말해진 것의 틀 안에서 제한되는 경향이 있다. 말함은 말해진 것에 흡수되고 종종 말해진 것 앞에서 밀려난다. 다시 말해, 말함은 말해진 것을 넘어서 드러날 수 없다. "말해진 것을 향한 말함과 말해진 것 안에 흡수된 말함, 말해진 것과 상관적인 말함은 현상이 나타나게 하는 체험된 시간의 빛 또는 울림 안에서 존재자를 명명한다. 그리고 다른 말해진 것 안에서 차례로 동일시될 수 있는 빛과 울림 속에서 존재자를 명명한다. 기호 체계의 사용을 규제하는 관례적인 코드의 효과에 의해 바깥에서 현상에 추가되지 않는 지칭(Désignation)과 울림. 이것은 단어들이 - 역사적으로 구성된 어휘의 요소들 - 단어들의 기호 기능과 시용법을 발견하고 어휘의 모든 가능성을 범람하게 할 이

---

48 *EDE*, p. 212.

49 Étienne Feron, *De l'idée de transcendance à la question du langage*, op. cit., p. 123.

미-말해진 것 안에서이다."⁵⁰

　　모든 것이 주제 안에서 나타나는 말해진 것은 동일성의 개념에 기초한다. 그리고 이것은 존재가 주제화되고 존재자가 객관화되는 존재론적 언어의 표명 자체이다. 하지만 만약 말해진 것 안에서 (한 말의) 취소의 요구가 일어난다면, 말해진 것은 말함으로의 이행 가능성을 가질 것이다. 사실, 말함은 "항상 한 말을 취소하는(se dédire) 필연성 안에"⁵¹ 있다. 비록 말함이 말해진 것에, 언어의 체계에, 존재론에 종속될지라도 말함은 "존재와 다르게 또는 존재의 타자(다른 것)를 끌어내기 위해 - 이미 자신을 나타내는(se montrer), 하지만 존재의 본질로 밝혀지는(se montrer) 주제들 밖에서 - 불충실하게 - 추진되는 연구에 소용된다."⁵² 실제로, "존재와 다르게는 이미 다르게 존재함(un être autrement)만을 의미하는 데 놓인 말해진 것으로부터 자신을 떼어내기 위해 한 말을 취소해야만 하는 말함 속에서 진술된다."⁵³ 하지만 말함은 어떻게 동시에 그 자신의 말함을 취소하는가? 시간은 과거지향(rétention)과 미래지향(protention)에 의해, 기억과 예견에 의해, 역사와 예측에 의해 공시성으로 환원될 것이다. 우리는 따라서 존재 저편의 사유로서 통시적 사유 - "시간

50　　*AE*, p. 65. / 『존재와 달리』, pp. 86~87.

51　　*EI*, p. 103. / 『윤리와 무한』, p. 122.

52　　*AE*, p. 18. / 『존재와 달리』, pp. 22~23.

53　　*AE*, p. 19. / 『존재와 달리』, p. 25.

의 극복할 수 없는 통시성"[54] - 를 참조할 수밖에 없다. 모든 것이 나타나는, 통합되는, 모이는 시간화 속에서 존재와 다른 것의 통시성은 발생하지 않는다. "통시성, 이것은 결합의 거부이고 전체화할 수-없는 것이고 이런 명확한 의미에서 무한이다."[55] 이것은 무한과의 관계 자체로서, 무-시원적이고(an-archque) 시의적절하지 않고(intempestif) 기억 없는 아득한 옛적(immémorial)이다. "마치 선이 존재, 현전 이전에 있었던 것처럼."[56]

통시성을 구성하는 것은 의식의 내용들의 흐름이 아닌, 공시성 저편, 본질의 저편을 의미하는 의미화이다. 존재를 나타내는 말해진 것 이면에, '모든 말해진 것 이전의 말함'은 따라서 타자를 향한 동일자의 전위(轉位)일 것이다. 엄밀히 말해, 동일자는 "재현에 동화될 수 없는 이 전위 속에서 시간적인 통시성을 조심스럽게 보존할" 타자를 향해 있다. 동일자는 타자와 결코 만날 수 없다. 이것은 "자아와 타자의 동일화 불가능성, 자아와 타자의 불가능한 종합. 통시성. 이완(diastole). 동일한 대지 위에 구성하는, 세계에 함께-놓이는(com-poser) 불가능성, 내 발밑 땅의 변동(glissement)으로

---

54 *AE*, p. 66. / 『존재와 달리』, p. 89.

55 *AE*, p. 26. / 『존재와 달리』, p. 34.

56 Emmanuel Levinas, *Dieu, la mort et le temps*, Le Livre de Poche, coll. 《Biblio》, 1995, p. 207. (이하 *DMT*) / 『신, 죽음 그리고 시간』, 김도형·문성원·손영창, 그린비, 2013, p. 267. (이하 『신, 죽음, 시간』)

서 불가능성"[57]이다. 그럼에도 불구하고, 의미화의 존재는 윤리적 관계 안에서 자기 안에 타자를 받아들이는 데에 있다. 이것은 "타인을 위한 책임이고, 명백히 모든 말해진 것 이전의 말함이다."[58] "말함, 이것은 이웃의 곁에 가는 것이고 그에게 의미작용(signifiance)을 주는 것이다."[59] 모든 객관화 이전 타자에게 주어진 의미작용, 가까워지는 타인과의 관계, 말함은 소통이다. 우리는 따라서 "소통이 짜여지는(se tisser) 본래적 심급으로써, 언어의 가능성의 조건으로써"[60] 말함을 사유해야만 할 것이다.

소통은 또한 그것의 효과적인 기능으로 정보의 순환을 가리킨다. 이것은 소통이 존재의 표명을 참조하는 사건일 것이다. 이것 또한 존재와 존재의 출현을 의미의 기원 안에서 보여주는 말해진 것이다. 하지만 우리는 모든 소통에 선행하는 소통으로서 말함의 전-본래적인 의미로 거슬러 올라가야만 한다. 그렇지만, "우리는 말해진 것으로부터만 그리고 모든 것이 나타나는 말해진 것에 이미 내부적인 질문 '~에 대해 어떤가?'로부터만 (…) 말함의 이 의미화로 거슬러 올라갈 수 있다. 우리는 나타나는 것, 즉, 본질로부

---

57 *DMT*, p. 127. / 『신, 죽음, 시간』, p. 166

58 *AE*, p. 75. / 『존재와 달리』, p. 100.

59 *AE*, p. 81. / 『존재와 달리』, p. 110.

60 Étienne Feron, *De l'idée de transcendance à la question du langage*, op. cit., p. 133.

터만 환원(réduction)에 의해 거슬러 올라갈 수 있다."[61] 말해진 것에서 말함으로 거슬러 올라가기 위해서, 말함은 존재 또는 진리의 말해진 것을 필연적으로 가정하는가? 말함은 좋든 싫든 간에 말해진 것과 관련하여 있는 것 아닌가? "존재는 말해진다. 존재는 로고스 안에 있다. 하지만 로고스 저편에, 존재 및 비-존재 저편에 - 본질 저편에 - 진실(vrai)과 비-진실의 저편에, 말해진 것의 말함으로의 환원이 있다. 의미화로의 환원, 책임의 타자를-위한-일자로의 환원 - 장소 또는 비-장소, 장소와 비-장소, 인간적인 것(l'humain)의 유토피아 - 말의 문자적 의미에서 염려(inquiétude)로의 환원, 또는 통시성으로의 환원. 모든 결집된 힘들에도 불구하고, 그것의 연합 안에서 모든 동시적인 힘들에도 불구하고, 존재는 영속될 수 없다. 주관적인 것과 그것의 선은 존재론으로부터 이해될 수 없을 것이다. 반대로, 말함의 주체성으로부터 말해진 것의 의미화가 해석될 수 있을 것이다."[62] 말함, 이것은 의미화를 찾아야 하는 타자를-위함 안에 있다. 이 '위한'은 존재론의 주제화할 수 있는 말해진 것의 참조로 환원되지 않는다. 말함은 - 타자에게 말함으로서 말함[63] - 따

---

61   *AE*, p. 76. / 『존재와 달리』, p. 102.

62   *AE*, p. 77. / 『존재와 달리』, pp. 103~104.

63   "말함은 명백히 유희(jeu)가 아니다. 말함이 변화시키는 언어 기호들 이전에, 언어적 체계 그리고 의미론의 영롱한 광채 이전에 언어들의 서문인 말함은 서로의 가까움, 접근의 연루(engagement), 타자를 위한 일자, 의미화의 의미작용 자체이다.", *AE*, p. 17. / 『존재와 달리』, p. 21.

라서 말해진 것의 소통 이전, 소통과 독립적인 그 자체로 의미화를 갖는다. 말함은 따라서 결코 말해진 것을 위해 놓일 수 없다. 반대로 말해진 것이 말함을 위해 있다. 모든 말해진 것이 타자에게 보내는 제안으로 남는 의미에서, 그리고 말해진 것이 타자에게 본래적인 노출로서 말함 속에서만 말해지는 의미에서 말함을 위해 있다. "존재와 존재자는 그들을 낳은 말함에 의해 중요해진다. 어떤 것도 타자를 위한 책임보다 더 중요하거나 더 위엄 있지 않다. 절대 어떤 유희도 없는(sans jeu) 말함은 그 자신의 존재 혹은 존재 아님(ne pas être)보다 더 중요한 중대성(gravité)이다."[64]

　타자와의 책임의 관계는 말함으로서 의미된다. 하지만 말해진 것과의 상관관계 안에서, 말해진 것이 표현되자마자 말함이 흡수되는 위험은 없는가? 예를 들어, "만약 가까움의 의미작용과 알려진 그리고 말해진 의미화가 공통의 질서 안에 들어갈 수 있었다면, 만약 말함이 말해진 것과 함께 충만한 동시성을 획득했었다면, 만약 말함이 가까움의 통시성을 드러냄(trahir)이 없이 본질 안으로 들어갔었다면, 만약 말함이 앎으로 나타나면서 말함으로 있을 수 있었다면, 즉 만약 주제화가 기억으로서 주제 안에 들어갔었다면"[65], 모든 의미화는 존재 안에 위치할 것이다. 하지만, "말해진 것 속에 흡수되는 말함의 얽힘(intrigue)은 이 흡수 안에서 소진되지

64　*AE*, p. 78. /『존재와 달리』, p. 105.

65　*AE*, p. 261. /『존재와 달리』, p. 363.

않는다. 얽힘은 주제화 자체에 자신의 흔적을 남긴다. 얽힘은 존재
자들의 형상(configuration)의 구조화와 체제 사이에서 (…) 한편으로,
명사화되지 않는 명제(apophansis)의 체제, 다른 한편으로, 말함이 명
제(proposition)로 - 이웃에게 행해진 명제, 타인에게 '주어진 의미작
용' - 남는 체제 사이에서 주저하면서 어쩔 수 없이 따른다(subir).
존재는 - 명제의 동사 - 주제이다. 물론, 존재는 본질을 지니는 그
리고 본질을 낳는 말함의 울림을 전적으로 약하게 함이 없이 본질
을 울리게 한다."⁶⁶ 말함이 말해진 내용과 분리될 수 없는 채로 있
을지라도, 말함이 타자로의 노출로서 현상들 가운데에 자신의 흔
적을 남기는 한에서, 말함은 말해진 것의 주제화로 결코 환원되지
않을 얽힘을 보여준다. 이 얽힘은 노에시스를 노에마에 연결하고
원인을 결과에 연결하고 기억할 수 있는 과거를 현재에 연결하는
것과는 다르다. 아무것도 말해진 것에 대해 말함이 없이, 존재의
본질의 어떤 계기로 환원됨이 없이, 말함은 "계속해서 열리는 그리
고 이렇게 자기를 선언하는 열림이다. (…) 항상 더 노출되는 말함
이어야 한다. 노출하는 행위에서와 같이 그렇게 행동하는 대신에
노출을 노출하는 것과 관련있었던 것처럼 자기-자신을 향해 돌아
서는 말함. 말함, 이것은 따라서 노출되는 데에 소진되는 것이고,
신호(signe)의 형상(figure) 안에서 다시 제기됨(se reposer)이 없이 우리
가 기별한(faire signe) 것에 대해 기별하는 것이다. 말함은 그러므로

66 *AE*, p. 79. / 『존재와 달리』, p. 107.

위치(position) 안에 또는 실체 안에 확립되는 대신에 건네짐(extradition)이 타자에게 넘겨지는 포위된(obsidional) 건네짐의 수동성일 것이다."[67] 이것은 타자를 위함의 '위함'이 의미하는 것, 즉 수동성의 수동성이다.

4. 말함과 주체

타인에게 보낸 신호(signe), "명증성의 체계 밖 신호는 초월적인 채로 남으면서 가까움에서 온다. 그리고 이 사실은 언어(langue) 이전 언어의 본질 자체이다."[68] 이것은 끊임없는 의미화이고 타자를 위한 염려(inquiétude)이다. 달리 표현하면, 이것은 어떠한 지위도 없이, 타자를 위해 이미 책임이 있는 응답이고 "침묵함의 불가능성"[69]이다. 말(parole)이 내 앞 타자의 말에 응답인 한에서, "말함, 이것은 얼굴 앞에서 내가 단순히 얼굴을 계속해서 응시한 채로 있는 것이 아니라 얼굴에 응답한다는 사실이다. 말함은 타인에게 인사하는 방식이다. 타인에게 인사하기, 이것은 이미 타인에 대해 책임지는 것이다. 누군가의 면전에서 침묵하고 있기는 어렵다. 이 어

---

67 *DMT*, p. 223. / 『신, 죽음, 시간』, p. 289.

68 *EDE*, pp. 231~232.

69 *AE*, p. 224. / 『존재와 달리』, p. 310.

려움은, 말해진 것이 무엇이든, 말함의 고유한 의미화 안에 말함의
궁극적인 근거(fondement)를 갖는다. 이 얘기 저 얘기 상관없이 어떤
것에 대해 말해야 한다. 타인에게 말해야 하고 응답해야 하고 타인
에 앞서 그에 대해 책임져야 한다."[70] 인사 안에서 나타나는 신호
의 줌, 이것은 타자를 위해 바쳐진 봉헌(offrande)의 가능성이다. 이
러한 줌은 진솔성(sincérité)이다. 왜냐하면, 진솔성은 주는 것과 분
리시킬 수 없기 때문이다. 아무것도 숨길 수 없이, "'말하기'의 행
위는 처음부터 타인에 대한 노출의 최고의 수동성으로서 여기 도
입되었을 것이다. 이것은 명백히 타자의 자유로운 주도권을 위한
책임이다."[71] 말함은 여기서 주는 것으로부터 다시 돌아옴이 없이
타자에 대한 봉헌(dédicace)으로 진솔성을 나타낸다. "진솔성은 단
어들의 비호 아래 정보들이 교환되고 기원(祈願)들이 표명되고 책
임은 회피되는 말해진 것 안에서 말함의 흡수를 허사가 되게 한다.
말해진 것 안에 현전, 존재가 있다. 어떤 말해진 것도 말함의 진솔
성과 같지 않고 어떤 말해진 것도 진실(vrai) 이전의 진실성에 적합
하지 않고 현전과 재현의 저편에 있지 않다. 진솔성은 따라서 말해
진 것 없는 말함, 아무것도 말하지 않기 위한 말하기(parler), 신호의
줌(donation)을 주기(donner)일 것이다. 고백의 투명성, 빛의 인정, 자

70 *EI*, p. 82~83. / 『윤리와 무한』, pp. 97~98.

71 *AE*, p. 81. / 『존재와 달리』, p. 109.

기-자신의 고발로써 말이다."[72] 진솔성은 말함을 탈-존재-사건의 극단에 이르게 한다. 끝까지, 제한 없이 노출되는 이러한 방식은 말함의 주체를 자기 안에 정착하지 못하도록 박탈하고 벌거벗긴다. 그리고 이 주체는 타자를 위해 대신하고, 고통받고, 속죄하기까지 면직(免職)된다.

"말함은 노출의 노출이다. (…) 나를 유일자로서 동일시하는 소환에 대한 회답으로서 노출의 수동성. 나를 나-자신에게 데려가면서가 아닌, 내게서 모든 동일한 본질을 없애면서, 그러므로 소환 속에 여전히 스며들 모든 형태, 모든 서임(investiture)을 없애는 노출의 수동성. 말함은 이러한 수동성을 의미한다. 말함 속에서 이러한 수동성이 의미를 지니고 의미작용이 만들어진다."[73] 말함은 말함이 관계하는 자와의 제휴에 있지 않다. 말함은 오히려 자아의 문제제기에 있다. 나의 표현성으로서, 나의 신호의 의미작용으로서의 말함은 "자아가 자기 동일성의 이편에서 대신하면서 회귀 안에서 벌거벗고 단일성(unicité)을 나타내는(accuser) 유일한 방식"[74]이다. 말함은 자아에서 타자로, 어떤 주제 안에 들어갈 수 없을 얼굴로 이해된다. 말함은 여기서 노출되기, 노출 자체를 표현하는 노출의 수동성을 배가(倍加)한다. 모욕과 상처로의 노출, 대신함의 유일한

---

72 *DMT*, pp. 224~225. / 『신, 죽음, 시간』, p. 290.

73 *AE*, pp. 83~84. / 『존재와 달리』, pp. 112~113.

74 *DMT*, p. 188. / 『신, 죽음, 시간』, p. 243.

일자로의 노출은 '모든 탈의보다 더 벌거벗은 벌거벗음'이다. 이것
은 어떻게 보면 나를 뒤덮고 보호하는 형식의 밑바닥을 깨는 것이
다. 말함은 따라서 자아에게 인내와 고통을 요구한다. "말함에 의
해 고통(souffrance)은 줌(donner)의 형태로 의미한다. 의미화의 대가
로, 비록 주체가 이유 없이 고통을 겪는 위험을 무릅쓸지라도 말이
다. 왜냐하면, 만약 주체가 이러한 위험을 겪지 않았었다면, 고통
(douleur)은 고통의 애처로움(dolence) 자체를 잃을 것이기 때문이다.
타자를-위한-일자로서, 일자에 의한 타자의 수임(assomption) 없이,
수동성 안에서, 의미화는 의미화를 침범하는 그리고 위협하는 순
수한 무-의미의 가능성을 전제한다."[75] 나-자신의 지위는 타자를-
위함이다. 따라서 재가 될 때까지 내 지위의 모든 토대를 태워야만
한다. 그리고 이 재 또한 궁극적으로 태워 없애야만 한다. 이것은
상실의 상실일 것이다. 그렇지만 이것은 의미화의 탄생일 것이다.

　　타자를-위함은 "삶의 인내와 노화에 의해, 삶이 삶임에도 불
구하고 삶인"[76] 것처럼, 의지의 결정에 속하지 않는다. 타자를-위
함은 내 안의 모든 자유에 선행한다. 이것은 "자신에-반함(le mal-
gré-soi)"이다. "반(反)함(le malgré)은 여기서 의향(gré), 의지, 본성, 주
체 안의 존속에 맞서지 않는다. 낯선 힘이 저지하러 올 것이다. '타
인을 위함'의 수동성은 이 '타인을 위함' 속에서 긍정적이거나 또

75　*AE*, p. 85. /『존재와 달리』, p. 115.

76　*AE*, p. 86. /『존재와 달리』, p. 117.

는 부정적인 앞선 의지에 어떤 참조도 가담하지(entrer) 않은 의미를 표현한다."[77] 선은 나의 자발적인 선택 이전에 나를 선택하고 나는 나-자신도 모르게 선의 빛에 젖어 든다. 나는 나의 의사에 반해 타자에게 나를 맡긴다. 즉, 말하는 나는 자신의 동일성으로부터 제명되기까지 자신에 반해서 타자에게 노출된다. 이것은 타자를 위한 책임에 사로잡힌 주체의 떠맡을 수 없는 수동성이다. "말함 속에서 주체의 수동성은 주체 없이 '말하는 언어'(말이 말하다 Die Sprache spricht)의 수동성이 아니다. 이것은 그 자신의 이타성에 의해 맡겨지지 않은 내맡김(un s'offrir), 고통인 내맡김, 선함-자체에 반하는 (malgré) 선함인 내맡김이다. 반함(le malgré)은 난관에 의한 저지된 의지로 해체되지 않는다. 이것은 삶이고 삶의 노화이고 반박할 수 없는 책임, 말함이다."[78] 말함의 수동성은 삶의 노화로, 시간의 경과로 묘사된다. 자아의 주도권은 시간을 되돌릴 수 없는 불가능성처럼 시간에 전혀 미치지 못한다. 즉, 말함의 타자를-위함은 "주체가 자기로부터 자기에게 돌아갈 수 있을 주도권과 현재에 속하지 않는다."[79]

가능한 회피를 위해 뒤로 물러설 수 없이 요구된 타자로의 노출이 있다. "타자로의 노출은 안에서 밖으로 나타내기(porter) 위해

---

77   *AE*, p. 86. /『존재와 달리』, p. 117.

78   *AE*, pp. 91~92. /『존재와 달리』, pp. 124~125.

79   Didier Franck, *L'un-pour-l'autre : Levinas et la signification*, Paris, PUF, 2008, p. 213.

일자에 덧붙이려 하지 않는다. 노출, 이것은 책임-속-일자(一者)이다. 거기 일자의 단일성(unicité) 안에서, 일자를 증가시킬 모든 보호를 박탈당한다."[80] 우리가 자아 또는 나라고 부르는 것, 이것은 단순한 명칭 아닌가? 그러나 이것은 "대신하는-지명(pro-nomination)"에 다름 아니다. "나라고 불리는 것은 아무것도 없다. 나는 말하는 자에 의해서 말해진다."[81] 하지만 비록 말함의 '나', 대명사의 '나'가 이름으로 전환되지 않을지라도, 나는 나를 명명하는 자에 의해 첫 번째 사람으로 남는다. 우리가 주체에 대해 말할 때, 이 주체는 일반적으로 보편적이다. 하지만 내가 소환된다면, 나는 소환된 자의 정체성을 갖는 주체가 된다. 다시 말해, 나는 자아의 개념에서 벗어나면서, 책임지는 자, 대체될 수 없는 자의 정체성을 가진 유일한 주체[82]가 된다. 주체는 회피가 불가능한 호소 또는 소환과 분리될 수 없다. 말함은 곧장 호소에, 지시(ordre)에, 내게 강제되는 명령 또는 지령에의 응답이다. 여기에 내가 생각할 수 있는 보편적인

80 *AE*, p. 94. / 『존재와 달리』, p. 128.

81 *AE*, p. 95. / 『존재와 달리』, p. 129.

82 "주체의 단독성(singularité)은 단 한 번밖에 사용된 적이 없는 형태(hapax)의 유일성(unicité)이 아니다. 이것은 실제로 비교할 수 없는 유일함(unicum)을 만들 지문처럼, 그리고 이러한 유일성에 개별화의 원리, 고유한 이름을 가져올 지문처럼 어떤 독특한 특성(qualité)에 기인하지 않는다. 담화 안의 자리는 이러한 자격으로 관계한다. 자기-자신의 동일성은 신체 또는 성격에 내재한 궁극의 특정한 차이 덕분에, 자연적 또는 역사적 상황의 유일성 덕분에 개별화된 본질의 타성(inertie)이 아니다. 그것은 소환된 자의 유일성 안에 있다.", *AE*, p. 166. n° 1. / 『존재와 달리』, p. 227. n° 10.

것의 단절이 있다. 만약 유일한 '나'의 출현을 생각해낸다면, 이것은 책임의 말함 속에서만, 책임에 의해 응답하는 자의 응답 속에서만 가능할 것이다.

주체는 앎의 말해진 것에 나타나기 전 자기-자신으로서 목적격에 노출된다. 주체는 "주격으로부터 영향을 받았을 어미 변화의 잇달음(suite)이 아닌 목적격"[83]이다. "어떠한 주격 변화도 아닌 목적격에서, 나는 원하지 않았음에도 이웃에 접근하고 응답해야만 하고 대체할 수 없는 자로 나타나야(s'accuser) 한다."[84] 주체는 따라서 주격의 충만한 지위 안에서가 아닌 "목적격의 불편함 또는 무조건(incondition) 안에"[85] 있다. 목적격은 본래 주격의 자기 보존 노력에 정반대로 있는 수동성의 사건이다. 이것은 주체가 타자들을 감당하는 한에서 타자들의 대상이 된다. 즉, 주체는 타자들에게 노출된다. 주체는 본질 바깥으로 추방되기까지 무한한 목적격에 따라야만 할 것이다. 그리고 이것은 주체가 말하는 응답 속에서이다. 주체는 목적격에 고정된다. 주체는 이 사실을 거부할 수 없다.

절대적 목적격에 따르는 주체는 "마치 그가 떠맡을 필요조차 없는 이 기소가 그에게서 왔었던 것처럼"[86] 거절할 수 없다. '거절

---

83 *AE*, p. 177. / 『존재와 달리』, p. 243.

84 *AE*, p. 197. / 『존재와 달리』, pp. 271~272.

85 *AE*, p. 228. / 『존재와 달리』, p. 315.

86 *AE*, p. 193. / 『존재와 달리』, p. 265.

할 수 없음'은 우리가 피하려는 힘을 갖지 못할 제안을 노린다. 윤리적 관계에서, 주체는 본래 이 거절할 수 없는 기소의 수동성 안에 놓인다. 자기에 기초를 두는 주체는 그가 응답할 수 없는 기소에 당황하게 된다. 하지만 주체는 거절할 수 없다. 이것은 주체의 단념이 아니다. 자아로서 주체는 본래 모든 자유 이전 자신의 구속에 의해 야기된다. "자아의 거절 불가능성은 거리를 두는 것이 더 이상 가능하지 않은 것에 대한 기소의 돌이킬 수 없음(irrémissibilité)이다."[87] 주체가 자기를 위함으로 돌아감이 없이, 주체가 자기에 대해 거리를 취함이 없이, 주체는 타자가 말하기도 전에 타자의 말을 들었던 것처럼 타자에 의해 사로잡힌다. 그러므로 주체는 그의 현재와 동시대적일 수 없는 타자에 의해 강제된다. 주체는 그의 정체성을 거절하는 책무조차 가지지 못한다.

책임으로서, 의미화 자체로서 말함으로부터 접근하는 주체는 휴식 안에 있는 것이 불가능하다. 절대적 목적격에 놓인 주체는 거절할 수 없는 소환에 의해 동요된다. 다시 말해, 주체는 말해진 것의 현재 안에서 휴식할 수 없이, 말해진 것을 말하는 주체성으로서 수립될 곳이 없이 노출되기에만 소진될 수 있다. 주체는 따라서 타자에게 무관심할 수 없다. 무관심하지-않음[88], 이것은 염려(in-

---

87 *AE*, p. 178. / 『존재와 달리』, p. 245.

88 "타자의 차이 또는 타자성에 대한 이 무관심하지-않음은 - 이 불가역성 - 객관화의 단순한 실패가 아니다. 이것은 명백히 이 무관심하지-않음 속에서, 유(類)의 개인들의 다수성 속에

quiétude)이다. 무관심하지-않음은 특히 존재자의 휴식처 안에서 대신함으로까지 연장된다. 이것은 "동일자에서 타자로, 일방적이다. 누구도 나를 대신할 수 없을 의무에 노출인 책임의 말함 속에서 나는 유일하다. (…) 무관심하지-않음, 말함, 책임, 접근은 책임을 져야 하는 유일자인 자아의 되찾기(dégagement)이다."[89] 주격 없는 목적격으로서의 주체는 영감인 타율성에서 나온다. "레비나스에 따르면, 말함은 요컨대 타자에 의한 동일자의 영감을 의미할 것이고 주체성을 초과하고 주체성을 책임에 명하는 것에 의해 영향받은 혹은 사로잡힌 주체성의 급진적인 수동성을 함축할 것이다."[90] 말해진 것 안에서 주제화할 수 있는 존재 질서의 전복(顚覆)을 위해, 말해진 관계들 상호성의 전복을 위해, 영감(inspiration)은 나를 거스를 뿐만 아니라 나를 자극하고 나를 고양시킨다. "영감은 숨(respi-

서 형식적이고 상호적인 그리고 불충분한 타자성이 아닌 타인의 차이에 행해진 권리이다. 이것은 모든 유의 외부에 있는 유일자의 타자성, 모든 유를 초월하는 유일자의 타자성이다. 그러므로 내재성의 단순한 결함(raté)이 아닐 초월, 하지만 사회적인 것의 환원 불가능한 탁월(excellence), 평화 그 자체. 존재 안에서 각자 자신의 지위를 보증하는 완벽한 안전과 비-공격의 평화가 아닌, 이미 이 무관심하지-않음 자체인 평화이다. 흥미를 잃은(désaffecté) 어떤 호기심의 중성성에 의해서가 아닌, 무관심하지-않음에 의해, 책임의 '타자를-위함'에 의해 들어야 하는 평화이다.", Emmanuel Levinas, *De l'unicité*, préface de Danielle Cohen-Levinas, Paris, Rivages poche, 2018, pp. 52~53.

89 *AE*, p. 217. / 『존재와 달리』, p. 300.

90 Étienne Feron, *De l'idée de transcendance à la question du langage*, op. cit., p. 151.

ration), 마음(psychisme)의 호흡(pneuma) 자체를 불러 일으킨다."[91] 영
감의 윤리적 개념은 숨(respiration)의 생물학적 개념의 윤리적 해석
으로 대등하게 나타난다. 숨(respiration)은 타자에게 열리고, "숨은
타인을 위한 책임, 타인을 대신함인 (…) 타인과의 관계 안에서만
그것의 모든 의미를 드러낸다."[92] 타자에 의한 영감으로서 숨(res-
piration)은, 주체에게 더 깊이 숨쉬도록 강요하는, 책임에 의해 실행
된 주체의 탈실체화(désubstantialisation)이다. 인간적인 숨은 이처럼
사유해야 할 것이다. "타자성의 바람에 의해 끊긴 숨결(souffle)에까
지 이르는 깊은 숨. 이웃의 접근은 자아에 저항하는 핵심(noyau)까
지, 개체의 공유(indivis)까지, 폐 저편 주체의 핵분열이다. 이것은
자기의 핵분열, 또는 분열성으로서의 자기, 물질의 수동성보다 더
수동적인 수동성이다. 공간으로의 열림, 숨에 의해 자기 안의 유폐
에서 벗어남은 이미 이 저-편을 전제한다. 타자를 위한 나의 책임
과 타자에 의한 나의 영감. (…) 존재자들이 그들의 생명 공간에서
당당하게 자신의 존재를 뚜렷이 나타내는(s'affirmer)듯한 숨이 소모
(consumation)이고 내 실체성의 탈핵화(nucléation)인 것이다. 숨 속에
서 내가 이미 모든 비가시적인 타자에 대한 나의 복종에 열려있는
것, 저-편 또는 자유화가 짓누르는 부담의 받침대(support)인 것"[93],

91 *AE*, p. 183. / 『존재와 달리』, p. 251.

92 *AE*, p. 278. / 『존재와 달리』, p. 384.

93 *AE*, p. 277. / 『존재와 달리』, pp. 382~383.

이것은 말함 속에 연루된 진정한 주체로서 주체의 놀라운 힘이다.

5. 증언 : 마음을 주기

　　동일성을 비우기까지 주체의 극단적인 노출의 투명성은 숨기는 것 없이 말함(le Dire)에 의해 마음을 드러낸다. 이것은 자기-자신의 봉헌이자 자기의 열림이다. 이 투명한 마음 속에는 자기 자신의 보호를 위한 비밀의 구역도, 자기 자신의 오불관의 태도(quant-à-soi)의 어두운 구역도 없다. 왜냐하면, 마음은 영감에 의해 담을 수 없는 타자의 과도함을 담기 위해, 마음의 모든 잔재를 제거해야 하고 심지어 마음을 뒤집어 보이기까지 해야 하기 때문이다. 마음은 따라서 타자를 배척하기 위한 가능한 구실을 가질 수 없다. 그때부터, 제국주의적인 주체는 자기 안의 시작으로부터 떼어 내지고, 마음 속에서 타자의 지배를 받는다. 이때, 주체는 그의 마음 속에서 이미 타자를 따르는 자신의 목소리를 듣는다. 이것은 사실 들려짐이다. 더 정확히는 들려짐 없이 들려짐이다. 우리는 이 특별함을 수동성의 수동성 형태로 이해해야 할 것이다. "이 수동성의 수동성, (…) 곧장 말함을 다시 덮을 그리고 약화시키거나 흡수할 말해진 것의 소통이 아니다. 구실 없이, 회피나 알리바이 없이 열림을 열린 채로 두는, 말해진 것에 대해 아무것도 말함 없이 자신을 맡기는 말함이다. 말함을 주제화함 없이, 그러나 말함을 여전히 노출

시키면서 말함 자체를 말하는 말함이다."[94] 이것은 '제가 여기 있
습니다'의 발화처럼 "의미하는 목소리에서 표현되고(s'énoncer) 토
로하는(se livrer) 목소리 자체"[95]이다.

　　예를 들어, 인사를 위한 표현은 그 자체로 말하는 주체의 순
수한 마음의 투명성을 타자에게 준다. 그리고 대화 없이도 먼저 건
네질 수 있는 이 표현은 어떻게 보면 타자에 대한 부채(負債)를 인정
한다. 나는 모든 사람 앞에서 모든 것에 대해 책임이 있다. 이 본래
적인 관계의 근본적인 불평등 안에서, 비대칭 안에서 증언이 이루
어진다. "진실하지만 폭로(dévoilement)의 진리로 환원할 수 없는 그
리고 나타나는 어떤 것도 서술하지 않는 진리의 증언. 명령하는 영
광에 대한 순수한 복종 속 노에마적(noématique) 상관관계가 없는 말
함."[96] "진리를 찾기 위해, 나는 이미 (…) 현현 그 자체가 어떻게
보면 존경(honneur)의 말인 얼굴과의 관계를 간직했다."[97] 대상, 진
술의 진리 탐구가 타자의 표상에 종속되는 반면에, 증언은 표상으
로 환원되지 않는다. 왜냐하면, 증언은 계시의 양태이기 때문이다.
증언은 앎과 주제화에 근거하지 않기 때문에 우리에게 아무것도
제시해 주지 않는다. 증언은 윤리의 증언이고 증언은 무한을 증언

94　*AE*, p. 223. /『존재와 달리』, p. 308.

95　*AE*, p. 224. /『존재와 달리』, p. 309.

96　*AE*, p. 226. /『존재와 달리』, p. 313.

97　*TI*, p. 221. /『전체성과 무한』, p. 299.

하는데, 여기에는 영광만이 있다. 그리고 이 영광은 타자에게 나를 명하는 무한의 영광이다. "영광은 타자를 대신하는 주체의 수동성의, 첫 번째 오는 자에게 명해진, 이웃을 위한, 타자에 의해 영감을 받은 책임의 수동성의 다른 측면일 뿐이다. 동일자, 나는 내 안의 나의 시작에서, 나와의 동등함에서 떼어진다. 무한의 영광은 이러한 책임에서 타자에 의한 주체의 사로잡힘에 대항해 보호할, 주체의 도피를 엄호할(couvrirait) 비밀 속 어떠한 피난처도 주체에게 남기지 않으면서 영광스러워진다."[98] 타자에게 바쳐진 마음은 무한의 계시를 받는 자의 말함 속에서 오는 것처럼 봄(voir)이 없이 보여진다. 이 마음은 오래전부터 무관심함 없이, 대체함 없이, 회피 없이 타자의 호소에 노출되어 있다. 이것은 마음이 자신에게 부과된 책임을 유보 없이 받아들이는 것을 의미한다. 영광이 영광스러워지는 것은 이 마음에 의해서이다.

"어떤 주제, 어떤 현재도 가능할 수 없는 무한에 대해, 동일자가 타자를 위해 있는 한, 동일자 안에 타자가 있는 주체는 증언한다. 가까움의 차이가 가까움이 더 가까워지는 데에 따라 흡수되는, 그리고 이 '흡수' 자체에 의해 영광스럽게 나타나고(s'accuser) 항상 더 많이 나를 드러내는(accuser) 주체. 동일자는 같은 입장(port)에서 점점 더 타자에 대해 사로잡힌다. 볼모로서 대신하기까지, 결국 영감과 마음의 운동(psychisme) 안에서 타자 속 동일자의 특별함

---

98 *AE*, p. 226. / 『존재와 달리』, pp. 312~313.

(extra-ordinaire)과 통시적 전복(renversement)에 일치하는 속죄로서 대신하기까지 사로잡힌다(être tenu). "[99] 무한 또는 타자는 주체성 안에 나타난다. 즉, 마음은 자신보다 더 큰 무한을 받아들인다. 이것은 무한의 외재성이 내재성으로 되는 전환이다. "증언자는 자신에 의해 말해졌던 것을 증언한다. (…) 무한의 영광은 증언자 안에서 일어날 수 있는 것에 의해 드러난다. "[100] 무한은 나의 입을 통해 내게 명령하기 위한 명령으로서 가까워진다. 이런 의미에서, 무한은 외재적이 아닌, 오히려 "나와 관련되고 나를 둘러싸고 내 목소리로 내게 명령한다. "[101] 주체가 증언하는 무한은 그의 마음 깊은 곳에서 온다. 따라서 주체는 그의 마음 깊은 곳에서 무한의 명령을 듣는다. 오직 나만이 무한의 명령을 증언할 수 있고, 따를 수 있다. 나는 이미 지나간 무한에 의해 나도 모르는 사이 타인을 위한 책임에 지명된다.

무한의 윤리적 의미화의 현시는 타인을 위한 나의 책임으로부터 추진된다. 책임을 지는 것 그리고 세계를 지탱하는 것은 항상 나이다. 물론 이토록 책임지는 것에 대해 결정해야만 하는 것이 의무는 아니다. 하지만, 절대적인 것에 따르는 방식의 복종 자체 안에서만 주체는 자기 내면의 명령에 의미를 줄 수 있다. "우리

---

99   *AE*, p. 229. / 『존재와 달리』, p. 317.

100   *EI*, p. 105. / 『윤리와 무한』, p. 123.

101   *AE*, p. 230. / 『존재와 달리』, p. 318.

는 명령의 지각이 복종하는 자에 의해 행해진 명령의 의미화와 일치하는 이 전환을 예언주의(prophétisme)라고 부른다. 그러므로 예언주의는 영혼의 정신 현상(psychisme) 자체일 것이다."[102] 언어의 관계로서 이해된 윤리는 우리에게 예언주의를 새로이 생각하길 요구한다. 예견의 개념으로부터 예언의 개념을 분리해야만 한다. 왜냐하면, 예언이 드러내는 것은 미래가 아닌 절대이기 때문이다. 따라서 우리는 계시와 소통을 결합하는 예언의 양상에 주목해야 할 것이다. 레비나스에게 "인간적인 조건 그 자체의 계기"[103]로서 이해된 예언주의는 타인을 위해 응답하는 사람에게 있다. 나는 타자에게 요구되는 것을 알기 전에 나의 응답 속에서 발견되는 명령에 응답해야 한다. "내가 명령을 듣기 전에 구속되는 명령의 도래(venue) 또는 나 자신의 말함 속에서 듣는 명령의 도래. 존엄한 명령, 하지만 강압이나 지배 없이 나를 그 근원과의 모든 상관관계 밖에 둔다. 어떠한 '구조'도 내게 오는 말함이 나 자신의 말(parole)이 되는 바로 그 지점까지 어떤 상관관계를 지니고 수립되지 않는다."[104] 타자에 대해 듣기도 전에 응답하기, 이 얼마나 역설적인가!

"예언적 말은 본질적으로 얼굴의 현현에 응답한다."[105] 바꿔

---

102   *AE*, p. 233. / 『존재와 달리』, p. 322.

103   *EI*, p. 111. / 『윤리와 무한』, p. 129.

104   *AE*, pp. 234~235. / 『존재와 달리』, p. 325.

105   *TI*, p. 235. / 『전체성과 무한』, p. 317.

말하면, 예언적 말은 세계의 지평에서 가시적으로 되는 것에 응답하지 않는다. 근본적으로 "말(parole)은 봄(vision)과 구분된다."[106] 인식과 봄 안에서, 무한의 이념, 작은 것 안에서 무한히 커지는 내용은 일어날 수 없다. 무한의 이념은 어떤 드러내기를 참조하지 않는, 현재 안에 모을 수 없는 나타남으로, 무시원적 나타남으로 발생한다. 따라서 우리는 무한이 그리는 그것의 역설을 이해하기 위해, 의식과 앎의 단계에서 내려와야 한다. 이것은 "동일자가 확실시되지 못하는, 정착하지 못하는, 하지만 타자가 동일자를 동요시키는 예언주의, 영감, 정신성을 향해 전개되는 주체의 정신현상(psychisme)"[107]과 관계한다. "예언주의 또는 영감 안에서, 타자는 이해의 구조에 따른 동일자 안에 있지 않다. 그러나 동일자는 동일자의 핵심부를 분열하기까지 동일자를 동요시킨다. 여기에 비-일치가 있고 (…) 이 비-일치는 분열(fission)과 넘침(débordement)[108]이다."[109] 무한이 예언적 증언 안에서 일어나는 방식, "그것은 윤리와 언어의 얽힘을 가장 중요하게 만드는 것, 행위들 가운데서 하나

---

106 *TI*, p. 212. / 『전체성과 무한』, p. 287.

107 *DMT*, p. 235. / 『신, 죽음, 시간』, p. 305.

108 이 넘침은 용기 속 넘치는 액체의 이미지와는 구별된다. 이것은 동일자의 영역 안에 들어가지 않는 존재의 현전으로서, 동일자와 마주한 지위로서 실현되는 가득찬(débordant) 현전으로서이다. *TI*, p. 213. 참조. / 『전체성과 무한』, p. 288. 참조.

109 *DMT*, pp. 235~236. / 『신, 죽음, 시간』, p. 306.

의 행위로 환원 불가능하게 만드는 것이다."[110]

　　증언 안에서 의미되는 무한은 "언어가 단어들로 흩어지기 전, 언어가 단어들에 필적하는 주제로 흩어지기 전, 그리고 말해진 것 안에서 말함의 피가 흐르는 상처로써 노출된 열림을 가리는 주제로 흩어지기 전 언어의 의미"[111]이다. 언어의 본래 구조가 무한의 사유 또는 무한히 그것의 관념 대상(ideatum)을 넘어서는 존재를 깨닫고 윤리 안에서 형이상학적 관계를 알리는 한, "무한은 내가 무한에 대해 되돌려 주는 증언을 통해 말을 한다. 나의 진솔성 속에서, 말해진 것 없는 나의 말함 속에서, 증언을 받는 자의 입에서 말해지는 전본래적인(préoriginaire) 나의 말함 속에서"[112] 말을 한다. 이 경우, 우리가 하나의 이름처럼 말할 수 없는 유일한 단어 - 신 - 가 말해지는 것이 가능할 것이다.

　　　　증언에서, '제가 여기 있습니다'에서 그리고 말함에서 그것의 의미를 얻는 '신'이라는 단어는 말해진 것에서 무한한 것을 말하고, 모든 의미화의 의미작용 그리고 모든 단어의 의미작용인 말함을 말한다. (⋯) 단어와 단어의 현재의 한계 안에서, '신'이라는 단어는 모든 한계를 넘어서는 무한을 말하고 긍정과 부정

110　*AE*, p. 235. / 『존재와 달리』, p. 326.

111　*AE*, p. 236. / 『존재와 달리』, p. 327.

112　*AE*, p. 237. / 『존재와 달리』, p. 328.

저편에서 의미하는 고유하지도 공통적이지도 않은 이름을 말한다. 왜냐하면, ('신'이라는) 단어는 존재 저편을 의미하고, 말(vocable)과 의미화의 연관을 명령하는 논리-문법적 규칙들에서 벗어나기 때문이다. 문장에 존재할 수 없는 것처럼 문장 속에서 내세우는 '신'이라는 단어는 여기서 어떠한 문장도 말할 수 없고 포함할 수 없을 것을 말하고, 나타나기 전에 사라진다 - 이것은 수수께끼 자체이다 - 따라서 이미 항상 그것을 부인하지 않고도 말하는 것을 말할 수 없다.[113]

신은 실체도 아니고 현존도 아니다. 하지만 신은 나타남이 없이 나타난다. 다시 말해, 신은 현상성 안에서 소진됨이 없이 모습을 나타낸다. 이 같은 수수께끼의 양상에 따라 "만약 신이 형이상학적 실체(entité)로 경직되는 대신 인간 안에서 말한다면, 이것은 인간을 이웃에 명하면서 그리고 인간을 타자성에 바치면서 인간에게 영감을 주는 무한의 말함이 책임 안에서 타인에게 응답하는 인간의 말함 자체와 다르지 않다는 것을 의미한다."[114]

하지만 말로 표현할 수 없는 단어, 존재론적이지 않은 말함은 존재론적 말해진 것에 결국 동의하지 않는가? 우리는 이미 표현할 수 없는 것을 어떤 주제 안에서 말했다. "철학은 그것의 사상과 머

---

113 Didier Franck, *L'un-pour-l'autre : Levinas et la signification*, op. cit., p. 210.

114 Étienne Feron, *De l'idée de transcendance à la question du langage*, op. cit., p. 231.

물러 있는 존재 사이의 일치를 요구한다. 이러한 일치는 존재의 행위와 관계있는 것 저편에서 사유해선 안 되는 사유에 대해, 존재의 과정에 앞선 소속(appartenance)을 변경할 것으로 모험을 해선 안 되는 사유에 대해 의미한다."[115] 그렇더라도 철학 안으로 신이 들어가기엔 신이 절대적으로 존재 저편에 있다. 그럼에도 불구하고, 철학에 호소함이 없이, 존재나 존재자의 용어로 더 이상 말해지지 않을 의미로 거슬러 올라가는 가능성은 없다. 신은 신의 탐구 밖에서 신의 의미를 가질 수 있는가?[116] 철학의 작업은 "이편을 보여주며 말해진 것과 논증(monstration) 안에서 의기양양한(triompher) 힘(éon)을 곧장 환원하는(réduire) 데 있다. 그리고 환원(réduction)에도 불구하고, 애매성의 형태로, 통-시적인 표현의 형태로, 말함이 교대로 확언과 취소(rétractation)인 말해진 것이다. 이것은 환원된(réduit) 말해진 것의 울림을 보존하는(garder) 데에 있다."[117] 의미화 그-자체

---

115 *DMT*, p. 238. /『신, 죽음, 시간』, p. 309.

116 "신 없이, 절대적 증인은 없다. 우리가 증언 안에서 증인으로 삼는 절대적 증인은 없다. 하지만 신, 현존하는 신, 절대적인 제삼자(terstis, testis)와 함께 모든 인증은(attestation) 불필요한, 무의미한 혹은 부차적인 것이 된다. 인증은 마찬가지로 언약(testament)이다. 억누를 수 없는 증인 채택에, 신은 증인의 이름으로 남을 것이다. 신은 증인으로 불릴 것이고 그와 같이 명명될 것이다. 비록 때때로 이 이름으로 명명된 자가 발음할 수 없고 규정할 수 없고 요컨대 그의 이름 자체 안에서 형언할 수 없는 채로 남을지라도, 그리고 그가 부재하고 존재하지 않고 특히 이 말의 모든 의미에서 생산 불능인 채로 남아야만 할지라도 말이다.", Jacques Derrida, *Foi et Savoir suivi de Le Siècle et le Pardon*, Paris, Éditions du Seuil, 2000, p. 45. / 신정아·최용호 옮김,『신앙과 지식 - 세기와 용서』, 아카넷, 2016, p. 122.

117 *AE*, p. 75. /『존재와 달리』, p. 101.

가 나타나는 한, 철학의 주제화에도 불구하고, 존재 저편은 존재의 전복, 탈존재사건(désintéressement)이다. 이것은 또한 동일자에서 타자로 가는 초월을 표현한다. 무한이 그의 초월적 의미를 상실함이 없이 의미할 수 있는 방식이 있다. 사유가 포함할 수 없을 무한은 우리가 사유할 수 있는 사유 이상의 사유를 끄집어낸다. 무한은 따라서 의미작용을 주면서 계속해서 동일자를 깨운다. 우리는 "내재성과 동일성의 이해 가능성(intelligibilité) 저편에서, 현재와 존재의 의식 저편에서 (…) 다른 합리성일 그리고 초월의 합리성일 의미작용"118을 듣는다. 이것은 시간의 통시성으로서, 애매성(ambiguïté)으로서이다.

아무도 나를 도와주지 못하는 책임, 모든 것이 나에게 과해지는 책임 속 나의 들어섬은 무한 속의 유한이 아닌, 유한 속의 무한을 향해서이다. 이 무한이 나를 문제 삼고, 나의 책임에 호소한다. 무한이 따라서 증언 안에서 유한과 관계한다면 무한은 동일시되는 모든 것을 제거하면서 나를 깨울 것이다. "이것이 바로 '영혼의 정신성'이다. 하지만 그것의 상태 안에서, 그것의 영혼의 상태 안에서 끊임없이 깨어나는 영혼의 정신성. 거기에 영감의 수동성, 수임(assomption) 없는 수동성, 또는 존재 안의 고집(persévérance)에서 깨어난 주체의 주체성이 있다."119 무한의 외재성이 내 안에 놓임은

118 *DMT*, p. 239. / 『신, 죽음, 시간』, pp. 310~311.

119 *DMT*, p. 243. / 『신, 죽음, 시간』, p. 316.

바깥에서 침입하는 모든 것을 채택하는 의무를 넘어선다. 이것은 태곳적 과거를, 모든 현재에 앞선 과거를, 어떻게 보면 결코 현재가 아니었을 과거를 참조케 하는 의미화이다. "현재와의 공통적인 척도가 없는 이 과거는 따라서 모든 것이 시작하고 끝나는 존재의 현전 안에서 모든 존재자성(étantité)을 결집시키는(rassembler) 동시화, 의식을 실행하는 동시화와는 대조적인 통시성을 가리킨다."[120] 말함은 결코 현재인 적이 없었던 이 통시성에 의해 나를 타인을 위한 책임에 붙들어 맨다. 이것은 말함 속에 위치하면서 책임의 주체가 되는 것과 관련한다. 무한의 증언으로서 말함은 앞선 앎에 좌우됨이 없이 타자를 향해 무한히 내 마음을 열게 한다. 무한의 무한한 느낌은 내가 나의 존재에서 벗어나고 나를 비우기까지 내 마음을 계속해서 파고든다. 나는 타자의 비참함을 부담하기 위해, 타자가 나에 대해 가질 수 있을 책임마저 떠맡기 위해 마음을 벼리고 벼린다. 이것은 "모든 포위의 과정이 좌초되고, 내면성의 후위를 막는 빗장이 비틀어 열려지는(sauter)"[121] 무한의 심층이다. 내가 책임지는 인간의 예언적 소명을 가지는 한에서 나의 말함은 이미 항상 타자를 위해서만 있다.

---

120 Étienne Feron, *De l'idée de transcendance à la question du langage*, op. cit., p. 235.

121 *DMT*, p. 254. / 『신, 죽음, 시간』, p. 331.

6. 두 엄지로 메시지 쓰기와 소통

오늘날 우리는 직접적인 대면 없이 휴대전화로 서로 말할 수 있다. 휴대전화의 발명 이래로, 대화자들은 그들이 있는 장소가 어느 곳이든지 문자, 음성, 영상의 전달을 통해 다른 장소에 동시적으로 존재하는 것이 가능하다. "거리 없는 공간과 기한 없는 시간은 각각의 '접속자'의 '전통적인' 시-공간에 조금씩 겹쳐진다."[122] 대화자들은 몇 개의 번호만 가지고도 각자의 장소에서 서로 소통할 수 있다. 말하기 위해 혹은 듣기 위해 집결의 오랜 공간 개념은 점점 사라진다. 휴대전화에 의한 원거리 접촉의 용이성 덕분에, 대화를 위한 불가피한 직접적 만남을 더 이상 요구할 필요는 없다. 우리는 따라서 항상 가능한 거리 둠의 안락 속에서 수화기를 들 수 있다. 하지만 공간적 제약을 뛰어넘는 것과는 달리, 휴대전화는 여전히 대화자들 사이의 시간적 동시성을 전제해야만 한다. 그렇긴 하지만, 사실은 시간의 제약조차 파기되는 경향이 있다. 시간의 일치를 피하기 위해 사람들은 엄지손가락 두 개로[123] 휴대전화 화면 위에 메시지를 쓴다. 이제부터 사람들은 수신된 메시지에 즉각적

---

122 Francis Jauréguiberry, *Les branchés du portable*, Paris, PUF, 2003, p. 10.

123 미셸 세르, 『엄지세대 두 개의 뇌로 만들 미래』, 양영란 옮김, 송은주 해제, 갈라파고스, 2014. 참조. 이 책에서, 미셸 세르는 신인류를 엄지녀, 엄지남이라고 부른다. 요컨대, 신인류는 가상세계에서 살고 휴대전화를 통해 모든 사람에게 이르고 네비게이션에 의해 어디든지 가고 웹에 의해 모든 지식에 통한다. 신인류는 **Homo communicans**로 불릴 수 있다.

으로 응답할 필요가 없다. 사람들은 내키는 대로 응답할 수 있다. 긴급함은 결코 수신자의 몫이 아니다. 왜냐하면, 그는 불러세움을 느끼지 못하기 때문이다.

써진 언어는 말을 대체하는가? 말은 말하는 주체의 억양, 뉘앙스, 어조를 발산한다. 하지만 엄지로 메시지를 남기기 위한 글쓰기는 이러한 특성들을 배제하고 더 빨리 버튼을 두드리기 위해 신조어를 만든다. 이것은 수다의 웅성거림과 혼동될 수 있다. 그럼에도 불구하고, 불명료하고 혼란스러운 이러한 글쓰기가 디지털 시대에 필연적으로 밀려오는 파도라면, 우리는 이 새로운 글쓰기 안에서 타자를 '위한' 본래적인 관계의 언어를 구별해야 할 것이다. "플라톤은 써진 것들 안에서 비인격적으로 수립되는 진리의 객관적 질서와 살아있는 존재자 안에 있는 이성 사이의 차이를 주장한다."[124] 살아있는 그리고 생기 있는 담화는 말을 건네는 자가 누구인지 안다. 담화는 "따라서 미리 꾸민 내적 논리의 전개가 아닌, 자유의 모든 불확실성과 함께 사유자들 사이의 투쟁 속 진리의 구성이다."[125] 담화는 로고스의 일도 한다. 그리고 타인에게 보낸 구조와 도움을 호소하는 일도 한다. 그리고 이것은 텍스트 안에 끼워진 윤리적 언어에 의해서이다.

윤리적 언어는 순수한 정보 속에서 발견되지 않는다. 그렇다

---

124   *TI*, p. 70. / 『전체성과 무한』, p. 96.

125   *TI*, p. 70. / 『전체성과 무한』, pp. 96~97.

고 해서, 윤리적 언어가 특수한 도덕적 경험 속에서 발견되는 것은
아니다. 윤리적 언어는 언어의 인식적 구조와 구분되는 접근의 의
미에서 이해된다. 이것은 윤리적 언어로의 나의 열림을 의미한다.
나-자신에게는 열리지 않는 열림, 이것은 나를 윤리적 언어에 강제
하는 호소이다. 즉, 불러세움(interpellation)이다. 하지만 말이 현재로
써 불리는 자를 내포하는 반면, 써진 말은 과거의 늦은 소환과 같
지 않은가? 언어가 소통으로서 기능해야 한다면, 이미 써진 언어는
소통에서 떨어져 나간 언어 아닌가? 써진 말은 말의 결핍 아닌가?
"존재의 이편에서, 말함은 이야기(fable)와 글쓰기로 구술되고, 소
멸되고 또는 퇴위한다."[126] 표현으로서 말이 존재의 현전을 나타낸
다면, 본래적 소통[127]은 전적으로 존재의 나타남에 대한 참조일 것
이다. 타인과의 소통을 강조해야만 하는 경우, "타인의 본래적 나
타남이 이미 일어났던 한에서, 존재자가 나타났던 한에서 그리고
존재자가 스스로 구조에 나섰던 한에서, 말로 표현된 신호와는 다
른 모든 신호가 언어로 쓰일 수 있다. 반대로 말(parole) 자체는 말에
미리 부여해 두는 것이 좋은 맞아들임(accueil)을 항상 발견하지 못

---

126   *AE*, p. 75. / 『존재와 달리』, p. 100.

127   이것은 "두 관계가 동일한 의미를 가지지 않고 일자에서 타자로 그리고 타자에서 일자
로의 소통이다. 정보들의 순환에 열려있는 양방향 길의 가역성과는 다르다. 가역성에서 방향
은 중요치 않다.", *AE*, p. 188. n° 1. / 『존재와 달리』, p. 259. n° 25.

한다."[128] 예를 들어, 시인의 글쓰기는 가장 순수한 표현들로 타자를 나타나게 하면서 타자를 증언한다. 이것은 어떤 의미로는 "언어가 그것을 사로잡는 말함의 들음에 머물러 있는, 말해진 것이 과감하게 무한을 말하는"[129] 글쓰기이다. 마치 가장 순수한 언어가 가장 폭력적인 난폭함을 서술할 수 있었던 것처럼. 마치 가장 비인간적인 상황에서 계시된 얼굴이 "윤리적 언어 안에서만 스며드는 서술"[130]을 요청했었던 것처럼.

우리는 보통 경험적 발화 위에 대화의 근거를 둔다. 하지만 이것은 말해진 것 안에서의 소통이다. 이것은 탁구대 위에서 공을 주고받는 대화자들 사이의 경기인 듯 보일 것이다. 우리는 따라서 경기를 중단하는 말해진 것 밖에 있는 소통의 이면(derrière)을 볼 수 있어야만 한다. "본질적으로, 소통은 희생 안에서만 가능하다. 그리고 희생은 우리가 책임져야 하는 자의 접근이다. 타인과의 소통은 위험한 삶으로서만 초월적일 수 있다."[131] "대화자에게 이러한 참조는 담화가 모든 것을 주제화하면서 그리고 에워싸면서 꾸민다(tisser)고 주장하는 텍스트를 지속적인 방식으로 꿰뚫고 나간다. 존재를 전체화하면서, 담화로서 담화는 이렇게 전체화의 주장 자체

---

128 *TI*, p. 199. / 『전체성과 무한』, p. 271.

129 Étienne Feron, *De l'idée de transcendance à la question du langage*, op. cit., p. 161.

130 *AE*, p. 150. / 『존재와 달리』, p. 205.

131 *AE*, p. 190. / 『존재와 달리』, p. 262.

에 반박을 가져온다. 회의주의의 반론이 부각하는 것과 유사한 전환. 물론 써진 것 안에서 말함은 순수한 말해진 것이 되고 말함과 말함의 조건들의 동시성이 된다. 자신의 고유한 단절들을 바로잡는 중단된 담화, 이것은 책이다. 하지만 책들은 그들의 운명을 갖는다. (…) 책들은 중단하고 다른 책들에 호소하고 마침내 말해진 것과 구분되는 말함 속에서 설명된다."[132]

말해진 것에 의기양양한 특권을 부여하는 것을 허락해서는 안 된다. 하지만 만약 허락된다면, 말함으로의 환원 없이, 말해진 것은 대화 상대자들 사이 심연의 존재를 파기하지 않는 상호적 이해를 향한 운동 안에만 머무를 것이다. 인쇄된 형태의 글쓰기, 즉 책은 그-자신 안에 유폐된 채로 있는가? 책의 낱장 하나하나는 이미 말해진 것을 반박한다. 이것은 말해진 것 자체에 의해 무한을 증언하는 가능성이다. 우리는 말해진 것을 취소하는 데 두려워하지 않고 A4紙 형태 안에, 휴대전화 화면 위에 두 엄지 손으로 메시지를 작성한다. 게다가, 우리가 화면 위에 띄우는 첫 마디는 '안녕', '잘 지내?'가 아닌가? 나-자신에 앞서는 타자에 대한 염려. 분명 문자 메시지 안에는 목소리의 어수선한 혼돈이 있다. 모든 사람은 휴대전화 속 주어진 조직망 내의 모든 사람과 말하길 원한다. 하지만 주머니 속에서 손쉽게 접근할 수 있는 휴대전화는 타자와의 긴밀한 관계를 느슨하게 한다. 그렇지만 우리가 윤리적 언어의 울림을

132 *AE*, pp. 264~265. / 『존재와 달리』, pp. 367~368.

들으려고 애쓰기만 하면, 화면은 창이 된다. "당신에게 말하는 목소리를 듣는 것은 사실 그 자체로 말하는 자에 대한 의무를 수용하는 것이다."[133] 우리는 이미 휴대전화 위에서 새로운 형태의 얼굴을 보고 있다. 😊

---

133   Emmanuel Levinas, *Quatre lectures talmudiques*, Paris, Les Éditions de Minuit, 2005, pp. 104~105.

8장

우리는 박해자를 위해서도
책임질 수 있는가?[1]

序詩[2]

윤동주

죽는 날까지 하늘을 우러러

한점 부끄럼이 없기를,

잎새에 우는 바람에도

나는 괴로워했다.

별을 노래하는 마음으로

모든 죽어가는 것을 사랑해야지

---

1   이 글은 필자가 2020. 08. 26. '한국외국어대학교 철학문화연구소 신진연구자초청 발표회'
에서 발표한 「레비나스 : 박해자에 대한 책임의 가능성」을 수정·보완한 것임.

2   윤동주, "서시", 『하늘과 바람과 별과 詩』, 소와다리, 2016, p. 3.

그리고 나한테 주어진 길을

걸어가야겠다.

오늘 밤에도 별이 바람에 스치운다.

　　박해자의 박해에 의한 죽음에도 불구하고, 나는 박해자를 사랑할 수 있는가? 앙상한 나뭇가지와도 같았던 한 젊은 청년은 악몽보다 더 끔찍한 현실 속에서 그의 죽음조차 실험 대상이 됨에도 불구하고, "행복한 예수 그리스도에게처럼 십자가가 허락된다면 목아지를 드리우고 꽃처럼 피어나는 피를 어두워가는 하늘 밑에 조용히 흘리겠습니다."[3]라고 선언했다. 전쟁은 모든 사람의 영혼에 폭력을 포탄 퍼붓듯 무차별하게 쏟아부었다. 불길에 휩싸인 세계, 개미굴 속 개미들의 떼죽음처럼 사람들이 죽어가는 상황에서 우주의 신비, 자연의 법칙, 인간의 본성은 아무래도 상관이 없었다. 전쟁은 전쟁 자체보다 더 폭력적이어야만 삶 속의 존재 사실을 일깨워 주었다. 그러나 이 청년은 박해자에 의해 아주 처참한 상황 속으로 구겨 넣어졌지만, 자신의 박해자를 증오하지 않는다. 박해자를 포함한 모든 사람은 이 세상을 뜬다. 박해자는 특히 타자의 죽음 앞에서 자신의 유죄성을 억누르기 위해 흉포한 북받침을 폭발시킨다. 아마도 그는 스스로 벌을 준 것과 다름없는데, 왜냐하면,

---

3　윤동주, "십자가", 『하늘과 바람과 별과 詩』, op. cit., p. 29.

박해자는 다른 사람들을 해치면서 자신의 영혼을 망치고 있기 때문이다. 그는 인간성을 외면하고 증오와 분노를 칼과 총으로 여과 없이 표출한다. 그런데, 고통 속에 모든 것을 상실한 인간의 무력함을 폭력 앞에서 또렷이 목도하는 것은 대단히 어려운 일일 것이다. 따라서 만약 우리가 절대 잊어서는 안 되는 한 가지가 있다면, 박해자 그도 상처받은, 부서진 한 인간이라는 사실일 것이다. 잔인한 시대 속 한 젊은 청년은 별을 노래하는 마음으로 모든 죽어가는 것을 사랑했다.

　"박해받는 자는 박해자에 대해 책임을 질 수 있"[4]는가? 만약 그렇다면, 어떻게 박해받는 자는 "겪은 능욕으로부터 박해자를 위한 책임으로"[5] 이행하는가? 사실, 내가 박해자에 대해 책임져야 할 정당한 이유는 없다. 그렇지만, 나는 박해자에 대해 어떠한 책임도 없다고 확언할 수 없다. 타자를 위한 책임은 본디 물음의 특권이 사라진 곳에 자리한다. 그럼에도 불구하고, '나는 왜 박해자에 대해 책임이 있는가?'라는 물음을 제기한다면, 그 답은 앞서 언급한 문장 안에서 찾을 수 있을 것이다. 그 역시 '상처받은, 부서진 한 인간'이고, 그가 죽을 수밖에 없는 한에서 나는 "박해의 결과에 대

4　Emmanuel Levinas, *Autrement qu'être ou au-delà de l'essence*, Le Livre de Poche, coll. 《Biblio》, 2013, p. 175. (이하 *AE*) / 『존재와 달리 존재성을 넘어』, 문성원 옮김, 그린비, 2021, p. 241. (이하 『존재와 달리』)

5　*AE*, p. 176. / 『존재와 달리』, p. 241

해 그리고 박해자가 망가뜨리는 박해자 자신에 대해"[6] 책임이 있다. 소멸할 자에 대한 소멸할 자의 책임, 나는 밤하늘에 빛나는 수많은 별 가운데 하나의 별에 대해서만 책임이 있는 먼지이자 티끌이다. 내가 먼지이고 티끌인 한에서, 나는, 나의 죽을 수밖에 없는 지속적인 위협 아래서, 타자의 보호에 대해 생각하는 누군가로 남는다.

넓은 의미에서 보면, 내게 과해진 타자를 위한 책임은 "이 타인에 의해 박해받고 모욕당했던 사실에서 직접적으로 나타난다. 처음부터, 관계 안에 폭력이 있다. 나는 나의 의지에 반해 타자에 의해 불리고 타인을 위한 나의 책임은 이 예속 상태에서 출현한다."[7] 타자의 죽음 앞에서, 그에게 무관심하지 말라는 명령은 나를 붙든다. 왜냐하면 "가능한 대신함이 없는 가능성으로서"[8] 타자의 죽음은 내게 영향을 끼치는 사건, 내가 무관심하게 있을 수 없는 사건이기 때문이다. 순수하게 감정적인 관계로서의 이 예외적인 사건은 나를 책임에 놓이게 한다. 실제로 타자의 죽음은 그가 이웃이 아닐 때조차, 그가 낯선 사람일 때조차 나를 동요시킨다. 마

---

6 *AE*, p. 121. /『존재와 달리』, p. 165.

7 주디스 버틀러, 『지상에서 함께 산다는 것』, 양효실 옮김, 시대의 창, 2016, pp. 115~116.

8 Emmanuel Levinas, *Dieu, la mort et le temps*, Le Livre de Poche, coll. 《Biblio》, 1995, p. 49. (이하 *DMT*) /『신, 죽음 그리고 시간』, 김도형·문성원·손영창, 그린비, 2013, p. 63. (이하 『신, 죽음, 시간』)

치 내가 그의 죽음에 대해 죄가 있었던 것처럼. 즉, "타자의 죽음은 응답하는 나의 가장 깊은 그리고 가장 양도할 수 없는 내면성 안에서 내게 영향을 끼치는 것 자체이다."[9] 또한, "타자의 죽음은 내게 가장 고유한, 가장 내적인 그리고 가장 가까운 것의 깊은 곳 안에서 일반적인 죽음의 질문과 마주한 불가피한 현상으로 마치 타자의 죽음이 나 자신의 죽음의 모든 선이해(先理解)의 전체를 이루었던 것처럼 스며든다."[10] 레비나스는 따라서 타자의 죽음이 나의 일일 뿐만 아니라 나 자신의 죽음보다 더 중요하다고 생각했다. "내가 죽음 안에 나를 포함시키기까지 내가 책임져야 하는 것은 타자의 죽음이다. (…) '나는 타자가 죽을 수밖에 없는 한에서 그에 대해 책임이 있다.' 타자의 죽음, 이것은 바로 첫 번째 죽음이다."[11] 게다가, 내가 타자의 죽음에 무관심해서는 안 되는 것, 이것은 내게 보내진 타자의 '명령하는 목소리' 때문이다. 다시 말해, 타자는 내가 그의 죽음에 무관심한 채로 있을 수 없도록 그의 죽음 직전까지 나를 불러 세운다. 타자는 내게 호소를 한다. 그리고 그의 죽음이 특별히 나와 관련되는 것은 분명해 보인다. "마치 타자들 가운데 한 사람, 명백히 나(je) 또는 자아(moi)인 내가 소환된 자로, 유일한

9   Etienne Feron, *Phénoménologie de la mort : Sur les traces de Levinas*, Dordrecht, Kluwer Academic Publisher, 1999, p. 46.

10   Ibid., p. 45.

11   *DMT*, p. 53. /『신, 죽음, 시간』, p. 68.

수신자로서 명령을 들었던 자로 발견된 것처럼, 마치 이 명령이 오직 나를 향해서, 무엇보다 오직 나를 향해 왔었던 것처럼, 마치 이제부터 선택되고 유일해진 내가 죽음에 대해 그러므로 타인의 삶에 대해 응답해야만 했었던 것처럼"[12] 말이다.

　타자가 내게 책임의 소환으로서 보내는 호소는 유일자 對 유일자의 관계를 만든다. 즉, 타자는 나의 책임 아래 놓인 일자이고, 나는 내가 그에 대해 갖는 책임 안에서 개별화된다. 나는 따라서 타자가 내게 호소하는 한, 나의 도움과 나의 구조를 간청하는 한, 그에게 책임을 져야 한다. 그런데, 타자에 대한 책임이 모든 선택에 앞서 나를 지배한다면, 그 책임이 나를 박해하고 나를 인질로 삼는다고 해도 과언이 아닐 것이다. 이 정도로까지 타자의 죽음이 진정으로 나의 일이 되는가? 내 의지와는 반대로 부과되는 책임은 오히려 폭력적이라고 해야 하지 않는가? 나는 왜 처음부터 폭력적인 이러한 박해를 견뎌야 하는가? 이 질문들은 그 자체로 응답이 될 수 있을 것이다. "윤리적 평면으로의 이행은 이 질문(들)에 응답을 구성하는 것이다. 겨냥되지 않는, 보는 것도 아닌 무한을 향한 동일자의 향함, 이것은 질문이고 또한 응답인 질문이다."[13] 만일 타자와의 관계가 이루어진다면, 이것은 책임으로써만 맺어져야

12　Emmanuel Levinas, *Entre nous : Essai sur le penser-à-l' autre*, Paris, Grasset, 1991, p. 213. /『우리 사이 : 타자 사유에 관한 에세이』, 김성호 옮김, 그린비, 2019, p. 280.

13　*DMT*, p. 133. /『신, 죽음, 시간』, pp. 173~174.

할 것이다. 즉, 내가 타자와 함께 사회성 안에 있기 위해 나는 책임 안에서 타자에 대한 태도를 구성해야 한다. 그런데, 이것은 대면을 전제로 한다. 그리고 나서, 나는 타자를 위해 책임지도록 인질의 조건을 감수하는 데까지 나아간다. 이것은 비-의식적인 것(non-conscient)이다. "비-의식적인 것은 모든 정당화, 모든 논리적 난점, 모든 로고스를 중단하는 박해로서, 박해의 비-의지적인 것으로서 이해될 수 있다."[14] 박해는 의식이나 명백한 이유, 원칙들을 갖지 않는다. 나는 명백한 이유 또는 다른 주체로 인해 박해받지 않는다. 나는 이유 없이, 모든 의지 이전에, 타자의 호소, 명령, 얼굴에 의해서만 박해를 받는다.

"존재와 다르게, 탈-존재하는(se dés-intéresser), 자기가 되기(être soi) - 볼모의 조건 - 이것은 항상 더 많은 책임의 정도를 갖는 것이고 타자의 책임을 위한 책임을 갖는 것이다."[15] 나의 박해자들의 잘못에 대해서조차 나는 책임이 있다. 타자의 볼모가 된 주체의 박해, 이것은 결국 최종적인 박해를 겪는 것이 되고 타자를 위해 고통을 겪음은 타자에 의해 절대적 고통을 겪는 것이 된다. 그러나 내가 볼모로 잡혀 있지 않다면, 책임은 없지 않겠는가? 박해의 순간에, 타자가 나의 자리를 차지하고 내게서 자리를 가로채고 나를 볼모로 삼는 순간에, 나는 곧장 상처를 입고 타격을 받는다. 나

14 *AE*, p. 193. n° 1. / 『존재와 달리』, p. 266. n° 29.

15 *AE*, pp. 185~186. / 『존재와 달리』, pp. 255~256.

는 따라서 더 이상 순결하게 있지 않다. 박해는 나를 순결하게 두지 않는다. "'다른' 어떤 것이 내 자리에 들어서고 오직 그때에만 나는 내 자리를 이미 타자에 의해 이미 점유된 자리로서 이해할 수 있다. 타자는 '저기', 나의 저편에 있지 않다. 그는 근본적으로 나를 구성한다. 사실, 타자는 단지 나를 구성하기만 하지 않는다. 그는 나를 방해하고 이런 방해를 내 본연의 모습 한가운데에 확립한다."[16] 만약 내가 타자에 의해 방해받는다면, 이것은 그가 나에게서 생기고 나는 그의 방해없이 어디에도 있을 수 없기 때문이다. 달리 표현하면, 관계로서 책임은 주체성의 근본적인 구조를 구성하고 이 책임은 박해에서 나온다. 내가 타자에 매여 있는 한 나는 타자에 의해 박해를 받는다. 나를 박해하는 것은 내게 제기된 윤리적 요청인데, 이 요청은 나와 관계된 이래로 나를 사로잡고 박해한다. "내게 제기된 이런 요청의 박해를 받지 않는다면 나는 책임에 대해 전혀 알지 못할 것이다."[17]

내가 타자에 의해 영향을 받을 때, 나는 모종의 책임감을 느낀다. 내게 영향을 끼치는 자는 나를 일방적으로 다루고 나를 박해한다. 이것이 내가 나에 대해 갖는 의식, 즉 주체의 형성을 개시(開始)한다. 처음부터, 나는 타자에 대해 독립적으로 있지 않다. 그리고 나의 형성은 책임을 규정하는 관계 안에서만 있다. 다시 말해, 나

---

16   주디스 버틀러, 『지상에서 함께 산다는 것』, op. cit., p. 117.

17   Ibid., p. 120.

는 타자에게 맡겨진 목적격의 자아로서 나타난다. "나(Moi)라고 말해지는 존재가 아니라면, 궁극적으로 누가 타자들의 고통을 책임지겠는가?"[18] 나는 타자의 지배를 받는 조건 때문에 책임의 관계에 연루된다. 타자가 누구이건, 그가 무엇을 하건, 그가 얼굴을 가지는 한에서, 그는 나에게 윤리적 요청을 할 수 있다. 심지어 그가 나를 가혹하게 대했을지라도. 왜냐하면, 그는 내가 느낄 수밖에 없는 얼굴을 가지고 있기 때문이다. "그것은 나에게 상해를 입힌 사람들에게도 윤리적으로 반응해야 하는 어려움을 시사한다. 그러나 레비나스가 보기에 요구는 훨씬 더 크다. '나를 박해하는 바로 그 타자에게 얼굴이 있다.' 게다가 얼굴은 나를 향하고 있고, 그의 호명에 의해 나를 개체화한다."[19]

　"박해받는 것, 잘못을 저지름 없이 유죄인 것은 원죄가 아니라 모든 죄보다 더 오래된 보편적 책임의, 타자를 위한 책임의 이면(裏面)이다."[20] 나는 타자를 향해 부당한 짓을 하지 않았고 나는 타자를 냉대하지 않았다. 그런데도, 나는 왜 유죄인가? 유죄성은 분명 박해받는 것의 동기이다. 하지만 나는 무엇 때문에 기소되었

18　Emmanuel Levinas, *Difficile liberté*, Paris, Albin Michel, 4ème édition, 2006, p. 120. (이하 *DL*)

19　주디스 버틀러, 『윤리적 폭력 비판 : 자기자신을 설명하기』, 양효실 옮김, 인간사랑, 2013, pp. 158~159.

20　*DL*, p. 290.

던가? 자기 자신의 고통의 원인은 자기 안에 있지 않은가? 내가 비록 아무것도 하지 않았을지라도, 나는 내가 아무것도 하지 않은 것 때문에 항상 문제가 될 수 있다[21]. 이것은 "근거 없는 기소, 물론, 의지의 모든 운동에 앞서는 기소, 강박적이고 박해적인 기소"[22]이다. 타인으로서 타자는 나의 책임의 무관심 때문에 나를 박해로까지 기소할 수 있다. 만약 타자가 불행해진다면, 그것은 내 탓이다. 왜냐하면, 나는 타자의 호소와 울음, 괴로움과 곤궁에 응답하지 않았기 때문이다. 나의 생존은 다른 어떤 이를 희생시켰을 것이고 나의 행위 또는 무행위는 타자들의 죽음을 설명해 줄 수 있을 것이다. 따라서 타자가 내게 들으라고 한 그의 비참은 내가 매번 나의 것으로서 겪어야만 했던 시련이었을 것이다. 이런 측면에서, 타자는 나의 희생자이고 나는 내가 존재한다는 유일한 사실로부터 그

---

21 "박해는 자아를 자기에게 데려가고 자아가 저지르지 않았고 원하지 않았던, 자아의 자유에 대해 자아를 아연케 하는 잘못을 '나' 스스로 책임지는 절대적인 목적격으로 데려간다. 이기주의와 이타주의는 이것들을 가능하게 하는 책임 이후에 있다. 이기주의는 이타주의가 무관심 안에서 선택한 자유라는 다른 한 항이 될 배타적인 선택의 항이 아니다. 이 항들은 동일한 질서에 있지 않다. 하지만 유일한 윤리적 자격(qualification)만이 여기서 동등한 것을 구분한다. 그러나 가치들은 자유 이전에 값어치가 있다. 책임은 자유를 앞선다. 박해는 충격(trau-matisme)이다. 특히 예고 없는, 선험적이지 않은, 가능한 변명 없는, 로고스 없는 폭력이다. 박해는 동의되지 않은 감수(résignation)가 되게 한다. 따라서 무의식의 밤을 가로지른다. 이것은 무의식의 의미, 박해의 충격 아래서 자아의 자기로의 방향 전환을 만드는 밤 - 동일성 저편의 모든 수동성보다 더 수동적인 수동성, 책임, 대신함이다.". *AE*, p. 195. n° 1. /『존재와 달리』, pp. 268~269. n° 30.

22 *AE*, pp. 174~175. /『존재와 달리』, p. 239.

에게 손해를 끼친다. 그는 너무도 약하고 상처받기 쉽다. 이러한 사실은 지금까지 내가 존재해왔던 무관심의 상태를 환기시킨다. 그리고 뒤이어 유죄성의 감정[23]이 내게 생겨나기 마련이다. 유죄성의 감정은 내가 어렴풋한 기억에 의해 현재로 돌아올 수 있을 잘못과 관계함 없이도 타자의 비참함에 대해 무관심하지 않기 위한 책임을 내 안에 주입한다. 그리고 나는 나도 모르는 사이에, 어렴풋한 기억에 의해 가졌을 연루를 떠맡는다. 책임의 이해는 따라서 유죄성의 사고를 포함한다. 책임은 유죄성과 구별되지 않고 이 둘은 본질적으로 연결되어 있다. 나의 자유 이전의 책임은 내가 저지르지 않은 잘못으로부터, 존재의 영역을 차지한 나의 무죄 안에서 ─ 잘못 없이 그리고 채무 없이 ─ 고발된 유죄성으로부터 발생한다. 나를 무관심하지-않음 안에 두는 책임은 타자를 대신하기까지 그리고 고통받기까지에 이른다. 이것은 "타자로서 나를 배제하는 타자가 내게 가하는 모욕 자체를 위한 책임, 모든 의도 이전에 나를 박해하는 그 박해에 대한 책임이다."[24]

　　박해받는 자만이 타자의 호소를 들을 수 있다. 즉, 내가 바로 호소에 응답해야 할 유일한 사람이다. 나는 책임을 거부할 수 없

---

23 "내가 사람을 죽이지 않았다는 것이 많은 사람들이 죽어 갔다는 사실을 바꾸지 못합니다. 나는 그들의 죽음에 책임 없다고 말할 수 없습니다. 잔인한 시대를 살아남았다는 것만으로도 나는 유죄입니다.", 이정명, 『별을 스치는 바람 2』, 은행나무, 2012, p. 289.

24 *AE*, p. 258. / 『존재와 달리』, p. 360.

다. 왜냐하면, 박해받은 자아는 자기-자신에게 침잠해있는 것이 불
가능하기 때문이다. 이런 의미에서, 박해는 내게 회피하기를 허락
하지 않는 거절할 수 없음을 함축한다. "박해의 충격의 영향으로,
내가 목적격의 나로 돌아갈수록, 구성되는, 자발적인, 제국주의적
주체로서 나의 자유를, 내가 포기할수록, 나는 더욱 책임적인 자신
을 발견한다."[25] 박해의 충격은 오히려 "여전히 핑계인 의지의 단
단함보다 더 단단하고 더 깊은 단단함"[26] 속에서 주체성을 세운다.
타자에 의한 책임적 자아에 관한 박해의 이 같은 터무니 없음에도
불구하고, "레비나스 사유의 엄청난 힘이 여기에 있다. 그 힘은 살
고 죽는 '아주 자연스러운' 것이 가장 문제가 되고, 그것이 우리의
문제와 고뇌의 가장 강렬한 근원임을 우리에게 제시하는 데에 있
다. (…) 나의 존재가 존재자(existant)에게 관계되는 이 존재는 절대
그 자신의 존재 이유가 아니다."[27] 가장 극단적인 대신함에까지,
타자의 불행과 종말을 짊어지는 타자를 위한 책임, 바로 이것이 나
의 존재 이유이다.

　　존재론적으로, 박해는 그것의 화답으로써 박해에 상응하는 복
수를 이끌 수 있다. 만일 그렇게 된다면, 우리는 원한의 한없는 굴

25　*AE*, pp. 177~178. /『존재와 달리』, p. 244.

26　*AE*, p. 178. /『존재와 달리』, p. 245.

27　Gérard Bensussan, *Éthique et expérience : Levinas politique*, Strasbourg, La Phocide,
2008, p. 21.

레에서 벗어나지 못할 것이다. 레비나스는 이것을 잘 알고 있기에, 박해의 전-존재론적 의미, 즉 박해받는 주체의 전-존재론적 구조를 해명했다. 하지만 우리가 레비나스의 이 설명을 매우 잘 이해했을지라도, 박해의 윤리의 감당할 수 없는 계기에도 불구하고, 우리는 실천적으로 박해의 윤리의 이 과도함을 과연 따를 수 있는가? "박해의 윤리의 옹호할 수 없음에 직면함(s'exposer)은 이미 감당할 수 없는 이 지나침(excès)에서 벗어나기를, 그 자체로 불충한 주체가 되기를 유도한다 (…) 타자의 강박에 나는 결정적으로 따를 수 없다."[28] "따라서 우리는 레비나스를 (그의 여정의) 끝까지, 박해의 윤리와 양립할 수 없는 급진성까지 따를 수 없다고 생각하는 자들이다. 이런 의미에서 우리는 그에게 불충하다."[29]

"모든 사회적 삶은 본질적으로 실천적이다."[30] 만약 어떤 철학이 실천적이지 않다면, 우리는 일상의 우리 삶에 이것을 적용할 수 없을 것이다. 우리의 철학과 우리 일상의 삶은 분리될 수 없다. 철학은 보통의 사람들이 쓸 수 있는 것이어야 한다. 그런데, 존재 안에 지속하려 하지 않고 타자에 대한 무한책임을 실천하는 것이 정말로 가능한가? 이것은 과장적이지 않은가? 이것은 실현성 있지

---

28 François-David Sebbah, *Levinas : Ambiguïtés de l'altérité*, Paris, Les Belles Lettres, 2003, 2e tirage, pp. 80~81.

29 Ibid., p. 82.

30 칼 마르크스, "포이어바흐에 관한 테제 8"

않은, 보편화할 수 없는 명령이 내게 부과되는 것 아닌가? 타자를
대신하기까지 "타인을 위해 죽는 궁극적 증여의 받아들임(suscep-
tion)"[31]까지 가는 과도한 책임, 이것은 영웅들, 순교자들 또는 성인
들에게만 가능한 것 아닌가? 우리는 따라서 우리의 능력을 상회하
는, 어떻게 보면 우리에게 불합리한 책임 안에서 당황하지 않을 수
없다. 더구나 책임은 결과를 중시하는 사회적 세계 안에서 실행된
행위의 수임과 관련하지 않는가? "우리 시대는 '윤리'의 끝없는 보
편화의 시대이다. 사방에서 개인에게 '가치들'을 지시하기 위해 또
는 '더불어 살기'의 이러저러한 영역 안 행동 규범들을 세우기 위
해 우리는 계속해서 '윤리'를 표방한다. 요컨대, 오늘날의 '윤리'
는 타자들의 욕구 만족을 고려하여 측정된 책임짐(prise en charge)을
통해 구체적으로 응답하기 위해 타자의 욕구들을 자문하면서 도
덕적 딜레마를 해결하는 실천으로만 환원될 것이다. 이것은 오늘
날 실효성이 도덕적으로 문제를 야기하는 이러저러한 상황을 해결
하는 능력에 의해 평가될 실천의 구상을 '윤리'라고 명명하는 것
과 관련할 것이다."[32] 레비나스에게, 윤리는 명백히 도덕 법칙의
보편성을 벗어나고 사유의 변화에 따라 문맥화하는 사용법으로 결
코 환원되지 않는다. 레비나스는 윤리에 제1 철학의 타이틀을 부여

---

31 Emmanuel Levinas, *De Dieu qui vient à l'idée*, Paris, Vrin, 1982, p. 247.

32 Joseph Cohen, "Après Levinas, l'éthique aujourd'hui", *Cités*, Paris, PUF, 2014/2 - n°
58, p. 48.

하기 위해 계획적이지 않은 윤리의 의미를 찾고자 했다. 아마도 레비나스는 부당해 보이는 그의 윤리와 관련한 모든 참조와 반응들을 참작했을 것이다. 그렇다 하더라도 그는 '타자를 위함'의 무한책임 안에서 깨어있는 주체의 종속 이념을 주장한다. "이 부당하게가 책임의 본질적인 요소이다. (…) 책임의 정의에는 모순들이 있어 제거되지 않고 공존하며 역설적인 모습을 띤다. (…) 사회에는 항구적인 볼모 요소가 존재한다. 우리는 언제나 누구의 볼모이지만 이는 조만간 불평하기 위한 것이 전혀 아니다."[33] 존재자들이 그들의 생명 공간에서 경쟁적으로 의기양양하게 숨 쉬는 것은 타자들을 위한 공기와 산소의 탈취이다. 격심한 반감에 사로잡힌 우리 사회에서, 타자를 살리기 위해서 나의 호흡(pneuma)을 내주어야만 한다. 호흡은 "타인을 위한 책임, 타인을 대신함인 (…) 타인과의 관계에서만 그 모든 의미를 드러낸다."[34] 호흡은 생명이다. "호흡은 기관의 작용에 필요한 산소를 조직들에 공급한다."[35] 따라서 만약 호흡이 없다면, 인간은 죽는다. 생물학적 의미에서 호흡은 모든 인간에게 필수적이다. 하지만 이 호흡은 내게 형이상학적으로 모든 비가시적인 타자를 위한 책임을 위한 호흡이다. 우리가 이 사실을 이해

---

33 미카엘 드 생 쉐롱, 『엠마누엘 레비나스와의 대담. 1992-1994』, 김웅권 옮김, 동문선, 2008, p. 49.

34 *AE*, p. 278. / 『존재와 달리』, p. 384.

35 *AE*, p. 277. / 『존재와 달리』, p. 383.

한다면, 우리가 숨 쉬는 그 자체가 박해의 윤리에 한 걸음 다가간 실천을 한 셈이다. 우리는 따라서 레비나스에게 완전히 불충하지는 않다.

　나는 누구인가? 나는 어떻게 살 것인가? 나는 오로지 나의 꿈에 대해서만 몰두하는, 나의 꿈을 이루기 위해 많은 사람들을 상처 입히는 야심가가 될 것인가? 세상을 회피하고, 무-행위의 거짓 평화에 매달린 게으른 사람이 될 것인가? 나는 나의 행동양식이 다른 사람들에게 고통을 주는지 생각해 본 적이 있는가? 나의 행동 양식이 나를 화나게 함에도, 나는 무언가를 해야 하는 아무런 방법도 찾지 못했는가? 하지만 내가 정말로 타자들을 어떻게 도울지 모르더라도, 내게 그것을 할 방법이 없더라도, 만약 내가 도울 수 있을 더 많을 길들[36]을 찾아내려 애쓴다면, 그래서 내가 타자들과의 관계 속에서 나-자신을 파악한다면, 바로 그때, 윤리는 시작될 것이다. 만약 우리가 실제로 사회적 삶의 압박에서 나를 떼어낼 수 없다면, 그래서 나는 더 이상 나-자신을 위해서만 살 수 없다면, 윤리적 의미를 갖는 방식에 따라, 우리는 실존의 층위들에서 타자들과 결연(結緣)되었던 사실의 결과 안에서 '나'를 설명할 수 있어야 할

36　"'길'을 만드는 것은 길의 실현 가능한 특징이다. 길은 하나의 목적으로 향하도록 이끌지 않는다. 하지만 사람들이 지나갈 수 있는 것은 바로 길을 통하는 것이며, 사람들이 끝없이 지나갈 수 있는 것도 바로 길을 통해서다. 따라서 사람들은 항상 앞으로 나아갈 수 있는 것이다. 정체되지 않고 그 노정이 막히지 않고 말이다. 그 길은 실천적인 길이다.", 프랑수아 줄리앙, 『현자에게는 고정관념이 없다』, 박치환·김용석 옮김, 한울 아카데미, 2009, p. 192.

것이다. 적어도 나와 마주한 타자가 한 명 있다. 그리고 나는 이 타자에 의해 실현된 전-존재론적인 박해에 대한 레비나스의 가설에 반박하기 위한 그럴듯한 구실을 갖지 못한다. 나는 따라서 타자를 위한 윤리적 응답과 책임의 틀 안에서만 이해될 것이다. 타자 때문에, 만약 "타자의 강박에서, 내가 결정적으로 벗어날 수 없고, 내가 그렇게 해서는 안 된다면"[37], 오히려 그를 위해, 내가 매일 증가하는 나의 책임을 깨닫는다면, 이것은 아마 레비나스에 대한 우리의 충실일 것이다.

탈무드의 가르침에 '한 생명을 구하는 자는 세계 전체를 구하는 것이다'라는 말이 있다. 실제로 한 생명을 구하기 위해서는 나의 삶을 소진하기까지 하는 감수가 필요하다. 이것은 타자의 죽음을 나의 죽음으로 대신함이다. 누군가를 대신함, 이것은 실현 가능성이 의심될 정도로 너무 어렵다. 왜냐하면, 대신함은, 누군가가 나를 몹시 심하게 괴롭힐지라도, 그래서 내가 그를 미워하고 싶음에도, 결코 그를 미워할 수 없다는 것을 뜻하기 때문이다. 헬렌 켈러가 말했듯이 '비관론자는 별의 비밀을 발견하지도, 미지의 섬으로 항해하지도, 인간 정신의 새로운 낙원을 열지도 못한다.' '타자를 위한' 책임의 과도함 때문에 내가 아무것도 함이 없이 타자에 무관심하려 한다면, 우리는 더 나은 세계를 향해 한 발짝도 나아갈 수 없다. 아주 작은 것부터 타자를 위해 열과 성을 다해야 한

---

37 François-David Sebbah, *Levinas : Ambiguïtés de l'altérité*, op. cit., pp. 80~81.

다. "그리하면 (…) 모두 성(誠)이 있게 된다. 성이 있게 되면 (…) 내면의 바른 이치가 구체적으로 형상화된다. 형상화되면 그것은 외부적으로 드러나게 된다. 드러나게 되면 밝아진다. 밝아지면 움직인다. 움직이면 변한다. 변하면 화한다. 오직 천하의 지성(至誠)이라야 능히 화(化)할 수 있다."[38] 비록 나의 삶이 위태롭게 될지라도, 타자를 위한 삶은 위험한 삶으로서 무릅쓸 가치가 있다. 이것은 "무릅쓸 아름다운 위험이다. 우리는 '아름다운'이라는 단어에 대해 충분히 생각하지 않았다. 이것은 확신의 대조법, 요컨대, 이 용어가 긍정의 의미를 취하고 궁여지책의 표현이 아닌 의식의 대조법(antithétique)으로서이다."[39]

"철학자들은 다양하게 해석해 왔을 뿐이며, 중요한 것은 세계를 변화시키는 것이다."[40] 무엇보다도, "그 자신의 실행을 아끼지 않는 염려"[41]가 필요하다. 그리고 실행은 뒤이어 고안되어야 한다.[42] 여기서 나 혹은 타자를 위한 어떠한 이해의 개입도 없다. 왜냐하면, 우리가 이해의 관점에서 행동할 때, 이 이해는 항상 별개

---

38 김용옥, 『中庸 인간의 맛』, 통나무, 2014, p. 293.

39 *AE*, p. 191. / 『존재와 달리』, p. 262.

40 칼 마르크스, "포이어 바흐에 관한 테제 11"

41 Jean-Michel Salanskis, *L'humanité de l'homme*, Paris, Klincksieck, 2011, p. 157.

42 "얼굴과의 대면 안에서 파악된 주체, (…) 하지만 나는 박탈(désaisissement) 안에서, 어디에도 기입되지 않는 규범과 '의무'를 고안해야만 한다.", Gérard Bensussan, "Levinas et la question politique", *Noesis*, n° 3, automne 1999, p. 96.

이기 때문이다. 따라서 우선 타자를 향해 나를 열어야 한다. 그리고 열림은 전적이어야 한다. 타자는 나의 열림 안에서만 그의 높음, 그의 특권을 놓을 수 있다. 그리고 그는 나의 실존에 가장 깊숙이 개입하면서 나를 변화시킨다. 즉, 열림은 곧장 "대신함에까지 - 책임의 타자를 위함으로 변하는, 타자에게 보여주는 타자를 위함, 나타내기의 타자를 위함"[43]의 타자를 위한 책임이 된다. 나는 내게 떠맡겨진 이 책임이 절대 충분하지 않고, 완전히 이행되지 않는다는 것을 안다. 그럼에도 불구하고, 나는 "의무를 지우는 너무나 온화한 힘"[44] 때문에 책임을 멈출 수 없다. 우리는 우리가 평화 앞에서도 언제든 이익을 위해 서로가 서로를 살해할 수 있는 사람 종(種)임을 망각해서는 안 된다. 그래서 우리가 읽고 또 읽었던 위대한 사상가는 "세계 전체의 슬픔에 대한 오랜 무심함"[45]의 끝에서, 우리에게 인간의 인간성을 되살리기 위한 책임을 하나의 길로 제시한다. 단수의 한 사람으로 내게 나타나는 한 명의 타자를 위한 책임을 넘어설 책임, 이러한 책임의 이념은 우리에게 비가시적으로 유연하게 스며든다. 그리고 약화됨이 없이 스며들기를 계속

43   *AE*, p. 189. /『존재와 달리』, p. 260.

44   Jacques Derrida, *Adieu à Emmanuel Levinas*, Paris, Galilée, 1997, p. 22. /『아듀 레비나스』, 문성원 옮김, 문학과 지성사, 2016, p. 29.

45   Emmanuel Levinas, *Altérité et transcendance*, Le Livre de Poche, coll. 《Biblio》, 2010, p. 138. /『타자성과 초월』, 김도형·문성원 옮김, 그린비, 2020, p. 155.

한다. 이것은 우리를 마침내 인간 존재들 사이의 "공간의 구부러
짐"[46]으로, 다른 타율적 구부러짐으로 이끌 것이다. 나는 세계를
위한 근심 안에서 이제 막 책임을 향한 발걸음을 뗴었다. 그러므로
이제부터 이 세계는 변할 것이다.

46 Emmanuel Levinas, *Totalité et Infini. Essai sur l'extériorité*, Le Livre de Poche, coll.
《Biblio》, 2009, p. 324. /『전체성과 무한』, 김도형·문성원·손영창, 그린비, 2019, p. 437.

레비나스 프랑스어 저서 약어

레비나스 저서 한국어 번역서 목록

레비나스 프랑스어 저서 약어

TIPH : Théorie de l'intuition dans la phénoménologie de Husserl (1930)

EE : De l'existence à l'existant (1947)

TA : Le temps et l'autre (1948)

EDE : En découvrant l'existence avec Husserl et Heidegger (1949/1967)

LC : Liberté et commandement (1953)

TI : Totalité et infini : Essai sur l'extériorité (1961)

DL : Difficile liberté : Essais sur le judaïsme (1963/1976)

HAH : Humanisme de l'autre homme (1972)

AE : Autrement qu'être ou au-delà de l'essence (1974)

DQVI : De Dieu qui vient à l'idée (1982)

EI : Ethique et Infini. Dialogues avec Philippe Nemo (1982)

AHN : À l'heure des nations (1988)

EN : Entre nous : Essai sur le penser-à-l'autre (1991)

DMT : Dieu, la Mort et le Temps (1993)

AT : Altérité et transcendance (1995)

레비나스 저서 한국어 번역서 목록

『시간과 타자(Le temps et l'autre)』, 강영안 옮김, 문예출판사, 1996.

『존재에서 존재자로(De l'existence à l'existant))』, 서동욱 옮김, 민음사, 2003.

『모리스 블랑쇼에 대해(Sur Maurice Blachot)』, 박규현 옮김, 동문선, 2003.

『탈출에 관해서(De l'évasion)』, 김동규 옮김, 지만지(지식을만드는지식), 2011.

『신, 죽음 그리고 시간(Dieu, la Mort et le Temps)』, 김도형·문성원·손영창 옮김, 그린비, 2013.

『후설 현상학에서의 직관 이론(Théorie de l'intuition dans la phénoménologie de Husserl)』, 김동규 옮김, 그린비, 2014.

『전체성과 무한 : 외재성에 대한 에세이(Totalité et infini : Essai sur l'extériorité)』, 김도형·문성원·손영창 옮김, 그린비, 2018.

『우리 사이 : 타자 사유에 관한 에세이(Entre nous : Essai sur le penser-à-l'autre)』, 김성호 옮김, 그린비, 2019.

『윤리와 무한』 : 『윤리와 무한 : 필립 네모와의 대화(Ethique et Infini. Dialogues avec Philippe Nemo)』, 김동규 옮김, 도서출판 100, 2020.

『존재와 달리 또는 존재성을 넘어(Autrement qu'être ou au-delà de l'essence)』, 문성원 옮김, 2021.

우리는 박해자를 위해서도 책임질 수 있는가?
레비나스가 답하다

초판 1쇄 발행일 2022년 2월 14일

지은이 김영걸
펴낸이 박영희
편집 박은지
디자인 최소영
마케팅 김유미
인쇄·제본 제삼인쇄
펴낸곳 도서출판 어문학사
　　　서울특별시 도봉구 해등로 357 나너울카운티 1층
　　　대표전화: 02-998-0094/편집부1: 02-998-2267, 편집부2: 02-998-2269
　　　홈페이지: www.amhbook.com
　　　트위터: @with_amhbook
　　　페이스북: www.facebook.com/amhbook
　　　블로그: 네이버 http://blog.naver.com/amhbook
　　　　　　다음 http://blog.daum.net/amhbook
　　　e-mail: am@amhbook.com
　　　등록: 2004년 7월 26일 제2009-2호

ISBN 978-89-6184-969-2 (93190)
정가 18,000원